KB190545

감옥에서 부르는 사랑의 노래

**이 책은 온누리 교회가 지원한 연구비로 저술되었습니다.

The Praise of God in Ephesians- Paul's Song of Love Written in Prison
by Yu Yong-Ki, Th.M., Ph.D.© 2007

Hapdong Theological Seminary Press
Published by Hapdong Theological Seminary Press
Mt. 42-3 Woncheon-dong, Yeongtong-gu, Suwon, Korea

감옥에서 부르는 사랑의 노래

초판1쇄 | 2007년 5월 4일
지은이 | 유영기
발행인 | 오덕교
펴낸곳 | 합신대학원출판부
주   소 | 442-791 수원시 팔달구 원천동 산 42-3
전   화 | (031)217-0629
팩   스 | (031)212-6204
홈페이지 | www.hapdong.ac.kr
출판등록번호 | 제 2-1-1호
출판등록일 | 1987년 11월 16일
인쇄처 | 우림문화사 (02)2637-4462, 4464
총   판 | (주)기독교출판유통 (031)906-9191
값 10,000원

ISBN 89-86191-77-6
* 잘못된 책은 교환해 드립니다.

이 도서의 국립중앙도서관 출판시 도서목록(CIP)은 e-CIP 홈페이지
http://www.nl.go.kr/cip.php에서 이용하실 수 있습니다.
(CIP제어번호 : CIP2007001297)

＊에베소서 찬송시 여행

감옥에서 부르는 사랑의 노래

• 유영기 지음 •

합신대학원출판부

| 서른의 변(辯) |

이 책을 끝맺는 순간에 이르러 진심으로 감사드리고 싶은 분들이 주위에 많이 있습니다. 그분들 중에는 저에게 사랑하는 마음에서 교수가 된 지 그 정도 되었으면 책 몇 권은 저술했어야 하는데 책을 언제나 저술하려느냐고 물었던 분들도 있습니다. 그럴 때마다 서른 살 때부터라고 대답하였습니다. 그 때가 지나도 한참 지났는데 그런 대답을 했으니 의아한 눈으로 저를 위 아래로 쳐다보며 그게 언제냐고 농담하듯 되묻곤 하였습니다. 그럴 경우 진지하게 앞으로 몇 년 지나면 그 때가 된다고 대답하였습니다.

저는 실제 나이에서 서른을 빼고 살기로 마음먹고 산 지가 벌써 십년이 다 되어 갑니다. 무작정 삼십을 빼기로 한 것은 아닙니다. 물론 그럴 사연이 있었습니다. 이곳에서는 그 사연을 밝힐 수 없습니다. 언젠가는 그 사연을 밝힐 날이 올 것입니다. 서른 살 때부터라고 대답하면서 사실 책을 쓸 수 있는 그 때가 오기를 간절히 기다렸습니다. 그러면서도 그 때가 영원히 오지 않을 수 있지 않겠는가 하는 생각도 해 보았습니다. 그 이유인즉 글을 쓰지 않고는 배길 수 없는 그 때가 과연 올 것인지에 대한 의구심이었습니다. 그러면서도 하나님께서 육십 정도 되면 글을 쓰도록 해 주시지 않겠나 하는 막연한 생각 속에 그렇게 대답하곤 하였습니다.

사실 저는 신학에 관한 책을 저술하는 일에 부담감이 늘 있어 왔습니다. 그것은 교수의 권위나 체면을 세우기 위하여 꼭 글을 써야 한다는 생각 때문만은 아니었습니다. 오히려 그런 이유라면 글을 써서는 안 된다고 생각해 왔기 때문입니다. 글을 쓰지 않고는 배길 수 없을 때에 글을 써야 한다고 생각해 왔습니다. 그럼에도 불구하고 쓴 글을 독자가 읽지 않고는 배기지 못할 것이라고 기대하는 것은 한낱 망상에 지나지 않을 것이라고 생각해 왔습니다. 눈물 없이 쓴 글을 독자가 읽으면서 눈물을 흘리기 바란다면 그것은 저 자신을 기만하는 것이요, 그런 글을 읽으면서 눈물을 흘리는 독자는 저에게 사기를 당하는 것이라고 생각하였습니다.[1] 그러기에 쓰지 않고는 배길 수 없는 그 때가 아직까지 오지 않아서 글을 못 쓴다는 압박감이 사실 저를 짓눌렀습니다.

또한 외람된 생각인지 몰라도 저만이 쓸 수 있는 그런 글을 써야 한다고 생각해 왔습니다. 이러한 생각에 위험이 내포되어 있다는 것 역시 저 또한 잘 알고 있습니다. 물론 적어도 신학 책은 정통교리에 어긋나지 않는 보편적이고 객관적 진리 지식을 전달하는 것이어야 하지 어느 한 개인의 주관적이고 특별한 신앙을 소개하는 장이 되어서는 안 된다는 것을 잘 알고 있습니다. 그럼에도 불구하고 이렇게 생각하는 이유는 하나님께서 두 사람의 나를 창조하지 않았다는 점입니다.

제가 지금까지 살아오면서 나만이 가지는 신앙체험을 통하여 얻은 깨달음을 다른 사람들과 나누었을 때 서로 신앙 안에서 공감을 하고 은혜를 공유하는 체험을 하였기 때문입니다. 저만이 쓸 수 있는 글을 쓰고 싶다는 말에 오해가 없기 바랍니다. "해 아래는 새 것이 없나니"(전 1:9)라는 전도서의 말씀대로 새 것을 쓰려고 하는 것은 아닙니다. 저의 글에서 이미 선배들이 깨달은 것을 많은 경우에 인용 없이 사용하는 것도 발견할 수 있을 것입니다. 그들이 깨달은 것을 사용하되 가능한 범위 내에서 그들의 깨달음을 저의 삶에 여과시켜 저의 글로 쓰고 싶다는 것입니다.

어쩌면 저의 글을 신학책으로 알고 읽는 분에게는 저의 책이 설교집은 될지 몰라도 신학책은 아니라는 생각 때문에 실망할지도 모르겠습니다. 반면에 설교집으로 알고 읽는 분은 신학책인지는 몰라도 설교집은 아니라고 할지도 모르겠습니다. 그러나 솔직히 말하자면 저는 그런 두루뭉술한 글을 쓰고 싶었습니다. 머리보다 가슴에 와 닿는 그런 글을 쓰고 싶었습니다. 왜냐하면 성경은 사랑을 이야기 한 책이기 때문입니다. 이 사랑 이야기는 머리에 담기보다 가슴에 품어야 한다고 생각하기 때문입니다. 책을 저술하는 일에 대하여 저에게 이런 부담감과 더불어 소박한 꿈이 있었습니다.

저의 소박한 그 꿈은 만일 지금 천국에 계시는 저의 어머니가 저의 책을 읽는다면 "내 아들, 유 목사의 글은 성경에 맞는 말이여!"라고 맞장구치는 부분이 있는 그런 글이었으면 했습니다. 또한 주님을 사랑하고 주님의 몸된 교회를 위하여 저의 어머니처럼 헌신하는 어머니들이 "이 글은 머리에 쏙쏙 들어오는데"라고 말할 수 있는 그런 글을 쓰고 싶었습니다. 물론 제가 지금 쓰려고 하는 책이 그렇다는 말이 아니라 저의 소박한 꿈이 그렇다는 말입니다.

그런데 오지 않을 줄 알았던 그 때가 이제 온 것입니다. 한편 두렵기도 하고, 반면에 감사하기도 합니다. 두려운 이유는 만일 누가 당신은 쓰지 않고는 배길 수 없을 때에 글을 써야 한다고 생각해 왔다는데, 그렇다면 이제 그런 생각이 들어 글을 썼느냐고 묻는다면 담대하게 그렇다고 대답할 자신이 없기 때문입니다. 그럼에도 불구하고 감사한 이유는 여러 번 되 뇌였던 그 삼십이 된 이 시점에서 배길 수 없어 글을 쓴다고 말할 수 없지만 글을 쓸 수밖에 없는 환경으로 하나님께서 저를 몰아 주셨기 때문입니다. 또한 제가 글을 쓸 수밖에 없도록 배후에서 기도하고 격려해 주신 분들이 있었기 때문입니다.

이제 글을 쓰도록 섭리로 나를 몰아주신 하나님께 먼저 감사와 영광을 돌려드립니다. 또한 격려해 주시고 열심히 기도해 주신 여러분들께 감사드립니다. 무엇보다도 이런 글을 쓰도록 연구비를 제공해 주신 온누리 교회와 하용조 목사님에게 감사를 드립니다. 저의 글이 책으로 출판되는 과정에서 원고를 읽고 논평하고 원고를 다듬는데 많은 도움을 주신 최영민 목사, 노용훈 강도사, 특히 출판부 조주석 목사님께 감사드립니다. 더불어 표지디자인과 본문 편집에 수고해 주신 이지숙 자매에게도 감사드립니다. 졸저를 기대와 격려 속에 읽으시면서 공감도 하시고, 부족한 부분을 만날 때는 이해해 주실 독자님들에게도 미리 진심으로 감사드립니다. 마지막으로 이 책이 출판될 날을 기다리면서 끊임없는 기도와 격려를 아끼지 아니한 아내와 자녀들에게 감사드립니다.

이 땅에 사시는 동안 삶을 통해 복음의 증인으로서 저에게 본을 보여주신 아버지 유규상 장로님과 어머니 김안순 집사님 그리고 저의 영적 아버지와 영원한 스승이신 정암 박윤선 목사님에게 이 책을 헌정합니다.

2006년 가을에

유 영 기

CONTENTS

하나
나의 애창곡이 생기기까지

:: 도랑물이 소리를 내며 흐르는 까닭

저는 어려서부터 음치였습니다. 그림에도 소질이 없었습니다. 그림 그릴 때는 공책을 찢거나 혹은 남의 것을 얻어서 했지 도화지나 크레용을 사본 경험이 없습니다. 나는 어머니로부터 내가 노래 부르고 그림 그리는 것을 본 적이 없다는 말을 여러 번 들었습니다. 물론 나는 주일학교를 다니면서 어린이 찬송을 배우기도 하며 부르기도 많이 했습니다. 그렇지만 음정이 맞지 않는 경우가 다반사였습니다. 목소리도 좋지 않았습니다. 일 년 내내 주일학교를 빠지지 않고 다녔지만 교회 음악 행사에 한 번도 독창은 물론이고 합창에조차 끼지 못했습니다. 이런 이유인지 모르나 천국에 가면 항상 찬송을 불러야 한다는데 만약 찬송 부르는 것이 싫증나면 그 노릇이 지겨워서 어떻게 할 수 있을까 하는 생각이 들곤 하였습니다.

이러한 제가 독일 튀빙겐에서 얼마동안 지내면서 튀빙겐 대학 신학부에서 강의도 듣고 도서관도 이용하면서 한국 학생들과 교제하는 기회가 있었습니다. 어느 날 내가 머물던 뱅겔 하우스에서 대학 도서관을 이용하려고 길을 가다가 전에 듣지 못했던 소리를 듣게 되었습니다. 그 소리는 길 옆 도랑에서 흐르는 물소리였습니다. 문득 나의 마음속에 이런 질문이 생겼습니다. 어제까지는 듣지 못했던 물 흐르는 소리를 오늘 내가 어떻게 듣게 되었을까? 분명코 물은 어제도 흘렀을 텐데? 어제 듣지 못했던 물소리를 오늘 듣게 된 이유는 간단했습니다. 그것은 어제 밤에 비가 왔었기 때문입니다. 이런 생각이 들자마자 독자들은 별로라고 생각할지 모르겠으나 저에게는 큰 깨달음이 왔습니다. 그 깨달음은 하늘에서 비가 내리면 도랑의 물은 소리를 내며 흐른다는 것입니다. 비가 일 년 내내 계속 내리면 도랑은 일 년 내내 소리를 낼 수밖에 없을 것입니다. 이때 문득 성도들의 찬송 소리가 많은 물소리 같다는 요한계시록의 표현이 기억났습니다.

요한계시록 14:2~3에 보면 "내가 하늘에서 나는 소리를 들으니 많은 물소리도 같고 거문고 타는 자들의 그 거문고 타는 것 같더라 저희가 보좌와 네 생물과 장로들 앞에서 새 노래를 부르니 땅에서 구속함을 얻은 십사만 사천밖에는 능히 이 노래를 배울 자가 없더라"고 말하고 있습니다. 여기에서 말하는 물소리는 분명히 구속받은 성도들이 하나님을 찬양하는 찬송 소리가 틀림없습니다. 그런데 주목할 바는 이 노래가 구속받은 성도들 외에는 어느 누구도 능히 이 노래를 배울 자가 없다고 강조한 점입니다. 이 말은 유명한 성악가라도 구속받지 못했으면 부를 수 없는 노래입니다. 반면에 이 세상에서는 음치라는 말을 들었을지라도 구속받은 성도라면 어느 누구라도 부를 수 있는 노래라는 말도 됩니다.

요한계시록 19:6은 "또 내가 들으니 허다한 무리의 음성도 같고 많은 물소리도 같고 큰 뇌성 같아서 가로되 할렐루야 주 우리 하나님 곧 전능하신 이가 통치하시도다"라고 합니다. 요한계시록 19장은 나에게 헨델의 메시아를 연상하게 합니다. 1절에서 10절까지 다섯 번의 할렐루야가 나옵니다. 허다한 무리와 이십사 장로와 네 생물이 함께 어우러져 할렐루야를 부르는 것을 볼 수 있습니다. 요한계시록이 심판만 말하는 것으로 보일 수도 있지만 요한계시록은 네 생물을 비롯한 이십사 장로와 천사들과 구속받은 수많은 성도들의 찬양으로 가득한 책인 것을 알 수 있습니다.

∷ 나의 노래가 된 바울의 노래

요한계시록에 보면 하나님 보좌에 둘러 있는 네 생물과 이십사 장로(계 4:8~11; 5:8~9)와 천사들(계 5:12)과 만물(계 5:13)과 구속받은 성도들(계 7:10) 순으로 하나님을 찬양하는 내용이 기록되어 있습니다. 19장에서는 이 모든 존재들이 다 함께 어우러져 마치 헨델의 메시아를 합창하듯이 할렐루야를 부르는 것을 볼 수 있습니다. 여기서는 자신의 음악적 자질을 드러내기 위해 노래 부르는 자는 없을 것입니다. 반면에 구속받은 자라면 누구든지 노래 부를 수밖에 없습니다. 그 노래는 영혼에서 샘솟듯이 솟아나는 감격의 노래일 것입니다. 비가 오면 도랑에서 물소리가 나듯이 하나님의 은혜가 심령에 임하게 되면 자동적으로 찬양이 나올 수밖에 없습니다. 은혜가 중단되지 않는 한 이 구속의 노래는 중단될 수 없다는 것을 깨닫게 되었습니다.

요한계시록에서 말하는 찬양 소리가 '물소리 같다'는 표현을 제가 잘못 이해하고 이렇게 설명하는지도 모르겠습니다. 그러나 하여튼 요한계시록에서 찬양 소리를 '물소리 같다'고 한 표현을 그렇게 이해할 수도 있다고 저는 생각되었습니다. 그날 이후로 천국에서 노래 부를 그날이 그리워지기 시작했습니다. 그때 가서 영원토록 하나님을 찬양할 것을 생각하니 지루한 생각이 나는 것이 아니라 마음속에서 감격과 뜨거움이 솟아나는 것이었습니다. 그때 더 잘 부르려고 연습해야겠다는 생각도 들었습니다. 자연히 찬송을 자주 오래 부르게 되었습니다. 물론 천국에서 찬송을 더 잘하려면 찬송 연습이 중요한 것이 아니라 바울이 디모데후서 2:1에 말한 대로 하나님의 은혜 속에 더욱 강한 자가 되어야 할 것입니다.

새벽기도회 후에 개인 기도를 할 때 어느 정도 시간이 지나면 즉흥적으로 하나님을 찬양하곤 하였습니다. 그러던 중에 에베소 1:3~14에 나오는 영광에 대한 사도 바울의 찬양을 생각하게 되었습니다. 에베소서 1:6에서 말하는 그의 은혜의 영광도 묵상하며 불러보기 시작했습니다. 처음에는 멜로디라고 하기조차 부끄러운 단순한 멜로디로 "영광의 하나님, 영광의 하나님"하고 노래했습니다. 물론 가사 내용을 다른 사람이 알아들을 수도 없을 만큼 작게 했기 때문에 무엇을 노래하는지 주위 사람들은 몰랐을 것입니다. 이런 날이 계속되었지만 어제 부른 멜로디로 다시 한 번 부르려 해도 그 멜로디는 떠오르지 않는 경우가 많았습니다. 매일매일 다른 멜로디로 부를 수밖에 없었습니다.

그런 과정을 거치면서 어제 부른 멜로디로 오늘 부르기도 하고 또 몇 음정을 올려 부르기도 하고 내려 부르기도 하였습니다. 감격 속에서 통곡이 나오는 때도 있었습니다. 천국을 묵상하며 내가 천국에 가 있는 것처럼 상상하며 "영광, 영광" 하다가 음을 높이 올려 영광의 하나님을 바라보라 하며 노래 부를 때는 마치 내가 천국에 가 있는 듯한 때도 있었습니다. 물론 지금도 다른 사람들은 내가 새벽에 흥얼대는 멜로디나 가사 내용은 알지 못할 것입니다. 물론 옆에서 기도하는 사람들에게는 크게 방해되지 않게 부릅니다. 음대 출신 전도사님이 나의 노래 곡조가 특이하다고 하며 듣기가 좋다고도 합니다. 물론 신학생이 교수에게 어찌 감히 집어치우라 하겠느냐고 반문하시든지, 아니면 그 말도 못 알아듣느냐고 말한다면 저는 대답할 말이 없습니다.

어찌하든지 저는 삼위일체 하나님의 영원한 구원 계획의 궁극적인 목적을 에베소서 1:6의 "이는 그의 은혜의 영광을 찬미하려 하심"과 12절의 "이는 그의 영광의 찬송이 되게 하려 하심"과 14절의 "이는 그의 (그) 영광을 찬미하려 하려 하심" 이라고 믿습니다. 또한 하나님을 찬송하는 바울의 심정을 이런 배경 속에서 이해하게 되었습니다. 그것은 하나님께서 구속받은 성도들로 하여금 하나님께서 그들에게 베푸시는 은혜의 영광을 감격 속에 찬송하도록 하실 목적으로 창세전에 그리스도 안에서 선택하셨다는 것입니다. 이러한 놀라운 하나님의 비밀을 깨달은 바울은 은혜의 영광을 누리게 하는 하나님을 "아바 아버지"라고 부르며 감옥에서조차 찬송하였던 것입니다.

그러면 이제 나의 노래가 된, 바울이 감옥에서 부른 사랑의 노래의 내용을 살펴보는 여행길을 떠나도록 하겠습니다.

둘.
닫힌 공간에서 영원을 살피다

:: **영원까지 넘나드는 바울**

바울은 로마 감옥에서 삼위일체 하나님을 찬양하고 있습니다. 바울이 이렇게 할 수 있었던 비결은 그가 비록 조그만 공간에 갇혀 있으나 영적 눈이 열려 시간과 공간을 초월하여 그 자리 그 시간을 훌쩍 뛰어넘어 영원까지 들여다 볼 수 있었기 때문입니다. 그는 인간을 자신의 아들로 삼으려는 삼위일체 하나님의 영원한 구원 계획과 그 궁극적인 목적이 무엇인지를 깨닫고 삼위일체 하나님을 찬양하고 있습니다. 이 사실을 더 구체적으로 다음과 같이 간략하게 말할 수 있습니다.

바울은 삼위일체 하나님께서 창세전에 죄인들을 거룩하고 흠이 없는 자기 아들들로 삼아 그들로 영원토록 그 하나님의 영광을 찬미하도록 하신 작정을 보았기 때문일 것입니다. 다음으로 그는 하나님께서 이 일을 이루시기 위하여 구약 시대를 통하여 준비하시고 예수 그리스도께서 십자가 사건을 통하여 그 일을 이루시고 성령을 통하여 인류에게 적용하여 가심을 알았기 때문입니다. 또한 바울은 하나님께서 그 일을 이루시기 위하여 바울 자신을 복음 전도자로 불러 그 놀라운 구속 역사의 수종자로 사용하고 계심을 확신하였기 때문입니다. 그뿐 아니라 그는 이 구속의 역사는 중단됨이 없이 최종적으로 완벽하게 성취되는 예수 그리스도의 날까지 계속될 것을 확신하였기 때문입니다. 마지막으로 바울은 그 부르심의 소망과 그 기업의 영광의 풍성과 자신 속에서 역사하시는 능력의 지극히 크심을 체험하며 살았기 때문입니다.

여기에서 중요한 것은 예수님의 십자가의 대속의 죽으심이 있기에 이 모든 것이 가능하게 되었다는 사실입니다. 예수 그리스도의 십자가의 죽으심이 없다면 삼위일체 하나님의 영원한 구원 계획은 하나의 영원한 미완성의 작정일 뿐입니다. 또한 인류 구원을 위한 성령의 구속 역사 역시 아직도 이루어지지 않은 약속의 역사로 존재할 수밖에 없을 것입니다. 그러므로 예수 그리스도의 십자가의 죽음은 하나님의 구속 역사를 이루는 일에서 중심 되는 것이 틀림없습니다.

:: 되새김질해야 할 십자가의 선언

예수님께서 십자가상에서 말씀한 "다 이루었다"는 선언은 인류 역사상 어떤 선언과도 비교할 수 없는 놀랍고 신비한 하나님의 구속 역사가 완성되는 시점을 알리는 것입니다. 복음 사역자들은 미완성의 구속 역사를 이루기 위하여 부름 받은 자들이 아닙니다. 그들은 완성된 구속 역사를 알지 못하고 죄와 허물 가운데 살고 있는 자들에게 완성된 구속 역사를 알리기 위하여 부름 받은 자들입니다. 한걸음 더 나아가 완성된 구속 역사를 전하기 위하여 부름 받은 그들은 이 완성된 구속 역사를 자신의 힘으로 알리는 것이 아닙니다. 그들은 자신들 안에 역사하시는 성령의 능력, 즉 그리스도를 죽은 자 가운데 살리시고 하늘 오른편에 앉히시고 만물을 그 발아래 복종케 하시는 그 지극히 크신 능력에 힘입어 부름의 길을 가는 것입니다.

십자가 위에서 '다 이루었다' 하신 예수님의 선언은 무슨 의의가 있을까요? 진정한 의미에서 이 선언은 하나님에 대한 자신의 신의만을 지켰다는 점에서 하나님과 예수님 두 분 간의 관계에서 그 의의를 찾는 것으로 끝맺을 수 없습니다. 예수님께서 십자가에 다 이루신 사실이 오늘에 이르기까지 전해지지 않았다면 아니 설령 전해졌다 해도 "그래 예수가 십자가 위에서 다 이루었다고 외치고 죽었을지라도 그것이 우리와 무슨 상관이 있단 말이냐"고 한다면, 그리스도께서 십자가에서 완성하신 하나님의 사랑 노래는 아무도 부르지 않고 부를 수도 없는 사랑 노래일 뿐일 것입니다.

감사하게도 십자가 위에서 '다 이루었다'는 예수님의 선언은 과거에 약속하신 하나님의 뜻을 다 이루시는 일에 예수님의 탈진은 없었다는 것만을 보여주는 것이 아님이 분명합니다. 이 선언은 이 사실을 전하기 위하여 부르심을 받은 자들 역시 탈진이 없이 그 부르심의 길을 가게 될 미래를 전제한 말씀이라고 생각합니다.

:: 이대로 죽자니 너무 억울합니다

십자가 위에서 '다 이루었다' 는 예수님의 선언을 묵상할 때마다 생각나는 이야기가 있습니다. 제가 신학교 2학년 때 존경하는 목사님의 설교를 통하여 백혈병으로 대학교 4학년 2학기를 다니던 중에 이 세상을 떠난 한 청년의 이야기를 들었습니다. 그 대학생은 시골 출신이었습니다. 충실하게 신앙생활 하던 그 청년에게 백혈병이 찾아왔고 이제는 죽음만 기다리는 신세가 되었습니다. 그 슬픈 소식을 듣고 그 목사님은 말씀으로 위로하고 격려하기 위하여 병실을 찾아갔습니다. 그 목사님이 기도를 마친 후 그 청년은 "목사님, 너무 억울합니다. 대학을 졸업하면 밥값이나 하고 죽을 줄 알았는데 밥값도 못하고 죽는다고 생각하니 너무 억울합니다. 이대로 죽자니 너무 억울합니다." 라고 고백하였습니다.

그 청년은 또다시 "목사님, 또 억울한 것이 있습니다. 제가 대학을 졸업을 하고 직장을 잡으면 그 동안 나를 가르치기 위하여 고생하신 부모님을 잘 모시다가 부모님이 돌아가시면 양지 바른 곳에 모신 뒤에 죽을 줄 알았는데 부모님보다 먼저 세상을 떠난다는 것을 생각하니 너무 억울합니다." 하면서 하염없이 눈물을 흘렸습니다.

목사님의 설교 속의 이야기는 계속되었습니다. 그 병실에는 백혈병으로 죽어가는 그 청년의 친구가 함께 있었습니다. 그는 죽어가는 친구가 "이대로 죽자니 너무 억울하다"고 하는 말을 들었습니다. 그 이야기를 들은 그 청년은 집에 돌아오자 자기 방에 들어가 문을 잠그고 나오지 않았습니다. 부모님이 나와서 식사하라고 부르니 밥 먹는 것은 급하지 않으니 생각 좀 하게 내버려 달라고 하였습니다. 얼마동안 시간이 지난 뒤 드디어 그 청년이 방에서 나와서 아버지에게 다음과 같이 물었습니다. "아버지, 만일 제가 밥값도 못하고 죽는 것이 억울하다고 하며 백혈병으로 죽어가는 그를 나의 진정한 친구로 생각한다면, 지금부터 제가 밥값을 두 배로 하면 안 되겠습니까?" "아버지, 부모님보다 먼저 세상을 떠나는 것이 억울하다 하면서 죽음을 기다리는 그가 나의 진정한 친구라면, 이제부터 제가 두 부모를 섬기면 안 되겠습니까?"

:: 다 이루었다

저는 백혈병으로 죽은 그 청년의 친구가 지금 살아서 밥값을 두 배로 하는지 또는 두 부모, 아니 장가를 들었다면 세 부모를 섬기는지 아닌지는 모릅니다. 저는 사랑하는 친구가 죽음 앞에서 내 뱉는 통한의 말을 그냥 흘려듣지 않고 머리로 생각하고 마음에 새기고 결단을 고백하는 한 청년의 이야기를 들으면서 십자가에서 "다 이루었다"는 고백과 함께 머리를 숙이고 영혼이 돌아가신 예수님을 생각하지 않을 수 없었습니다. 예수님이 백혈병으로 죽어가는 그 청년이라면 무엇이라고 말했을까? 아니 내가 예수님의 처지가 되어 십자가에 죽어가고 있다면 나는 무슨 말을 할 것인지를 상상해 보았습니다.

아마 나는 "원통하다. 삼십년을 준비하여 삼년간 복음 사업하다가 죽다니 만일 십년만 더 산다면 무언가 하나라도 해 놓고 죽을 수 있을 텐데." 아니면 "억울하다 살아계신 어머니가 보는 앞에서 저주의 죽음을 당하다니." 혹은 "억울하다, 삼년씩이나 함께 먹고 자고 기적을 보여주고 하나님 나라를 가르치고 십자가에 죽으나 다시 살아날 것이라고 미리 알려 주었는데도 불구하고 나와 함께 죽고자 하는 제자는 하나도 없다니 삼년의 수고도 허사였구나! 어쩌면 "내가 무슨 죄가 있느냐? 앉은뱅이를 일으켜 걷게 하고 소경의 눈을 뜨게 하고 문둥병자를 고쳐준 것이 무슨 죄가 된단 말이냐?" 아무래도 "내가 세상에 온 목적을 다 이루고 죽을 줄 알았는데 복음 사역 시작한 지 삼년 만에 이렇게 십자가에서 저주의 죽음을 당하다니!"라는 말 중에 적어도 한마디쯤 내뱉었을 것만 같습니다.

그러나 예수님의 입에서 나올 법한 이런 말들은 한마디도 나오지 않고 "다 이루었다"고 말씀하셨습니다. 그 어느 누구도 상상할 수 없는 말을 하신 것입니다. 누가 보아도 예수님의 십자가의 죽음은 분명히 실패와 저주의 죽음처럼 보였을 것이 틀림없습니다. 그렇다면 다 이루었다는 말은 쇼크 먹고 한번 해보는 소리요 또한 그 주위에 있던 사람들에게는 단지 그런 말로만 들렸을까요? 아니 죽는 마당에 무슨 말을 못하겠습니까? 그래서 한번 해보는 소리요 또한 그들에게 그렇게 들렸을까요? 그러나 만일 "다 이루었다"는 선언이 예수님의 영혼의 중심에서 터져 나온 말씀이라면 백혈병으로 죽어가는 자의 친구만큼이라도 이 말씀을 심각하게 생각해 보아야 할 것입니다. 이 말씀을 머리로만 아니라 가슴으로 그 뜻을 깨달아 마음에 새기고 결단하여 새로운 삶을 사는 축복된 시발점으로 삼아야 하겠습니다.

예수님께서 십자가에서 하신 말씀을 생각 없이 들은 자와 그 말씀을 마음에 새기고 믿음의 고백을 드린 자가 있었습니다. 그들은 예수님과 함께 십자가에 달린 두 강도입니다. 마태복음 27:44에서 "함께 십자가에 못 박힌 강도들도 이와 같이 욕하더라"는 말씀을 보면 맨 처음에는 두 강도가 다함께 예수님을 비난한 것이 분명합니다(막 15:32). 아니 그들은 한 번만 욕한 것이 아니라 얼마동안 계속적으로 예수님을 욕하였습니다.[1] 그런데 누가복음 23:39~43에서 "달린 행악자 중 하나는 비방하여 가로되 네가 그리스도가 아니냐 너와 우리를 구원하라 하되 하나는 그 사람을 꾸짖어 가로되 네가 동일한 정죄를 받고서도 하나님을 두려워 아니하느냐 우리는 우리의 행한 일에 상당한 보응을 받는 것이 이에 당연하거니와 이 사람의 행한 것은 옳지 않은 것이 없느니라 하고 가로되 예수여 당신의 나라에 임하실 때 나를 생각하소서 하니 예수께서 이루시되 내가 진실로 네게 이르노니 오늘 나와 함께 낙원에 있으리라 하시니라."고 말합니다.

:: 아버지여, 저희를 사하여 주옵소서

처음에는 계속해서 욕하던 자가 어떻게 변해도 이렇게 갑자기 변할 수 있을까요? 이와 같은 그의 변화의 분수령은 무엇이겠습니까? 내가 믿기로는 십자가상에서 하신 예수님의 말씀에 있었다고 생각됩니다. 그 말씀들 중에서도 누가복음 23:34 "이에 예수께서 가라사대 아버지여 저희를 사하여 주옵소서 자기의 하는 것을 알지 못함이니이다"일 것입니다. 이 말씀 역시도 예수님의 입에서 도저히 나올 말씀이 아니었습니다. 그렇다면 이 말씀 역시 "다 이루었다"는 말씀처럼 심각하게 생각해 보아야 할 것입니다. "설령 내 체면상 그렇게 말씀드렸을지라도 아버지여! 내 말을 액면 그대로 듣지 마시고 잘 새겨들어야 합니다. 다른 사람들은 몰라도 내 머리에 가시관을 씌운 자나 옆구리에 창을 찌른 자나 내 얼굴에 침을 뱉은 자는 절대로 용서하면 안 됩니다."라는 마음으로 이런 말씀을 하셨을까요? "만일 그들까지 용서하신다면 전 화병이 나서 금방 죽습니다."

그러나 이것은 하나의 가정이지 분명히 예수님의 본심이 아닙니다. 왜냐하면 강도들이 계속 욕을 한 것처럼 예수님 역시 계속 "아버지여 저희를 사하여 주옵소서"라는 말씀을 계속하셨기 때문입니다. 2)

예수님의 이 기도는 강도들이 욕을 계속할 때뿐 아니라 로마 군병들이 머리에 가시관을 씌울 때나 군중들이 "만일 네가 유대인의 왕이어든"이라고 하면서 깐죽거릴 때도 계속된 것이 틀림없습니다. 그러므로 죄 사함에 대한 예수님의 구함에서 제외될 자는 이 세상에 아무도 없음이 분명합니다.

이 엄청난 은혜로운 예수님의 말씀은 한 강도만 들은 것이 아니라 두 강도가 동시에 들었습니다. 그러나 불행히도 예수님을 비난한 강도는 그 말을 심상히 들었음이 분명합니다. 그러나 다른 강도는 그 말씀을 들으면서 "도대체 저 사람이 누구이기에 저주를 해도 속이 시원치 않을 텐데 그런 말을 할 수 있지" 하며 그를 쳐다보았을 것입니다. 그를 쳐다보는 순간 그분이 바로 세상 죄를 지고 가는 하나님의 어린양(아들)이심과 만왕의 왕 메시아이심을 성령의 능력으로 깨닫게 되었을 것입니다. 그래서 그는 "당신의 나라가 임할 때 나를 기억해 달라"고 간구한 것이 아닌가 생각해 봅니다. 마침내 그는 예수님과 함께 낙원에 있게 되었습니다. 두 강도의 차이는 처음에는 주님의 말씀을 경청하였느냐 아니하였느냐에 있었습니다. 어쩌면 이는 사소한 차이라고 생각될지 모릅니다. 그러나 그 결과는 엄청난 것으로 천국과 지옥의 차이가 되었습니다.

오늘날도 역시 십자가상에서 하신 예수님의 말씀을 소중히 생각하는 자와 그렇지 않는 자의 차이는 별 것이 아닌 것처럼 보일지 모릅니다. 그러나 예수님의 말씀을 소중히 여기지 않는 자는 결국 가슴을 치고 슬피 울며 이를 갈 것입니다(참조, 마 22:13; 24:51). 그러기에 예수님께서 십자가상에서 하신 말씀들을 소홀히 생각하여서는 안 될 것입니다. 달리 말한다면 십자가에서 하신 말씀들은 우리의 영원한 생명과 직결되는 말씀으로 알고 소중히 다루어야 할 것입니다. 예수님의 십자가상의 말씀, 특히 예수님께서 십자가상에서 "다 이루었다"고 하신 말씀은 바울이 에베소서 1:3~14에서 찬양하고 있는 삼위일체 하나님의 영원한 구원 계획과 궁극적 목적을 다 이루신 것을 증거하는 고백이라고 생각합니다. 이러한 저의 믿음의 확신이 에베소서 1:3~14을 성경신학의 관점에서 다시 한 번 살펴보고 싶은 배경과 동기가 되었습니다.

∷ 예수님이 이 땅에 오신 목적은

예수님께서 "다 이루었다"고 하시면서 영혼이 돌아가셨다는 말씀이 보여주는 대로 그 분은 분명히 목적을 가지고 일생을 사신 것이 분명합니다. 목적 없이 사는 인생은 이루었는지 안 이루었는지도 모르고 죽음을 맞이합니다. 분명 예수님은 이 땅에 나시기 전부터 이 땅에 오셔서 하실 일이 정해진 분이십니다. 마태복음 1:21 "아들을 낳으리니 이름을 예수라 하라 이는 그가 자기 백성을 저희 죄에서 구원할 자이심이라 하리라 하니라"와 23절에 "보라 처녀가 잉태하여 아들을 낳을 것이요 그 이름을 임마누엘이라 하리라 하셨으니 이를 번역한즉 하나님께서 우리와 함께 계시다 함이라."가 보여 주는 대로 예수님은 우리의 죄 문제를 해결하시려 이 땅에 오셨고 또한 그 결과로 하나님께서 자기 백성과 함께 하시기 위하여 오셨습니다. 예수님은 이렇게 미리 정하신 목적대로 사신 첫 번째 확실한 증거는 십자가에 죽으심과 부활에서 나타났습니다.

예수님의 십자가의 죽으심은 한 강도의 죄까지도 포함한 모든 죄인을 대신한 죽음이셨습니다. 예수님께서 그 강도에게 "내가 진실로 네게 이르노니 오늘 네가 나와 함께 낙원에 있으리라"는 선언이 바로 그 증거입니다. 이렇게 선언하신 예수님은 십자가에 죽으셨습니다. 그러나 그 죽음이 예수님의 마지막이 아닙니다. 십자가에서 죽으셨을 뿐 아니라 장사지낸 바 되었다가 사흘 만에 다시 사신 것입니다. 예수님의 십자가의 죽으심은 부활을 전제로 한 죽으심이기에 십자가에서 하신 선언은 죄와 사망 권세를 물리치시고 자기 백성을 저희 죄에서 구원하여 그들로 하나님과 함께 하는 임마누엘의 약속을 다 이루시는 성취이심이 틀림없습니다.

그런데 우리가 주목해야 할 점은 이 목적이 예수님 자신의 뜻을 이루는 것이 아니라 자신을 이 세상에 보내신 아버지의 뜻을 이루는 것이라고 말씀하셨습니다. 예수님께서 "내가 하늘로서 내려 온 것은 내 뜻을 행하려 함이 아니요 나를 보내신 이의 뜻을 행하려 함이니라 나를 보내신 이의 뜻은 내게 주신 자 중에 내가 하나도 잃어버리지 아니하고 마지막 날에 다시 살리는 이것이다"고 하셨습니다(요 6:38~39). 분명히 예수님은 자신의 뜻을 행하기 위하여 사신 것이 아니라 그를 보내신 아버지의 뜻을 행하는 것을 목적으로 사셨습니다. 예수님의 이러한 목적은 십자가의 죽으심은 부활과 승천 그리고 주님의 재림에 이르기까지 한 번도 어그러지지 않았습니다.

이에 대한 극적인 증거는 겟세마네와 십자가상에서 나타났습니다. 겟세마네에서는 "아버지여 만일 아버지의 뜻이면 이 잔을 내게서 옮기시옵소서 그러나 나의 원대로 마옵시고 아버지의 원대로 되기를 원합니다."에 잘 나타나 있습니다(눅 22:42). 여기에서 주목되는 것은 예수님께서 "아버지의 원대로 하십시오."라고 기도한 것이 아니라 "아버지의 원대로 되기를 원합니다."고 기도한 점입니다. 헬라어 성경을 보면 '원하다'는 동사를 명령법으로 사용하고 있습니다. 헬라어의 명령법은 때로 소원을 표시할 경우에 사용합니다. 본문에서 헬라어 명령법이 사용된 것을 볼 때 예수님께서 하나님의 뜻이 이루어지기를 간절히 소원하고 있음을 보여줍니다.

또한 십자가상에서 예수님께서 "아버지여 저희(들)를 사하여 주옵소서. 자기(들)의 하는 것을 알지 못함이다 하시더라."라고 계속적으로 저들의 죄를 사하여 주시도록 간구하심을 볼 때 죄 사함에 대한 예수님의 간구하심에서 제외될 수밖에 없는 자는 아무도 없었음이 분명합니다(눅 23:36). 그러므로 예수님을 발가벗겨 그 겉옷을 제비 뽑는 로마 군병들은 물론 머리에 가시관을 씌운 자나 못을 박은 자나 옆구리에 창을 찌른 자나 얼굴에 침을 뱉은 자도 죄 사함에 대한 예수님의 구함에서 제외될 대상이 아님은 분명합니다.

하나님의 뜻을 이루고자 하는 예수님의 목적은 천국에서도 계속될 것을 바울 사도는 이렇게 말씀합니다. "누가 정죄하리요 죽으실 뿐 아니라 다시 살아나신 이는 그리스도 예수시니 그는 하나님 우편에 계신 자요 우리를 위하여 (지금도 계속하여) 간구하시는 자"라고 합니다(롬 8:34). 하나님 우편에 계신 예수님께서 믿는 자들을 위하여 간구하시는 내용은 한마디로 하나님의 사랑에서 끊어지지 않도록 하시는 것입니다. 이것은 곧 믿는 자들의 영원한 구원의 근거입니다. 이것 역시 하나님의 뜻을 이루는 것임이 틀림없습니다.

:: 사랑의 설계도

하나님의 영원한 구원 계획과 궁극적 목적은 하나님의 영원한 사랑의 설계도입니다. 삼위일체 하나님의 영원한 구원 계획과 궁극적 목적을 보여주는 영원한 구원 설계도입니다. 이 설계도는 삼위일체 하나님께서 무조건적인 사랑에 근거하여 창세 전에 설계되었습니다. 이 설계도의 내용은 삼위일체 하나님께서 죄인들을 죄에서 구원하여 거룩하고 흠이 없는 아들로 삼아 영원토록 함께 사시며 영광 받으시는 것입니다. 이 설계도대로 완성된 하나님의 나라는 삼위일체 하나님의 무조건적 사랑과 영원한 생명을 주시는 희생으로 이루어지도록 하셨습니다. 삼위일체 하나님께서 이 구원 설계도를 완성시키시려고 가난해지시기도 하고, 애통하시기도 하고, 주리고 목마르시기도 하고, 핍박을 받기도 하셨습니다. 그러시는 중에도 온유하시며, 오히려 긍휼히 여기시며, 화평케 하시는 일을 하시며 결국은 십자가에 죽으심으로 완성하셨습니다.

하나님의 사랑 설계도의 완성인 예수 그리스도의 십자가는 구원을 얻은 자에게는 복음입니다. 이 복음은 하나님 아버지의 은혜의 복음(행 20:24; 롬1:1; 살전 2:2; 딤전 1:11), 예수 그리스도의 복음(롬 1:9, 15:19; 고후 2:12, 9:13, 10:16; 갈 1:1:7; 빌 1:27; 살전 3:2), 구원의 복음(엡 1:13), 영광의 복음(고후 4:4), 평안의 복음(엡 6:15), 영원한 복음(계 14:6) 그리고 바울(나)의 복음(롬 16:25; 딤후 2:8; 몬 1:13)일 뿐 아니라 우리의 복음(살후 2:14)입니다.

이 복음이 하나님의 복음인 것은 복음의 기원이 삼위일체 하나님이시고 또한 그 하나님께서 이 복음을 최종적으로 완성하시기 때문입니다. 이 복음이 예수 그리스도의 복음인 것은 예수 그리스도께서 십자가에서 죽으심과 부활과 성령을 보내주심으로 이 복음을 완성하셨기 때문입니다.

하나님께서 설계하시고 십자가에서 완성하신 이 복음이 어떤 이에게는 복된 소식이나 다른 이에게는 복음이 아닌 것이 아닙니다. 지금은 복음이나 미래에는 복음이 될 수 없는 그런 복음이 아닙니다. 이 민족에게는 복음이나 다른 민족에게는 아닌 그런 복음이 아닙니다. 어떤 문제는 해결해 주나 다른 문제를 해결할 수 없는 그런 복음이 아닙니다. 이 세상에서는 복음이나 저 세상에서는 아닌 그런 복음이 아니라 영원한 복음입니다. 한마디로 말해서 이 복음은 상대적인 복음이 아니라 절대적인 복음입니다. 하나님의 은혜의 복음은 빈부귀천 남녀노소를 막론하고 온 인류 전체에게 영원토록 복된 소식으로 주신 복음입니다.

이 복음은 바울의 복음일 뿐 아니라 우리의 복음인 것은 이 복음이 바울과 우리에게 복음일 뿐 아니라 바울과 우리가 전해야 할 복음이기 때문입니다. 우리는 우리 자신에게 복음이 아닌 것을 다른 사람에게 이것이 너에게 복음이라고 전할 수 없습니다. 그리스도 십자가의 복음이 자신의 것이 된 자는 하나님의 사랑 설계도인 복음을 다른 사람들에게 이 복음이 그들의 복음이 되도록 성령의 역사하심을 따라 예수님처럼 바울처럼 이 복음에 목숨을 겁니다. 그들은 십자가에서 성취된 이 복음을 전하기 위하여 가난하게도 되며, 애통하기도 하며, 주리고 목마르기도 하며, 핍박을 받기도 합니다. 그러는 중에도 온유하며, 오히려 긍휼히 여기며, 화평케 하시는 일을 하며, 주님의 이름으로 인해 욕과 핍박을 받을 때 자신을 복음의 일꾼으로 사용하여 주심을 기뻐하고 즐거워하며 순교자의 삶을 살아가게 됩니다.

이들이 돌아갈 고향은 이 세상이 아닙니다. 이들에게 주어지는 최상의 상급은 이 세상에서 받을 것이 아닙니다. 이들이 돌아갈 고향과 이들에게 최상의 상급이 주어지는 곳은 천국입니다. 이 최상의 상급은 죄인들을 무조건 사랑하셔서 자기 아들을 죄인들을 위하여 내어주신 성부 하나님 앞에서 주어질 것입니다. 무조건적 사랑으로 자신의 생명을 십자가에 주신 성자 하나님 예수 그리스도 앞에서 주어질 것입니다. 또한 성령 하나님 앞에서 주어질 것입니다. 성령은 주를 위하여 핍박당하는 자들로 이 복음을 깨닫게 하여 하나님을 아바 아버지라고 부르도록 하십니다. 성령은 하나님을 아바 아버지라고 부르는 자들로 자신들의 생명을 바치겠다는 결심으로 순교의 자리에까지 가도록 하십니다.

그러기에 이들은 삼위일체 하나님의 면전에서 이구동성으로 "나는 아닌데, 내가 어떻게 이 영광스럽고 아름다운 자리에 참석하게 되었지. 나는 여기에 올 자가 아닌데, 내가 어떻게 이런 영광스러운 자리에 참석할 수 있는 놀라운 영광을 누리게 되었지. 아아, 은혜로다. 아아, 은혜로만 누리는 영광이로다" 라고 고백할 것입니다. 은혜로만 누리는 영광에 감격하여 영화로우신 하나님의 그 영광을 찬미하려고 하는 바로 그 순간 하나님께서 이들에게 "너야말로 나의 영광의 찬송이다. 너 없는 천국은 천국이 아니란다. 너는 나의 전부이다" 라고 말씀하실 것입니다. 은혜로 누리는 영광을 찬송하는 자들에게 하나님은 "너희들이야말로 나의 영광의 찬송이로다"고 하실 때 이들은 더욱 감격하여 "할렐루야 보좌에 앉으신 이와 어린양에게 찬송과 존귀와 영광과 능력을 세세토록 돌릴지어다 할렐루야 구원과 영광과 능력이 우리 하나님께 있도다 할렐루야 주 우리 하나님, 곧 전능하신 이가 통치하시도다"라고 많은 물소리와 같은 큰 음성으로 하나님의 그 영광을 찬미하는 찬양이 세세 무궁토록 계속될 것입니다(계 5:13; 19:1,6).

하나님 아버지는 그 날을 고대하는 자들에게 약속하셨습니다. "내가 진실로 속히 오리라." 이 약속의 말씀에 대한 우리의 대답은 "아멘 주 예수여 오시옵소서"이어야 합니다(계 22:20). 이 날은 많은 물소리 같고 큰 뇌성 같은 '할렐루야' 소리가 온 우주를 진동시키는 영원한 날의 시작이 될 것입니다. 이 날은 하나님 아버지의 그 영광을 영원토록 찬미하는 삼위일체 하나님의 영원한 구원 계획과 궁극적 목적이 최종적으로 완성되는 날입니다.

이 책은 핵심적으로 에베소서 1:3~14에 대하여 해설하는 것으로 삼위일체 하나님의 영원한 구원 계획과 궁극적 목적을 다룰 것입니다.

4절에서 6절까지는 주로 성부 하나님의 구원 사역으로 그 중심 내용은 성부 하나님께서 주신 모든 신령한 복은 예수 그리스도 안에서 믿는 우리를 아들로 삼으신다는 내용입니다. 하나님께서 창세전에 그리스도 안에서 아들 삼으실 것을 선택하심은 하나님의 무조건적인 사랑이십니다. 그리고 선택하신 목적은 아들 삼으신 자들이 하나님의 은혜의 영광을 찬미하려는 데 있습니다.

다음은 7절에서 12절까지로 성자 하나님 예수 그리스도의 구속 사역에 대한 것입니다. 예수 그리스도 사역은 그의 피로 말미암아 구속, 곧 죄 사함을 얻게 하심입니다. 또한 이 구속 사역을 이루시기 위하여 그리스도 안에서 만물이 통일(하나)되게 하실 것을 말합니다. 그리고 만물을 그 마음에 원하시는 대로 동원하시는 하나님의 경륜을 말하고 있습니다. 13~14절은 성령 하나님의 구원 사역에 대한 것입니다. 성령 하나님의 구원 사역은 성령님께서 우리로 복음을 듣고 믿게 하시며 약속의 성령으로 인치심이 되셔서 기업의 보증이 되심입니다. 또한 하나님의 영원한 구원 계획에 대한 궁극적 최종 목적은 하나님의 아들 된 자들이 그 하나님의 그 영광을 찬미하게 하려 하심입니다.

그리고 맨 마지막에 나오는 저의 이야기는 에베소서 3~14절이 보여주는 대로 바울이 감옥에서 부른 사랑의 노래가 저의 애창곡이 되기까지 살피는 여행길을 마치는 자리에서, 바울의 노래와 저의 지나온 길을 되돌아보며 저의 삶을 되새김질 해 보았습니다.

셋
어떻게 해석해야 하나

에베소서 1:3~14은 바울이 로마 감옥에서 하나님을 찬양하고 있는 내용입니다. 그가 이렇게 찬양하는 이유는 인간을 자신의 아들로 삼으려는 삼위일체 하나님의 영원한 사랑의 설계도, 즉 영원한 구원 계획과 그 궁극적 목적이 무엇인지를 깨달았기 때문입니다. 바울이 그렇게 할 수 있었던 비결은 비록 조그만 공간에 갇혀 있었지만, 시간과 공간을 초월하여 창세전부터 영원까지 넘나들 수 있는 영적 눈이 열려 있었기 때문입니다. 이러한 바울의 심정과 그의 고백적 선언을 바로 이해하는 길은 바울처럼 창세전부터 영원까지 넘나들 수 있는 영적인 눈이 열리는 데 있을 것입니다.

과연 그런 일이 우리에게 가능할까요? 만일 가능하다면 그 방법은 무엇일까요? 저는 감히 하나님께서 우리에게 주신 성경을 창세기에서 계시록까지 한 시점으로 볼 수 있는, 한눈에 그렇게 바라볼 수 있는 눈이 열린다면 그 일은 가능하다고 생각합니다. 저는 신학생들에게 창세기의 첫 자인 '창' 과 계시록의 '시록' 을 따서 '창시록' 을 한목에 바라볼 수 있어야 바울의 이 고백을 이해할 수 있다고 강조합니다. 저는 성경의 한 본문을 해석할 때 성경 전체를 통하여 그 본문을 조명할 수 있는 안목이 열림과 동시에 그 본문을 통하여 성경 전체를 내다볼 수 있는 안목이 열렸으면 하는 소원이 있습니다.

저는 강의할 때 성경 전체를 통하여 한 본문을 조명할 수 있는 안목이 열리는 방식에 대해서, 렌즈를 사용하여 태양열을 종이 위 한 곳에 초점을 모으면 그 종이가 타는 예를 들어 설명합니다. 이에 대한 성경의 예로는 누가복음 24장에 나오는 엠마오로 가는 두 제자와 예수님의 대화를 소개합니다. "모세와 모든 선지자의 글로 시작하여 모든 성경에 자기에 관한 것을 자세히 설명"하였을 때, 그들의 마음은 뜨거워졌습니다 (눅 24:27, 32). 그들의 마음이 뜨거워진 것은 자신들에게 말씀하시는 분이 부활하신 예수님이라고 알았기 때문이 아니었습니다. 그들의 마음이 뜨거워진 그 이전의 사건이었습니다. 그 이유는 예수님께서 자신의 부활에 대한 성경 전체에 나타난 약속과 예언들을 자세히 풀어 주셨기 때문입니다.

또한 한 본문을 통해 성경 전체를 내다볼 수 있는 안목이 열렸으면 하는 소원에 대해서는, 아파트 현관문에서 작은 구멍을 통하여 초인종으로 부르는 사람이 누구인지 식별할 수 있는 예를 들어 설명합니다.

저는 이 찬송시가 위에서 지적한 것과 같은 한 본문을 통하여 전체를 바라보고 또한 성경 전체를 통하여 한 본문을 더욱 풍성하게 이해하는 우리의 안목을 열리게 하는 모델적인 본문이라고 생각합니다. 왜냐하면 바울이 감옥에서 이 찬송시를 통하여 영원 전부터 시작하여 영원 후까지 계속되는 하나님의 영원한 구원 계획과 예수 그리스도의 구속에 의한 구원의 완성과 현재 성도 안에서 역사하시는 성령의 사역 그리고 이렇게 하시는 삼위일체 하나님의 궁극적인 목적이 무엇인가를 밝히고 있기 때문입니다. 우리는 이 찬송시를 통하여 성경 전체를 내다볼 뿐만 아니라 성경 전체를 통하여 이 찬송시의 내용을 더욱 풍성하게 이해할 수 있습니다. 우리의 안목이 이렇게 열리려면 신구약이 한눈에 보이도록 성경을 수없이 읽으면서 앞뒤 문맥과 성경 전체 주제에 근거하여 연구하여야 할 것입니다. 우리가 이렇게 하다보면 자연히 성경은 하나님의 구속 역사를 말하고 있다는 것을 깨닫게 됩니다. 달리 말하면 구속 역사적 관점에서 성경을 바라볼 수 있는 안목이 열리게 됩니다. 성경을 구속 역사적 관점에서 해석하는 것을 성경신학적 해석 방법이라고 합니다. 성경을 구속 역사적 관점에서 바로 해석하기 위하여 일생을 바친 분들이 많습니다. 그러한 연구를 통하여 구속적 역사적 관점에서 해석하는 몇 가지 주요한 원리들을 밝혀냈습니다. 이 분들이 소개하는 원리들은 성경을 구속 역사적 관점에서 이해하려고 하는 사람들에게 이루 말할 수 없는 큰 도움이 됩니다.

저는 이 찬송시를 어떻게 해석할 것인가에 대한 대답으로 이 찬송시를 구속 역사적 관점에서 살피려고 합니다. 이러한 방법에 절대적인 도움을 받은 게할더스 보스(Geerhardus Vos)의 주요한 원리들을 소개하려고 합니다. 보스는 신학이란 인간이 하나님의 말씀들을 연구하는 학문이라고 정의합니다. 하나님께서 신학의 주체라고 전제하게 되면 신학이란 "하나님께서 자신에 대하여 인간에게 계시하여 주신 말씀들을 연구하는 학문"으로 정의됩니다. 신학의 주체를 하나님이시라고 전제하고, 신학은 하나님께서 자신에 대하여 인간에게 계시하여 주신 것을 연구하는 학문이라는 정의에 바탕을 둔다면 하나님의 말씀인 계시(성

경)를 연구하는 것이 신학 연구의 바른 자세라고 할 수 있습니다.[1]

　이러한 바른 정의에 따라 말한다면, 성경신학이란 하나님께서 자신을 알려 주시고 점진적 진행 과정을 통해 계시해 주신 성경 말씀을 구속사적 관점에서 해석하는 것을 말합니다. 성경 말씀을 구속사적 관점에서 해석할 때 가장 중요한 초점은 하나님께서 인간을 구원하기 위하여 주신 계시의 특성을 바로 이해하는 것입니다. 보스에 따르면, "성경신학은 성경에 담겨진 하나님의 자기 계시의 발전 과정을 다루는 주경신학의 한 분야"로 정의되는데 계시의 주요한 특성들을 네 가지로 제창하였습니다. 이제 그 원리들을 살펴보겠습니다.[2]

:: 구속 역사 진행과 함께 점진적으로 전개되는 특성

　보스는 인간 역사 안에서 주어지는 하나님의 계시는 점진성이 있다고 설명하면서 "계시는 연속된 한 행위 안에서 완결된 것이 아니라, 오히려 점진적 행위의 긴 과정 중에서 전개되는 것"이라고 말합니다. 그 이유를 "계시는 그것 자체로서 자족하게 서는 것이 아니고 우리가 구속이라고 부르는 하나님의 다른 행위와 불가피하게 관련"되어 있다고 말합니다. 이 말은 매우 압축적인 표현입니다. 이 표현은 첫째 계시는 미래에 이루어질 구속에 대한 약속으로 주어진 말씀이기 때문에 그 자체로서 끝나는 것이 아니라 그 약속이 성취될 때까지 그 약속의 성취와 관련된 연속 행위들과 연계되어 있습니다.

　"계시가 연속된 한 행위 안에서 완결된 것"이 될 수 없는 이유는 그 계시는 미래에 성취될 구속에 대한 약속으로 그 약속이 성취되지 않는 한 그 계시는 완결되었다고 볼 수 없기 때문입니다. 어떤 약속이든지 간에 만일 그 약속이 영원히 성취될 수 없는 약속이라면 그 약속은 의미가 없습니다. 약속으로 주어진 계시는 그 약속의 성취를 향해 점진적으로 나아갈 수밖에 없습니다. 그러기에 계시는 "점진적 행위의 긴 과정 중에서 전개된다"고 말합니다. 여기에서 말하는 '점진적 행위' 란 계시의 점진적 행위를 말합니다.

계시와 구속의 불가분의 관계

계시의 점진적 행위가 불가피한 것은 그 계시가 "구속이라고 불리는 하나님의 다른 행위와 불가분의 관계를 맺고 있기 때문" 이라고 보스는 지적합니다. 이렇게 말하는 이유는 계시를 구속의 해석으로 보기 때문입니다. 성경이 보여주는 대로 구속에 대한 계시가 임함과 동시에 최종적인 구속이 이루어지는 것이 아니라 구속이 역사의 진행과 더불어 점진적으로 이루어져 갑니다. 구속이 역사적으로 계속되는 성격은 "구속은 역사의 과정 가운데서 나타나게 되는 인류의 각 세대들에게 주어져야 하기 때문" 이라고 보스는 말합니다. 이렇게 구속이 점진적으로 성취되어 가는 까닭에 그것에 대한 해석인 계시 역시 점진적으로 전개되는 것입니다. 이것이야말로 구속을 추상적인 것이 아니라 구체적이요 극적인 실재로 경험하도록 하신 하나님의 섭리, 곧 배려인 것입니다. 계시의 역사적 성격은 계시가 역사 안에서 타락한 피조물의 구속과 관련이 있기 때문입니다.

보스는 계시와 구속이 뗄 수 없는 관계가 있다고 말하면서도 그러나 "두 과정이 일치되는 것이 아니다"고 합니다. 그 이유는 "계시는 구속이 계속되는 상황 가운데서도 그칠 수가 있기 때문" 입니다. 이 말을 이해하려면 "구속 자체의 영역 가운데 있는 중요한 구분을 고려하여야 한다"고 지적합니다. 그는 구속을 두 영역으로 구분하여 설명합니다. 첫째 영역은 구속이 객관적이고 중심적인 계시라는 것이요, 둘째 영역은 주관적이고 개인적인 계시라는 것입니다. 이러한 구분은 특별한 것이 아니라 전통적인 견해와 다름없습니다. 그러나 이 구분에 대한 보스의 설명은 성경신학 연구에 아주 크게 공헌을 한 것입니다.

구속의 두 영역

구속은 일면 객관적이고 중심적이며, 일면 주관적이고 개인적입니다. 구속이 객관적이고 중심적이라고 할 때는 인간의 어떤 행위와 상관없이 인간 밖에서 일어난 하나님의 구속 행위를 지칭하는 것입니다. 반면 구속이 주관적이고 개인적이라 할 때는 인간 주체 속으로 파고드는 하나님의 구속 행위를 지칭하는 것입니다. 우리는 그 객관적인 구속 행위를 '중심적'이라고 했습니다. 그것은 구속의 전 과정의 중심에서 일어나는 구속 행위로 반복의 필요성이나 가능성도 없는 것이기 때문입니다. 그러한 '객관적-중심적 구속 행위'는 성육신과 속죄, 그리고 그리스도의 부활입니다.

주관적인 영역의 행위들을 '개인적'이라고 하는 이유는, 그러한 구속 행위들이 각 개인에게서 독립적으로 반복되기 때문입니다. 그러한 '주관적-개인적 구속 행위들'은 중생, 칭의, 회개, 성화, 영화입니다. 그런데 계시는 이들 중 객관적이고 중심적인 구속과만 함께 하는 것이므로, 구속은 계시보다 더 계속됩니다. 계시가 주관적이고 개인적인 구속과도 함께 한다고 주장하는 것은 사사롭고, 개인적인 관심의 문제를 다루는 것이지, 전체적인 구속, 세계 공통의 관심의 문제를 다루는 것이 아닙니다. 그러나 이는 신자들이, 그의 주관적인 경험에서, 성경 안에 있는 계시의 자료로부터 비추임을 받을 수 없다는 것을 뜻하지 않습니다. 왜냐하면 객관적인 과정과 함께, 주관적인 적용의 역사가 계속되고 있고, 이들 중 많은 것이 성경 가운데 반영되어 있다는 것을 기억해야 하기 때문입니다. 주관적이고 개인적인 구속은 객관적이고 중심적인 구속이 끝나는 지점에서 비로소 시작하는 것이 아닙니다. 처음부터 이들은 함께 있어 왔습니다. 이제 객관적이고 중심적인 구속이 다시 나타날 미래의 한 시대만 남겨두고 있습니다. 그것은 그리스도의 재림 때입니다. 그때 세상과 하나님의 백성 전체에 관한 구속 행위가 일어날 것입니다.

계시의 역사적 점진성이란 한마디로 말한다면 계시의 내용인 하나님의 약속의 말씀이 역사 속에서 성취되어 가는 과정이 점진적이라는 뜻입니다. 첫째로 창세기 3:15에서 하나님께서 약속하신 객관적 중심적 계시가 육신을 입고 세상에 오신 예수 그리스도 말미암아 성취되기까지 일어난 진전 과정은 점진적이었습니다(참조, 요 19:28~30). 둘째로 객관적 중심적 계시가 믿는 자에게 적용되는 주관적 개인적 구속 행위 역시 점진적임을 의미합니다. 보스가 계시의 점진성을 말할 때 그가 계시의 진화를 인정한다거나 주장하는 개념으로 오해하는 일은 없어야 할 것입니다. 계시의 유기적 특성에 대한 보스(Vos)의 견해를 이해하면 보스가 계시의 점진성을 진화의 관점에서 말하는 것이 아니라는 의혹도 풀릴 것입니다.

:: 역사 안에서 실현되는 특성

계시의 과정은 역사와 공존할 뿐 아니라 역사 속에서 실현됩니다. 성경의 역사적 사건들 자체가 계시적 의의를 보입니다. 보스는 계시를 객관적이면서도 중심적인 계시와 주관적이면서도 개인적인 계시로 나누는 반면에 객관적이면서도 중심적인 계시를 다시 언어 계시와 행위 계시로 나눕니다. 보스가 이렇게 나누는 근거는 성경에 나타나는 구속의 사건 자체를 계시로 보기 때문입니다. 그 좋은 예로서 예수 그리스도의 십자가의 죽음과 부활을 들 수 있습니다. 우리는 행위 계시를 언어 계시와 동등한 위치에 놓아야 합니다. 그(행위 계시)와 같은 경우에는 구속과 계시가 서로 일치합니다. 보스는 계시와 구속이 서로 일치하는 사실을 말하면서도 이와 관련하여 두 가지 점을 기억해야 한다고 말합니다.

계시의 일차적 목적

첫째로, 구속 사건의 행위(구속과 계시)는 (인간을 위한) 계시를 주목적으로 하여 일어나지 않는다는 것입니다. 이와 같은 구속 계시적인 특성은 부차적입니다. 구속 사건의 일차적인 목적은 (인간을 위한) 계시를 초월하여 그 효과에서 하나님에게만 관계된 의미를 가지고 있습니다. 우선적으로 이 양면적인 행위는 그 효과에서 하나님을 경외하는 행위와 그리고 다만 이에 의존하여 교훈을 받는 인간에게로 향하는 행위도 가지므로 구속 계시가 인간을 구속하는 목적뿐 아니라 그것을 초월하는 목적을 가지고 있음을 기억해야 한다고 지적합니다.

구속 사건의 일차적인 목적은 (인간을 위한) 구속 계시라는 차원을 벗어나 하나님과의 관계에서 더 큰 의미가 있다는 보스의 말은 설명이 필요합니다. 인간의 입장에서 보면 구속이란 인간을 구속하기 위한 하나님의 사랑을 나타내는 것이 일차 목적일 것입니다. 그러나 보스가 이것이 일차 목적이 아니라 부차적 목적이라고 하는 이유는 구속이 인간을 위한 사랑의 행위일 뿐 아니라 하나님의 약속에 대한 의로우심을 나타내는 의의 행위이기 때문입니다.

그런데 보스는 구속의 계시적 측면에서 볼 때 하나님의 의로우심을 나타내는 의의 행위는 일차적 목적이요 인간을 위한 사랑의 행위는 부차적이라고 강조합니다. 이와 같은 보스의 견해는 로마서 3:25~26의 지지를 받고 있습니다. "이 예수를 하나님의 그의 피로 인하여 믿음으로 말미암는 화목 제물(속죄 제물)로 세우셨으니 이는 하나님께서 길이 참으시는 중에 전에 지은 죄를 간과하심으로(하심에 대한) 자기의 의로우심을 나타내려 하심이니 곧 이 때에 자기의 의로우심을 나타내사 자기도 의로우시며 또한 예수를 믿는 자를 의롭다 하려 하심이니라."

계시의 일반적 순서

둘째로, 행위 계시들은 그것들 자체만 말하도록 방치되어 있지 않습니다. 행위 계시는 그 계시 앞과 뒤에 언어 계시가 있기 마련입니다. 계시의 일반적인 순서는 먼저 말씀 계시가 나오고, 다음에 그 말씀 계시를 확증시키는 행위(사건) 계시가 나옵니다. 이 행위 계시 다음에 그 행위(사건)를 해석하는 말씀 계시가 이어집니다. 성경을 이런 관점에서 보면, 구약은 예언적이고 예비적인 말씀 계시이고, 복음서들은 예수 그리스도의 구속 계시 사건이 성취되는 과정을 기록하고 있습니다. 사도행전에서부터 요한계시록까지는 예수 그리스도의 계시 사건에 대한 최종적인 해석에 대한 기록입니다.

보스가 말하는 계시의 순서는 말씀(계시) - 사건(계시) - 말씀(계시)입니다. 여기에서 처음의 말씀 계시는 사건이 일어날 것을 미리 약속하는 약속(예언)을 말합니다. 그리고 다음의 사건은 과거에 약속한 것을 성취하는 성취의 사건입니다. 마지막으로 말씀은 약속된 것이 성취되었음을 해석(설명)하는 말씀입니다. 때때로 마지막에 나오는 해석의 말씀은 또다시 앞으로 성취될 사건을 약속하는 처음의 말씀(계시)이 됩니다.

계시의 역사에서 실현성이란 계시의 말씀이 역사 속에서 타락한 인간을 구속하기 위한 계시이므로 계시가 주어지고 성취되는 역사적 삶의 현장이 있다는 것을 말합니다. 예수님께서 십자가에 달려 죽으시면서 "다 이루었다"고 하신 갈보리 언덕이 바로 그 현장들의 절정입니다. 그러기에 이 역사적 현장을 통하여 하나님의 사랑을 지성만이 아니라 우리의 가슴에 와 부딪치게 되면 심장이 박동치는 감동을 체험할 수밖에 없습니다.

:: 유기적 특성

보스는 계시의 점진성과 유기적 특성을 동시에 강조합니다. 그에 따르면, "모든 증가(increase)는 점진적으로 일어납니다. 그러나 모든 점진적 증가가 유기적 성격을 지니는 것은 아니다"고 말합니다. 그는 계시에서 오직 점진성만 말한다면 계시의 절대적 완전성을 배제하는 것으로 여겨질 수 있다고 합니다. 그러나 계시의 유기적 점진성을 말할 때는 그러한 주장은 성립될 수 없습니다. 보스는 계시가 유기적 특성이 있다고 규명하는 것이 아니라 그것을 전제합니다. 그는 성경에서 약속으로 주어진 계시가 최종적으로 성취되는 과정 가운데 이 유기적 특성이 들어있다고 전제합니다. 이 유기적 특성이 있다는 것을 전제로 하여 보스는 이 점진적 계시의 유기적 특성을 통하여 성경 계시의 다음 주요한 몇 가지 점들을 설명합니다.

씨가 나무로 자람

유기적 점진성이란 씨 형태에서 시작하여 나무에 이르는 과정에 비유할 수 있습니다. 씨에서 나무에 이르는 유기적 성장 과정을 질적인 면에서 볼 때 씨가 나무보다 덜 완전하다고 말할 수는 없습니다. 오히려 질적인 측면에서 씨와 나무는 같다고 할 수 있습니다. 이와 같은 특성은 계시의 유기적 특성에서도 살펴볼 수 있습니다. 바꿔 말하면 계시의 유기적 특성이란 약속으로 주어진 계시를 씨라고 하고 그 약속의 최종적인 성취를 나무라고 할 수 있습니다. 왜냐하면 약속, 즉 씨의 형태로서 최초의 계시에는 그 약속의 최종적인 성취(구속)를 위한 "불가결한 지식의 최소량이 이미 들어 있기 때문입니다." 그러므로 이 유기적 특성은 진리의 구속적 충족성이 처음 나타날 때부터 어떻게 계시 속에 들어 있을 수 있는지를 설명해줍니다.

계시의 점진 운동

유기적 점진성은 계시가 최종 성취를 향하여 나아가는 점진 운동(상향 운동) 중에 어떻게 구속의 상향 운동과 밀접하게 연관되어 있는지를 설명해줍니다. 구속은 본래적으로 점진적입니다. 그러므로 계시도 같은 성격을 가져야 합니다. 그런데 계시의 유기적 진행 과정은 구속의 진행 과정에 의하여 지배됩니다. 이 말의 뜻은 구속의 진행 과정이 느려지거나 어느 시점에 침묵하게 되면 계시도 그와 발을 맞추어 느려지거나 침묵한다는 것입니다. 이러기에 계시의 점진 과정 중에 역사의 새로운 기원을 이루는 특성, 즉 이전 시대와 그 이후 시대를 구분지을 수 있는 특성이 있음을 봅니다. "계시의 유기적 진행 과정은 구속의 진행 과정에 의하여 지배됩니다"는 말의 의미는 다음과 같이 이해될 수 있습니다. 하나님께서 구속의 사건을 행하실 때 그 사건이 일어나기 전에 미리 그 구속 사건을 약속하는 계시의 말씀을 주십니다. 그러나 그 약속이 성취되어 가는 중에는 그 약속의 성취로 이루어진 사건에 대한 것을 해석하여 주는 계시는 주시지 않습니다. 약속이 구속 사건을 통하여 성취되지 않은 상황에서 약속이 성취되었다고 해석하는 계시는 주실 수 없다는 것이 논리적으로 볼 때 당연합니다.

계시의 점진적 다양성

계시의 유기적 점진성은 계시의 점진적 다양성을 설명할 수 있습니다. '유기적'이라는 단어는 생명과 밀접한 관계를 전제합니다. 유기적 생명이 자라나는 과정에서는 어디서나 점진적 다양성을 볼 수 있습니다. 물론 진리는 단순합니다. 그러나 생명과 관련이 없는 진리는 진리라고 할 수 없습니다. 그러기에 진리의 말씀인 하나님의 계시는 획일적으로 표현되기보다는 복합적으로 표현됩니다. 그것은 인격적인 창조주 하나님께서 피조물인 인간을 사랑하셔서 인간으로 계시를 잘 이해할 수 있도록 인격을 통하여 진리를 다양하고 풍성하게 표현하시기 때문입니다.

그러므로 성경 속에 나타나는 계시의 다양성은 어떤 자들이 주장하는 대로 성경의 절대성과 무오성을 믿지 못하도록 치명적인 역할을 하는 것이 아니라 오히려 성경이 살아 계신 하나님의 계시로 확신하고 믿도록 하는 역할을 합니다. 바로 이 점에서 "과거의 구속 사건들에 대한 해석들은 새로운 사건들에 비추어 그 해석들이 수정되어야 합니다"라는 주장은 받아들일 수 없습니다. 반대로 과거의 사건들에 대한 해석은 새로운 사건들로 말미암아 더욱 풍성해지고 명확해진다고 주장해야 합니다. 계시의 유기성에서 간과해서는 안 될 중요한 바는 계시의 점진적 과정에서 일어나는 모든 일들이 뗄 수 없는 생명적 관계가 있다는 점입니다.

:: 실제 삶에 전인적으로 적용되는 특성

하나님의 자기 계시는 지적인 지식을 주려는 목적으로 존재하는 것이 아닙니다. 물론 경건한 성도가 지적인 지식을 통하여 하나님의 계시를 깨닫고 하나님을 영화롭게 하기도 합니다. 성경에서 말하는 지식(아는 것=영생)은 헬라적 의미로 이해할 것이 아니라 히브리적인 의미로 이해해야 합니다. 지식에 대한 헬라적 의미는 어떤 사물의 실재를 마음에 반영할 수 있는 정도입니다. 그러나 성경에서 말하는 지식이란 삶의 내면 경험과 실제로 부합되는 어떤 실재를 가진다는 말입니다. 예를 들면 성경에서 '안다'고 할 때 그것은 '사랑하다'는 뜻입니다.

하나님께서는 이와 같은 방식으로 자신을 자기 백성에게 알리기를 원하셨습니다. 그래서 그는 계시를 한 민족의 역사적인 삶의 환경 속에서 일어나도록 하셨습니다. 위에서 지적한 대로 계시에는 점진성과 유기성과 실현성이 있기 때문에 우리는 계시에 대한 전인적 참여와 누림과 나눔과 진정한 예배가 가능합니다. 아니 이 모든 것이 있어야 합니다. 계시는 지적인 동의나 만족만으로 끝나도록 하기 위하여 주신 것이 아닙니다. 마음의 감동과 결단을 통하여 신분과 삶의 변화를 위하여 주신 것입니다. 이것은 우리 스스로 가질 수 있는 것이 아니라 성령께서 계시를 실제적인 우리의 삶에 적용시킴으로만 가능케 됩니다.

계시는 학교가 아니라 언약인 이유

보스는 "계시는 '학교' 가 아니라 '언약' 이다" 고 단언합니다.[3] 보스의 이 단언은 하나님께서 계시를 이스라엘 백성에게 그들의 지적인 만족을 위하여 주신 것이 아니라 하나님께서 그들을 구속하여 "하나님은 그들의 하나님이요 그들은 하나님의 백성" 이 되는 언약 관계가 일어나도록 하기 위하여 주셨다는 것입니다. 구약성경은 하나님과 이스라엘의 언약 관계의 역사를 기록한 책이라고 말할 수 있습니다. 이 언약 관계를 통하여 지금까지 보스가 말한 계시의 주요 성격을 이해할 수 있습니다.

예를 들면 언약을 맺으시는 하나님은 그 언약을 기억하시는 하나님이십니다. 언약을 기억하시는 하나님은 그 언약의 내용을 이루시기 위하여 준비하시는 하나님이십니다. 언약을 이루실 준비가 완료되면 고난을 통하여 언약 백성으로 그 언약을 기억나게 하시는 하나님이십니다. 언약을 기억나게 하시는 하나님은 언약 백성으로 고난 중에 언약을 기억하고 언약을 이루어주실 것을 구하게 하시는 하나님이십니다. 언약을 이루어주시도록 구하게 하신 하나님은 그 언약을 이루시기 위하여 자기 백성에게 찾아오시는 하나님이십니다(참조, 출 2:23~25).

성경에서 언약의 하나님은 계시를 통하여 자기 언약 백성을 다루어 가시는 분으로 고찰해 나가다 보면 "계시는 학교가 아니라 언약이다" 와 "하나님께서 자신에 관해 보이신 모든 것은, 그것이 역사 중에 나타날 때 자기 백성의 종교적인 필요라는 현실에 적합하도록 주어졌다" 는 보스의 단언을 실감하게 됩니다. 이렇게 될 때 우리도 보스와 함께 "성경은 교의학 교과서가 아니라 극적인 흥미로 가득 찬 역사서"라고 고백할 수 있을 것입니다. 보스가 밝혀낸 계시의 특성을 깨달아 성경을 연구하면 언약의 하나님이 역사 과정을 통하여 언약 백성의 모든 필요에 극적으로 응답하시는 것을 볼 수 있습니다.

이와 같이 성경 본문을 설교할 때 계시의 약속과 성취를 언약의 약속과 성취라는 관점에서 연구하여 전하면 언약에 근거한 성경신학적 설교나 성경신학은 무미건조한 것이 아니라 감동과 극적인 흥미를 유발시키는 설교나 신학으로 나아갈 수 있습니다. 이러한 설교나 신학은 언약 백성으로 하여금 언약의 하나님을 사랑하고 그 언약의 성취가 최종적으로 완성될 것을 소망하며 그 일을 위하여 전적으로 자신을 헌신하게 됩니다.

하나님의 짝사랑 이야기

보스의 계시의 주요한 네 가지 특성에 근거하여 에베소서 1:3~14을 요약하면 이렇습니다. 성경은 사랑 안에서 죄인들을 아들로 삼으실 것을 창세전에 계획하시고, 약속하시고, 십자가에서 그 계획을 성취하신 삼위일체 하나님의 짝사랑의 이야기입니다. 삼위일체 하나님의 영원한 구원 계획과 그 궁극적 목적은 십자가 위에서 '다 이루었다'는 예수님의 선언과 함께 이루어졌음을 알 수 있습니다. 우리는 예수님께서 십자가 위에서 다 이루신 하나님의 영원한 구원 계획과 그 궁극적 목적을 이 찬송시에서 극명하게 볼 수 있습니다.

또한 그 고귀한 짝사랑의 대상인 바울은 그 사랑을 받을 자격이 없는 자신인 것을 뒤늦게 깨닫고 말로 형언할 수 없는 그 짝사랑을 베풀어 주신 삼위일체 하나님을 사랑하는 가운데 부른 노래가 바로 이 사랑의 노래입니다. 그뿐 아니라 하나님의 짝사랑의 대상이 자신인 줄도 모르고 살아가는 자들에게 복음을 전파하는 가운데 부른 노래가 바로 이 사랑의 노래입니다.

이 사랑의 노래는 인간의 논리로는 이해할 수 없습니다. 일반 정서를 초월하는 하나님의 무궁한 사랑은 성령의 도우심으로만 이해할 수 있습니다. 이 사랑을 깨달은 자는 하나님을 아바 아버지라고 고백하며 하나님의 영광을 찬송할 수밖에 없습니다. 그가 누구든지 간에 바울처럼 이 사랑의 노래를 구속 역사적 관점에서 이해하게 되면 자신의 신앙생활을 성경에 나타난 구속 역사에 뿌리를 둠으로 흔들리지 않을 뿐 아니라 어떤 어려움과 고난 중에도 탈진하지 않는 신앙생활을 감당할 수 있을 것입니다. 이제 위의 본문을 성경 해석 입장에서 서서 삼위일체 하나님께서 창세전에 세우신 영원한 구원 계획과 그 궁극적 목적을 해석하기 전에 먼저 1절과 2절을 그 배경으로 살피려고 합니다.

넷

은혜와 평강

1-2절 하나님의 뜻으로 말미암아 그리스도 예수의 사도된 바울은 에베소에 있는 성도들과 그리스도 예수 안의 신실한 자들에게 편지하노니 하나님 우리 아버지와 주 예수 그리스도로 좇아 은혜와 평강이 너희에게 있을지어다

:: 에베소 교회와 바울의 사도직

에베소서는 바울이 로마에서 1차 감금 생활 중에 에베소에 살고 있는 성도들에게 보낸 서신으로 그 시기는 대략 주후 62~63년경입니다. 에베소 교회는 바울이 제3차 전도 여행 시(1차: 행 13~14; 2차: 행 15:39~18:22; 3차: 18:23~21:16) 소아시아의 중심 도시인 에베소에 세워진 교회입니다. 물론 사도행전 18:19~21을 통하여 바울이 잠시 에베소에 들려 회당에서 유대인들과 변론한 사실도 알 수 있습니다. 어찌하였든지 간에 하나님의 영원한 구원 계획과 그 목적과 관련하여 우리가 기억해야 할 사실은 이 서신을 받을 당시 에베소 교회는 처음 믿는 자들이

주로 모인 교회가 아니었다는 점입니다. 그들 중에는 바울에게 가르침을 받기 전에 세례 요한에게 세례를 이미 받았던 자들도 있었습니다(행 19:2). 또한 바울이 에베소에서 처음 석 달은 유대인 회당에서 가르쳤지만 그 다음 두 해 동안은 두란노 서원에서 말씀을 강론하였습니다(행 19:8~10).

사도행전 20장을 보면 그 교회에는 장로들이 있었습니다(행 20:17). 바울이 그들에게 "꺼리지 않고 하나님의 뜻을 다 전하고"(27절), 또한 그들을 "삼년이나 밤낮 쉬지 않고 눈물로 훈계"(31절) 하였음도 알 수 있습니다. 바울이 두란노 서원에서 강론할 때는 대략 주후 53~54년경으로 추정됩니다. 그 이후 바울이 에베소 교인들에게 서신을 보낸 시기는 그가 로마에서 1차 감금 생활 중에 보낸 것으로 대략 주후 62~63년경입니다. 근 10년이 지난 다음에 보낸 편지입니다.[1] 바울이 개척한 교회 중에 그의 신앙 지도를 이처럼 받은 교회가 없습니다. 사도 바울은 이러한 교회에 보내는 편지에 그 수준에 걸 맞는 내용을 써서 보냈을 것은 자명합니다.

바울은 자신을 하나님의 뜻에 따라 예수 그리스도의 사도로 부르심을 받은 자라고 소개합니다. 바울은 교회들에게 서신을 보내면서 자신을 사도라는 말 외에 종으로도 소개하고(빌 1:1), 갇힌 자라 하기도 하고(빌 1:1), 그냥 "바울과 누구와(누구)"는 이라고도 소개합니다. 이러한 사실은 바울의 서신을 받은 교회의 상황과 서신을 보내는 목적과 내용에 따라 다른 것을 알 수 있습니다. 바울이 동일한 이유로 서신을 받은 수신자에 대해서도 서신마다 다르게 부르는 것을 볼 수 있습니다. 바울이 본 서신에서 자신을 사도로 소개할 때는 '하나님의 뜻'과 '부르심'을 말하면서 이 두 가지를 함께 강조하고 있음도 봅니다.

바울은 자신의 사도직에 대하여 변론할 때 사도직의 기원이 자신이나 사람에 의하여 된 것이 아니라고 강조합니다. 바울은 이 점을 자신이 사도가 되어 복음을 전하는 것이 사람의 뜻에 따라 된 것이 아니라는 사실도 강하게 변론하고 있습니다. 또한 자신의 사도직이 그가 태어나기 전에 하나님의 뜻에 따라 작정되었다고도 강조합니다. 바울 서신의 표현대로 말한다면 창세전에 하나님의 뜻에 의하여 작정되었음을 말합니다. 바울은 자신의 사도직이 하나님의 뜻으로 말미암아 되었다는 것은 그가 이 땅에 태어나기 전부터 정해진 것을 강하게 말하고 있음을 알 수 있습니다.

바울은 갈라디아서에서 하나님께서 자신의 어머니의 태로부터 바울 자신을 택정하였다고 고백합니다(1:15). 바울의 이 고백은 예레미야가 자신의 소명에 대하여 예레미야 1:5에서 "내가 (하나님) 너를 (예레미야) 복중에 짓기 전에 너를 알았고 네가 태어나기 전에 너를 구별하였고 너를 열방의 선지자로 세웠노라."는 말씀을 기억나게 합니다. 바울은 자신의 사도직이 그가 이 세상에 태어나기 전에 정해진 사실을 강조하며 그 일이 성취되도록 하나님께서 자신을 경건한 어머니의 자식으로 태어나도록 섭리로써 간섭하셨음을 말하고 있습니다.

바울은 자신의 사도직을 위하여 그가 태어나기 전부터 하나님의 간섭이 있었을 뿐 아니라 그가 이 세상에 태어난 후에는 직접적으로 역사하셨다고 말합니다. 바울은 자신의 사도직을 다음과 같이 변론합니다. 그가 친히 주를 보았고(고전 9:1), 주로부터 사명을 받았으며(갈 1:1), 사도의 표를 받았는데, 그것은 곧 '모든 참음과 표적과 기사와 능력' 이라고 합니다(고후 12:12; 참조. 신 18:18~22). 그는 다른 사도들이 주님에게 직접 배운 것처럼 자신도 주님에게서 직접 배운 사실을 강조합니다

(갈 1:11~12). 하나님의 뜻이 출생 이전 과거로 거슬러 올라간다면 사도로서 부르심은 출생 이후와 관계가 있습니다. '부르심을 받은'이라는 형용사는 동사 '부르다'에서 나온 것으로 원뜻은 식사에 초대받음에서 기원되었다고 합니다(왕상 1:41, 49; 마 22:14). 식사 자리에 초대받을 수 있는 정도이면 친밀한 관계이든지 아니면 전에는 원수 관계이었으나 이제부터는 친밀한 관계를 맺기 위한 부름을 말한다 하겠습니다.

하나님께서 바울을 부르신 데는 목적이 있습니다. 바울은 하나님의 부르심이 택정한 이후의 부르심이라고 말합니다. 하나님께서는 미리 정하시고 정하신 그들을 또한 부르시는 하나님이십니다(롬 8:29). 바울은 다른 서신에서 하나님께서 그를 모태로부터 택하여 구별하였다고 하였습니다(갈 1:15; 참조, 렘 1:5). 따라서 바울의 부르심은 하나님의 목적에 따라 그의 삶이 결정된 것입니다(롬 1:1~6; 8:28, 30; 고전 1:2, 9). 그러기에 그가 다소에서 경건한 유대인의 가정에서 출생한 것과 그로 인하여 유대 문화와 헬라 문화 속에서 성장할 수 있었던 것도 우연이 아니었음을 알 수 있습니다. 바울이 본서에서 자신을 사도로 소개한 이유는 자신이 유대인으로 이방인에게 복음을 전하기 위해 사도로 부르심을 받았다고 말하면서 그리스도 안에서 유대인이나 이방인이 하나라는 사실을 강조하기 위한 것으로 생각됩니다.

우리는 루터가 자신의 주석에서 주님의 부르심과 관련하여 교회 안에서 잘못된 사역자들을 경고하는 것에 귀를 기울여야 하겠습니다. 루터는 거짓 사역자가 있는 반면에 부르심을 받지 않았으나 야심에 의해서 사역하는 자가 있다고 지적하였습니다. 이 야심에 의한 사역자는 열심히 일하는 것처럼 보이나 실제로는 주님을 위하여 일하는 자가 아니라 명예와 돈과 쾌락을 위하여 일하는 자라고 지적합니다. 또 다른 종류의 사역자가 있는데 그것은 강요에 의해 마지못해 하는 사역자들이라고 지적하였습니다.[2] 부르심에 대한 확신이 없이 주님의 일을 행하는 자는 자신뿐 아니라 주님의 몸 된 교회에 큰 해를 끼치는 것을 알고 주로부터 부름 받은 사실을 확인하고 신중하게 주님의 몸 된 교회를 위한 사역에 임하여야 할 것입니다.

성경에서 어떤 개인의 부름은 개인 자신을 위한 부름이 아니라 그 개인이 속한 공동체 전체를 위한 부름인 것을 볼 수 있습니다. 아브라함이나 모세, 이사야 그리고 예레미야의 부름이 그러하였음을 알 수 있습니다. 바울의 부르심 역시 마찬가지임을 그의 고백 속에서 알 수 있습니다. 바울은 자신이 이방인에게 복음을 전하여 교회를 설립하는 일에 마지막으로 부름 받은 사도라고 말씀합니다(갈 2:8; 고전 9:1~2; 15:8). 비록 사도 바울처럼 기적적 사건을 통하여 부르심을 받지 않았을지라도 오늘날 복음 사역자들도 사도 바울처럼 하나님께서 창세전에 작정한 뜻에 따라 택정되었습니다. 그리고 작정이 성취될 때가 되자 부르심을 받아 사역한다는 소명 의식을 소유하여야 할 것입니다.

이런 소명 의식을 갖고 사역하는 자에게는 탈진이 있을 수 없을 것입니다. 탈진이 한길로 왔다가도 일곱 길로 도망갈 것입니다. 우리는 하나님께서 우리를 사랑하시기 때문에 그리고 우리를 더욱 사랑하실 목적으로 부르셨음을 알아야 하겠습니다. 더욱이 기억해야 할 것은 하나님께서 창세전에 우리를 부르시려고 계획(선택)하시고 그 계획을 이루실 예수님께서 오시도록 준비하셨습니다. 즉 구약 시대 그리고 구약과 신약 사이의 중간사 시대를 있게 하신 후에 예수님을 이 땅에 보내어 그 계획을 이루셨습니다. 오순절날 임하신 성령님은 가장 적당한 때에 우리를 부르시고 그 사명을 잘 완수하도록 우리 속에 그 부르심과 사명을 확증시켜 주신다는 사실입니다(엡 1:3~14).

:: 에베소서를 받는 자들은 누구인가

바울은 자신의 편지를 받은 대상인 에베소 교인들을 가리켜 '성도들'이라고 부릅니다.[3] '에베소'라는 지명이 비교적 후대 사본에는 나오지만 고대 사본에는 나오지 않는다. 이런 까닭에 에베소서가 골로새서처럼(골 4:16) 회람용 서신이었을 것이라고 주장한다. 또한 에베소를 중심으로 소아시아 일곱 교회가 서로 근접해 있다는 사실도 회람용 서신이라는 견해의 신빙성을 지지한다. 그럼에도 불구하고 책 제목이 '에베소'로 되어 있고 또 에베소가 소아시아와 일곱 교회의 중심 위치에 있는 것을 감안하면 바울이 이 서신을 일차적으로 에베소 교인들에게 보낸 것은 확실한 것 같다.

본래 이 단어는 신이나 종교적인 경외의 대상에게 사용하였습니다. 그러나 후대에는 신과 특별한 관계를 갖고 있는 사람이나 사물에게도 사용되었습니다. 바울에게 있어서 이 단어는 도덕적 특성을 나타내기보다는 하나님과의 특별한 관계를 갖고 있는 그리스도인들을 향하여 사용되었습니다. 물론 이 말은 그리스도인들이 도덕을 무시해도 상관없다는 말로 오해하지 않기를 바랍니다. 이 단어가 구약에서 사용될 때 의미 역시 구별되었다는 것으로 "하나님은 거룩하시다"는 표현에서 그 예를 찾아볼 수 있습니다. 또한 하나님과 특별한 관계를 맺고 있는 사물들에게도 이 단어를 사용하였습니다(가시덤불-출 3:5; 예루살렘-사 48:2; 성전-사 64:10; 안식일, 제사장 의복, 촛대 등).

하나님께서는 "이스라엘을 거룩하다"고 하셨는데, 그것은 하나님께서 그들과 언약 관계를 맺으시고 하신 말씀입니다(출 19:5~6; 레 11:44~45). 이스라엘이 하나님 앞에서 거룩하게 된 것은 하나님께서 은혜로 그들을 구별되게 선택하셨기 때문입니다. 이에 근거하여 신약에서 '하기오이' [4]를 성도들이라고 부르기보다는 하나님의 백성으로 부르는 것이 바람직하다는 의견도 있습니다. 에베소 교인들이 그리스도 안에서 거룩하게 된 자들이라고 함은 자신의 어떤 공로가 아니고, 그들이 새 언약의 성취자이신 그리스도 안에 있기 때문임을 보여줍니다.

또한 에베소서는 그들이 성도일 뿐 아니라 그리스도 예수 안의 신실한 자들이라고 합니다. 여기에서 말하는 신실한 자들은 에베소 성도들과 동일한 자들로서 바울은 에베소 성도들을 신실한 자들로 간주하고 있습니다. 구태여 이 점을 문법적으로 설명한다면 '에베소에 있는 성도들에게'와 그리스도 안에서 '신실한 자들에게'라는 복수 여격을 똑같이 사용하고 있습니다. 또한 '에베소에 있는 성도들에게'라는 표현 앞에 여격 복수 관사가 있는 반면에 그리스도 안에서 '신실한 자들에게' 라는 표현 앞에는 관사가 없다는 것입니다. 이 사실은 바울이 성도들과 신실한 자들을 접속사 카이(καὶ)로 연결시키는 것을 보아서도 알 수 있습니다. 물론 접속사 카이는 다른 대상들을 연결시키는 데 사용하기도 합니다. 그러나 여기에서 바울이 사용한 접속사 카이는 그 대상이 다른 것을 보여주는 것이 아니라 같은 대상의 다른 면을 나타내고 있습니다. 그리스도 안에서 신실한 자들은 믿음을 갖고 그 믿음대로 사는 에베소 교인들을 말합니다. 따라서 신실한 자들이란 그리스도를 믿는 자들을 의미하는 것이며 믿지 않는 자들과 구별되는 표현입니다.

만일 원리적으로는 에베소 성도들이 신실한 자들이어야 함에도 불구하고 실제적으로 신실한 삶을 살지 못하고 있는 경우라면 바울은 에베소 교인들을 신실한 자들이라고 말함으로써 그들에게 신실하게 살아야 할 것을 상기시키는 것으로 보아야 합니다. 여기에서 특별히 주목해야 할 바는 믿는 자들의 삶의 장소 혹은 위치에 관한 것입니다. 에베소 교인들은 에베소라는 장소에서만 사는 것이 아니라 그리스도 안에서 산다는 점을 주목하여야 합니다. 이와 같은 신학적 관점은 성도들이 두 세상과 두 장소에서 살고 있다는 관점과 일맥상통합니다.

바울은 믿는 자가 이 세상에서 살고 있는 동시에 저 세상(오는 세상)에 살고 있다고 힘주어 말합니다. 이 세상은 주님의 재림으로 끝이 납니다. 그런데 오는 세상은 주님의 재림으로 시작되는 것이 아니라 이미 주님의 초림으로 시작되었다고 바울은 말합니다. 아니 신약성경이 강조하고 있는 바입니다. 구약에서 오는 세상, 곧 내세는 주의 날과 관련이 있습니다(욜 2:1, 11; 말 3:2). 그런데 구약에서 소망하고 기다리던 오는 세상이 "때가 차매" 예수 그리스도와 함께 이 땅에 왔습니다(막 1:15). 물론 오는 세상은 주님의 재림을 통하여 이 세상이 끝나는 그 때에 최종적으로 완성될 것입니다. 따라서 그리스도 밖에 있는 자, 곧 불신자들은 이 세상에만 속한 자들입니다. 그러나 그리스도 안에 있는 자들은 비록 이 세상에 살고 있지만 저 세상에 속한 자들입니다. 그러므로 믿는 자들은 두 세상(이 세상과 오는 세상)을 동시에 살고 있습니다.

이런 관점에서 그리스도 안에 있는 자들은 두 세상에서 살 뿐 아니라 두 장소에서 동시적으로 살고 있음도 알아야 합니다. 현실적으로 어떤 믿는 자들은 두 세상과 두 장소 중에 한 세상과 한 장소에서 사는 자처럼 살고 있음을 볼 수 있습니다. 어떤 자는 그리스도 안에서 이미 오는 세상 안에서 살고 있음에도 불구하고 마치 이 세상에서만 사는 것처럼 살고 있습니다. 혹자는 정반대로 이 세상에 발을 붙이고 살면서도 저 (오는) 세상에서만 사는 것처럼, 구름 위에 사는 것처럼 현실을 무시한 채 살아가고 있습니다. 에베소 성도들은 에베소에 사는 것도 무시하지 않고 그리스도 안에 신실하게 사는 것도 무시하지 않고 살아가야 함을 알 수 있습니다. 우리로 이 세상과 오는 세상에서 동시에 살게 하심은 악한 이 세상에서 그리스도인의 사명을 다하며 살기 위함입니다. 동시에 저 세상을 맛보면서 주님의 재림과 함께 최종적으로 이루어질 저 세상을 간절히 소망하면서 살도록 하신 것임을 알아야 합니다.

우리는 이 세상과 오는 세상을 동시에 사는 것이 분명합니다. 그러나 우리가 잊지 말아야 할 중요한 사실은 우리가 이 세상에 속한 자가 아니라는 것입니다. 우리는 오는 세상에 속한 자입니다. 우리가 오는 세상에 속한 자로서 아직도 이 세상에 살고 있는 것은 우리가 이 세상에서 행하여야 할 사명이 있기 때문입니다. 그러므로 믿는 자란 이 세상과 오는 세상을 동시에 사는 자라고 앞에서 말한 저의 강조를 잘못 오해하지 말기를 바랍니다. 비록 우리는 두 세상을 동시에 살고 있으나 마치 우리가 이 세상에 속한 자처럼 살아서는 안 됩니다.

그러나 불행스럽게도 자신은 오는 세상에 속한 자라고 말로는 자처하면서도 결정적인 순간에는 이 세상에 속한 자처럼 행동하는 자들이 적지 않다는 사실입니다. 사도 바울은 골로새 교인들에게 "그리스도와 함께 다시 살리심을 받았으면 위엣 것을 찾으라"고 하였습니다(골 3:1). 그는 바로 이어서 "위엣 것을 생각하고 땅엣 것을 생각지 말라"고 하였습니다(골 3:2). 문맥이 말하는 사실은 믿는 자는 오는 세상에 속한 자이므로 이 세상에 속한 자처럼 살지 말라는 것입니다.

제가 터키를 여행할 때 바울이 목회하였던 옛날 에베소 유적지를 방문하는 기회를 갖게 되었습니다. 에베소의 원형 극장을 위시하여 엄청나게 큰 흔적들은 그 당시 예베소의 위용이 어떠했는지를 짐작케 했습니다. 영욕의 세월만큼이나 그 흔적들에서 느껴지는 웅장함에 놀라움을 금할 수 없었습니다. 이 엄청난 세력을 가진 이 세상에 속한 자들을 향하여 그들에게는 미련하게 보이기만 했던 십자가에 못 박혀 죽으신 예수를 사도 바울은 어떻게 그렇게 담대히 전하였을까 생각해 보았습니다. 비록 바울이 이 세상에 발을 붙이고 살고 있었지만 저 세상에 속한 자의 신분으로 살지 않았더라면 도저히 그렇게 할 수 없었다고 생각되었습니다.

어찌하였든지 간에 저는 그곳에서 십자가의 복음을 담대하게 전했던 키 작은 그러나 신앙의 거인 바울이 기억되면서 내 신앙의 왜소함을 느끼게 되었음을 고백하지 않을 수 없었습니다. 우리는 신앙의 눈으로 인간의 어떠한 위대함도 하나님 앞에서는 왜소한 것으로 바라보면서 바울과 에베소 교인들처럼 그리스도 안에서 신실한 자로 신실하게 살아가기 위하여 저 세상에 속한 자로 두 세상과 두 장소에서 사는 믿음을 갖기를 소원합니다. 저 세상에 속한 자가 이 세상에 사는 이유는 저 세상의 대사로서 이 세상에서 사명을 가지고 살기 때문입니다.

∷ 왜 은혜와 평강을 기원하는가

바울은 당시의 일반 서신 양식으로 된 건강을 기원하지 않고 은혜와 평강이 있기를 기원합니다. 이 점을 주목해 보십시다. 은혜와 평강[5]은 하나님께서 언약에 근거하여 이스라엘에게 주신 축복입니다. 은혜는 모든 축복의 원천이며, 평강은 모든 축복의 결과라 하겠습니다. 성경에서 말하는 은혜는 과거와 현재와 미래에 무조건적으로 베풀어 주시는 하나님의 사랑과 관계가 있습니다. 사랑이 정적인 단어가 아니라 동적인 단어이듯이, 은혜도 동적인 단어로서 "은혜를 받았다"고 하는 표현은 합당하다고 생각됩니다.

바울이 교회들에게 보낸 서신들을 살펴보면 일반적으로 다음과 같은 문안 형식을 볼 수 있습니다. "사도 바울은 (누구와 함께) 어디에 사는 성도들 (또는 교회)에게 편지하노니 (하나님 아버지와 예수 그리스도로 좇아) 은혜와 평강이 (너희에게) 있기를 원하노라." 한마디로 말해서 바울서신의 인사 양식은 셋으로, 보내는 자의 이름과 받는 자들의 이름과 문안 인사로 구성됩니다. 이 양식은 근동 지방의 서신이나 헬라-로마 시대의 것이 서로 비슷합니다. "누가 누구에게 문안합니다. 무엇보다도 너의 건강을 위하여 기원합니다." 그러나 바울의 경우 일반 서신의 인사보다는 진지한 것으로서 자신과 하나님과 예수 그리스도의 관계를 소개하고 그의 서신을 받는 자들에게 하나님과 예수 그리스도로부터 은혜와 평강이 있기를 기원합니다.

:: 언약에 근거한 은혜

은혜에 대한 구약적인 표현은 히브리어로 '헨'(은혜, 은총)과 '헤세드'(인애, 인자)입니다. 구약에서 이 두 단어는 윗사람이 아랫사람에게 베푸는 행위를 가리킬 때에 사용되었습니다. 구약에서는 헨보다 헤세드가 많이 사용되었습니다. 헨은 철회될 수 있고 일방적인 특성을 띠고 있는 반면에 헤세드는 관계를 나타내는 용어로 상호적이면서 지속성을 나타냅니다. 이 두 단어가 하나님과 관련하여 사용된 경우는 이스라엘과 언약을 맺은 결과로 하나님께서 이스라엘에게 베푸시는 사랑과 자비와 긍휼과 보호와 인도하심을 나타낼 때 사용됩니다. 특별히 언약에 대하여 불성실 하였음에도 불구하고 하나님께서 언약에 근거하여 이스라엘 백성을 용서해 주는 것과 관련하여 사용되는 것을 볼 수 있습니다.

포로 시대 이후에 기록된 구약성경에서 이 사실을 쉽게 찾아볼 수 있습니다. 이 시대에 기록된 성경의 공통적인 특징 가운데 하나는 과거 조상들은 물론 이 책들의 저자들이 살고 있는 시대에도 이스라엘 백성들은 하나님께 죄를 범한 자들로 지적하고 있습니다(스 9:6-7; 1:13; 느 1:6~7; 참조, 슥 1:2; 말 2:10~12). 그럼에도 불구하고 그들은 하나님과 이스라엘 사이의 언약 관계가 하나님에 의해서 견고하게 지속되는 것으로 확신했습니다(느 9:5, 6; 학 2:5; 슥 9:11).

:: 왜 포로 귀환이 은혜로운 사건인가

학사 에스라는 포로 귀환이 하나님께서 행하신 은혜로운 사건이라고 말하였습니다. 에스라 1:1은 "여호와께서 예레미야의 입으로 하신 말씀을 응하게 하시려고 바사 왕 고레스의 마음을 감동시키시매"라고 적고 있습니다. "예레미야의 입으로 하신 말씀을 응하게 하시려고"라는 구절은 이스라엘 백성이 예루살렘으로 돌아가리라는 약속의 예언을 지시하는 표현입니다. "고레스의 마음을 감동시키시매"라는 표현은 에스라가 이스라엘 백성의 귀환이 고레스 자신으로 말미암아 이루어진 것이 아니라 하나님으로 말미암아 이루어진 것임을 확신했다는 점을 보여줍니다.

에스라는 포로 귀환 자체가 바로 예레미야를 통해 주신 하나님의 약속의 성취이며(스 1:1이하; 참조, 렘 25:11이하; 29:10), 이스라엘을 향한 하나님의 변함없는 사랑의 확증이라고 지적합니다(스 9:8~9). 느헤미야도 포로 귀환과 성전 재건과 관련하여 동일한 고백을 하고 있습니다. 그는 "당신은 당신의 약속을 이루셨습니다."라고 고백하면서 하나님을 "언약과 인자를 지키시는 하나님"이라고 부르고 있습니다(느 9:32). 학사 에스라에 의하면 하나님께서 이스라엘을 포로 생활로부터 구출하신 목적 가운데 하나는 예루살렘에 주님의 성전을 재건하는 일입니다(스 1:3~4). 에스라는 백성들이 주님의 성전의 기초를 놓을 때 다음과 같이 노래했다고 말합니다. "주는 지선하시므로 그 인자하심이 이스라엘에게 영원하시도다"(스 3:11; 참조. 시 107:1; 118:1, 29; 대하 5:13; 7:3; 20:21).

선지자 스가랴는 하나님께서 친히 시온에 있는 성전에서 그 백성 중에 거하신다고 강조하였습니다(슥 1:16; 2:10~13; 8:3; 참조, 느 1:9). 위에 언급한 내용들을 한마디로 요약하면 그 시대의 성경 저자들은 공통적으로, 자신들과 그들의 조상들이 모두 하나님의 계명들을 범하였으나 하나님과 그들의 관계는 계속된다고 확신했다는 것입니다. 그들은 자신들이 죄를 범하였을지라도 신실하신 하나님께서는 그들의 조상 아브라함과 맺은 언약을 기억하시고 그들을 포로 생활로부터 예루살렘으로 돌아오게 하셨고 또 그들 중에 거하시기 위해서 성전을 재건하게 하셨다는 사실을 근거로 이렇게 주장하는 것입니다(참조, 출 29:42~46).

여기에서 언약과 관련하여 하나님의 인자하심을 말할 때는 하나님께서 언약 백성인 이스라엘의 죄를 용서하시는 하나님이심을 보여줍니다. 신약에서는 인자라는 말의 의미가 더욱 강화되어 은혜라는 말로 사용된 것을 볼 수 있습니다. 하나님께서 인간에게 베푸는 최대의 은혜 역시 하나님께서 인간이 지은 죄를 용서하신다는 사실입니다. 그런데 이미 지적한 대로 이 용서가 언약과 관련이 있다는 사실을 주목해야 합니다. 인간적인 측면에서 볼 때 하나님께서 인간에게 은혜를 베푸시는 것이나 죄를 용서하시는 것은 무조건적입니다.

:: 하나님의 은혜는 무엇에 근거하는가

그러나 하나님 편에서 볼 때 은혜나 용서는 무조건적이 아닙니다. 하나님의 은혜와 용서는 언약에 근거합니다. 언약적인 관점에서 볼 때 하나님의 긍휼을 받을 수 없음에도 불구하고 하나님의 긍휼을 받는 것이 은혜입니다. 하나님과 맺은 언약을 어긴 자에게는 죽음만이 있을 뿐입니다. 하나님께서 그 죽음의 문제를 대신하여 해결해 주시고 언약을 어긴 자에게 긍휼을 베푸시는 것이 은혜입니다.

새 언약의 약속은 이스라엘 백성이 옛 언약을 어긴 사실을 배경으로 합니다. 이스라엘 백성이 언약을 어김에 대한 치명적인 결과는 그들이 하나님께 기도를 해도 그 기도를 들어주지 않으신다는 것입니다(렘 7:16; 11:11~14). 하나님께서 예레미야에게 "너는 이 백성을 위하여 기도하지 말라 그들을 위하여 부르짖어 구하지 말라 내게 간구하지 말라 내가 너를 듣지 아니하리라"고 하셨습니다(렘 7:16). 이스라엘 백성의 간구가 이루어질 수 없음을 예레미야 11:11~14에서 더 구체적으로 조목조목 설명하였습니다. 그들의 기도와 간구는 영원히 응답될 수 없는 것 같아 보입니다. 그 이유는 이스라엘 백성이 하나님과 맺은 언약을 파하였기 때문입니다(렘 31:32).

그러나 선지자 예레미야는 바로 같은 책인 예레미야서에서 7장이나 11장의 때와는 또 다른 한 때를 말합니다. 그 때에는 이스라엘 백성이 하나님께 부르짖으면 여호와 하나님께서 들으시겠다고 하십니다. 여호와 하나님께서 "너희(이스라엘 백성)를 향한 나(여호와)의 생각을 아나니 재앙이 아니라 곧 평안이요 너희 장래에 소망을 주려 하는 생각이라 너희는 내게 부르짖으며 와서 내게 기도하면 내가 너희를 들을 것이요 너희가 전심으로 나를 찾고 찾으면 나를 만나리라"고 하셨습니다(렘 29:11~13).

그렇다면 하나님께서 이스라엘 백성의 기도와 간구를 들으신다면 그때는 하나님과 이스라엘의 언약 관계가 회복된 때인 것을 전제할 수 있습니다. 그때와 관련하여 첫째로 주목되는 점은 하나님은 이스라엘 백성의 기도를 응답하시는 여호와라고 하신 것입니다. 구약에서 하나님을 여호와로 말씀하실 때는 말씀하시는 내용이 언약과 관련이 있는 때를 언급하실 경우에 사용하셨음을 알 수 있습니다(출 6:2~7; 19:5~10). 둘째로 그때는 이스라엘이 포로에서 귀환한 다음 여호와 하나님께서 이스라엘 백성과 맺을 새 언약의 약속과 그 언약의 성취와 관련이 있음도 유추할 수 있습니다(렘 31:31~34; 33:2~3). 예레미야 29:10과 14절은 그때가 바벨론에서 70년간 포로 생활을 한 후 사로잡혀 가기 전에 살았던 본 고향으로 돌아온 이후인 것을 말합니다. 예레미야 30장은 이스라엘 백성이 바벨론에서 귀환할 것을 계속해서 강조하여 말하였습니다.

:: 왜 새 언약을 약속하시는가

하나님은 다시 은혜 베푸실 새 언약을 약속하십니다. 새 언약의 약속이 기록된 예레미야 31:1을 보면 여호와께서 "그 때에 내가 이스라엘 모든 가족의 하나님(여호와)이 되고 그들은 내 백성이 되리라"고 하셨습니다. 여기서 그 때는 바벨론 포로에서 돌아오는 귀환과도 관련이 있습니다. 동시에 하나님께서 이스라엘 백성과 새 언약을 맺는 때와도 관련이 있음을 알 수 있습니다. 왜냐하면 하나님께서 이스라엘 백성을 하나님의 백성으로 인정하시는 때는 새 언약의 성취와 관계가 있기 때문입니다. 새 언약의 내용 중에 중요한 주제는 "나(여호와)는 그들의 하나님(여호와)이 되고 그들은 내 백성이 될 것이라" 입니다(렘 31:33). 이 주제는 예레미야 31:1의 내용과 일치합니다.

여기에서 기억해야 할 것은 예레미야 31:33에서 여호와 하나님께서 이스라엘 백성과 새 언약을 맺는 때는 그 날 '후' 라고 말하고 있다는 사실입니다. 33절에서 말하는 '그 날' 은 포로 귀환의 때를 말합니다. 그러므로 새 언약을 맺는 때는 한마디로 말해서 포로 귀환 이후 어느 때입니다. 그런데 우리에게 흥미로운 사실은 포로 귀환 이후에 기록된 구약 성경 어느 곳에서도 하나님께서 이스라엘과 새 언약을 맺었다는 기록은 없습니다. 엄밀히 말하면 포로 귀환 후에 이스라엘 지도자들은 하나님과 이스라엘의 옛 언약 관계가 계속된다고 믿었습니다. 물론 조상의 죄와 자신들의 죄를 인정하면서도 말입니다.

이와 같은 확신은 율법과 성전 재건에 열심을 다한 것을 보더라도 알 수 있습니다. 그들이 이렇게 생각한 것은 옛 언약의 관계가 계속되는 외적 요소 중에 하나인 성전 재건이 옛 언약에 근거한 하나님의 자비에 기초하고 있다는 것을 확신하고 있었기 때문입니다. 그러기에 자신들이 언약을 잘못 지킨 것을 새롭게 하기 위하여 옛 언약의 갱신을 통하여 언약 백성의 삶을 새롭게 하도록 촉구하였습니다. 그럼에도 불구하고 하나님께서 그들과 새 언약 관계를 맺었다고 주장하지는 않았습니다.

새 언약에 관한 한 구약성경에서는 항상 미래적인 사건으로 다루고 있음을 알 수 있습니다(겔 11:9~20; 36:4~28). 이와 더불어 구약에서 새 언약이라는 표현을 사용하지는 않았지만 새 언약과 성취와 관련된 말씀을 이사야서에서 찾아 볼 수 있습니다. 이사야서는 그 중심 내용에 근거하여 전반부(1~39장)와 후반부(40~66장)로 구분할 수 있습니다. 전반부는 심판과 저주에 대한 말씀이 주를 이룬다면 후반부는 구원과 위로를 주로 말씀하고 있습니다. 이 두 사이의 분수령은 후반부에 나타나는 여호와의 고난의 종의 사역입니다. 여호와의 종은 아브라함의 자손입니다(사 41:8~10). 그에게 여호와의 신이 주어집니다(사 42:1~4; 61:1~2). 그에게 신이 부어지는 이유는 여호와의 고난의 종으로서 이스라엘 백성의 죄를 대신해서 죽임을 당하는 고난의 사역을 감당하기 위함입니다(사 53장). 또한 그는 다윗에게 허락한 영원한 언약을 세울 자입니다(사 49:8; 55:3~4; 59:21).

영원한 언약을 세운 결과는 기도의 응답과 구원입니다. "은혜의 때에 내가 네게 응답하였고 구원의 날에 내가 너를 도왔도다"고 역설합니다(사 49:8). 또한 여호와의 신을 보내주시겠다고도 강조합니다. "내가 그들과 세운 언약은 이러하니 곧 네 위에 있는 나의 신과 네 입에 둔 나의 말이 이제부터 영영토록 네 입에서와 네 후손의 입에서와 네 후손의 후손의 입에서 떠나지 아니하리라"고 하셨습니다(사 59:21). 이 말씀은 "이제는 주 여호와께서 나와 그 신을 보내셨느니라"는 말씀의 지지를 받습니다(사 48:16). 요컨대 이사야 후반부에서 말하는 여호와의 종은 하나님의 백성의 죄에 대한 심판을 대신 받으심으로 새 언약을 성취하여 여호와의 백성에게 위로와 구원과 성령을 보내 주시는 분으로 나타납니다.

이 여호와의 종을 말라기 선지자는 '언약의 사자'라고 말합니다(말 3:1). 또한 그는 하나님께서 이 언약의 사자의 길을 예비할 사자도 보내주실 것으로 말합니다. 이 길을 예비할 사자는 세례 요한에 대한 예언임을 부인하는 자가 없습니다. 그렇다면 언약의 사자야말로 예수 그리스도를 의미함이 틀림없습니다. 이와 관련하여 주목할 바는 예수님께서 최후만찬에서 새 언약을 세우셨다는 사실입니다. 또 이와 관련하여 제자들에게 예수님의 이름으로 기도하면 그 기도는 응답받는다고 여러 번 강조하신 점입니다(요 14~16장).

:: '은혜'라는 단어의 의미

이제 신약에서 은혜(카리스)가 어떤 의미로 사용되었는지를 살펴보겠습니다. 바울은 하나님과 성도들의 언약 관계에서 은혜를 말할 때 헬라어 카리스라는 단어만 사용한 것을 주목해야 합니다. 그 이유는 헬라어 카리스는 칠십인역에서는 언제나 히브리어 '헨'을 옮긴 역어(譯語)이고 더 흔히 사용된 헤세드는 통상적으로 '엘레오스'[6]로 번역하였기 때문입니다. 신약성경에서 언약하의 은혜 관계를 카리스로 번역함으로 은혜가 전적으로 하나님의 일방적 은사인 것을 더욱 강조한 것으로 생각됩니다. 또한 신약에서 헤세드의 헬라어 번역인 엘레오스를 사용하지 않고 카리스만 주로 사용하였어도 카리스라는 말은 헨의 일방성과 헤세드의 지속성이라는 긍정적 특성들을 서로 결합시킬 수 있었던 것으로 보입니다.[7]

은혜가 언약 관계 특히 새 언약과 관련하여 사용되었다는 증거로서 바울이 하나님의 은혜를 때와 관련하여 사용하고 있다는 점입니다. 바울은 지금은 은혜 받을 만한 때라고 단언합니다(고후 6:2). 그가 말하는 지금은 구약과 대조되는 신약 시대를 말하고 있습니다. 은혜는 구원 역사의 아무 때나 주어지는 것이 아닙니다. 물론 구약 시대에도 하나님의 인자는 구약 성도에게 주어졌습니다. 그러나 신약 시대에 주어지는 풍성한 은혜에 비하면 구약 시대에는 마치 은혜를 베풀지 않았다고 말할 수 있다는 뜻입니다. 그러기에 바울은 이 귀한 은혜를 받아 헛된 것으로 만들지 말라고 권고합니다(고후 6:1). 이 은혜는 그리스도를 떠나서는 존재할 수 없음을 의미하는 것입니다. 달리 말하면 예수 그리스도께서 약속을 성취하심으로 이 은혜가 신약의 성도들에게 주어질 수 있다는 말입니다.

그는 분명 자신이 은혜의 때에 살고 있음을 확신하고 그가 받은 은혜를 헛된 것으로 삼지 않고 충성을 다하였습니다. 그러기에 그는 "나의 나 된 것은 하나님의 은혜로 된 것이니 내게 주신 그의 은혜가 헛되지 아니하여 내가 모든 사도보다 더 많이 수고하였으나 내가 아니요 오직 나와 함께 하신 하나님의 은혜로라"고 외칩니다(고전 15:10). 이런 바울이 에베소 교인들에게 그런 은혜가 있기를 간구하고 있음을 알아야 하겠습니다.

신약에서 구약의 헨과 헤세드를 통합하여 엘레오스 대신에 카리스로 번역한 또 다른 이유는 카리스와 동일한 어근을 가지면서 은혜와 뗄 수 없는 연관을 맺고 있는 두 단어를 살펴보면 더욱 분명하다고 말할 수 있겠습니다.[8] 그 중의 한 단어가 기쁨입니다. 기쁨은 헬라어로 '카라' 입니다. 죄 용서함을 받은 사실이 체험되는 자에게 우선적으로 주어지는 것은 기쁨입니다(렘 31장). '은혜 받았다' 고 하면서 기쁨이 없는 것은 '은혜 받았다' 고 말하는 사실이 거짓이 아닌지 의문을 던져 봄직합니다.

두 번째 단어는 은사입니다. 은사는 헬라어로 '카리스마'[9] 라 합니다. 은사 역시 은혜와 동일한 어근을 갖고 있습니다. 은혜를 받은 자는 기쁨을 갖게 됩니다. 그 기쁨은 그저 기쁨만으로 끝나는 것이 아니라 열매를 맺도록 은사가 주어집니다. 이 점과 관련하여 바울이 디모데에게 "은혜 속에서 강하라"고 부탁한 사실을 주목할 수 있습니다(딤후 2:1이하).

은혜 속에 강하여야 할 이유는 하나님께서 주시는 은사는 군인에게 지급되는 무기와 같기 때문입니다. 무기를 갖게 되면 때로는 교만하여져서 무기를 지급한 자에게 무례한 행동 내지는 심지어 반역하는 행동까지 할 수 있습니다. 은혜 속에 강한 자가 되면 자신이 가지는 모든 것은 어떤 경우에도 겸손히 하나님의 은혜로 주어졌다는 의식을 갖게 될 수 있기 때문에 바울은 디모데에게 은혜 속에 강한 자가 되라고 권면하였다고 생각됩니다.

은혜 속에 강하여야 할 또 다른 이유는 복음 사역자에게는 고난이 따르기 때문입니다. 고난을 이길 수 있는 방법은 은혜 속에 거할 때입니다. 바울은 "그리스도를 위하여 너희에게 은혜를 주신 것은 다만 그를 믿을 뿐 아니라 또한 그를 위하여 고난도 받게 하심이라"고 선언합니다(빌 1:29). 그러기에 그는 그런 고난의 길을 자처하며 기쁨으로 감당하였습니다(고후 6:4~10). 바울은 분명 은혜 속에서 강한 자입니다. 만일 그가 구약 시대에 살면서 다메섹에서 주님을 만났다면 그는 그 자리에서 즉사할 수밖에 없습니다. 물론 바울은 그곳에서, 그 시간에 옛 사람 사울(바울의 히브리 이름)은 죽었습니다. 그럼에도 불구하고 분명히 바울이 주님을 만난 그 자리는 바울의 죽음의 자리가 아니라 사명을 받는 자리였습니다.

:: 평강이라는 단어의 의미

평강은 헬라어 '에이레네'를 번역한 말입니다. 70인역은 히브리어 샬롬을 '에이레네'로 번역하였습니다. 평강은 우리가 보통 쓰는 말로는 평안 또는 평화입니다. 이 단어는 구약 시대부터 인사말로 사용되었습니다. 지금도 유대인 사이에서 인사말로 사용되고 있습니다. 오늘날 우리가 살고 있는 시대를 웰빙(well-being) 시대라고 하는 것처럼 말하자면 이 인사 속에는 건강과 부요와 평안과 평화(전쟁의 반대말)와 같은 전체적이고 통합적인 의미를 내포하고 있습니다(삼상 25:5~6; 대상 12:18; 시 85편). 그러나 이 단어에는 오히려 영적인 웰빙도 내포되어 있습니다. 예를 들면 여호와께서 "평강을 강같이 줄 것이다"라는 표현이나(사 48:18; 66:12), "평안이 인도함을 받을 것이다"라는 표현입니다 (사 55:12).

바울 역시도 에베소서 1:1에서 말하는 평강은 물질적이고 정신적인 의미보다는 영적인 의미가 더 강하다고 생각됩니다. 오늘날 이 시대상을 한마디로 표현할 수 있는 웰빙은 성경, 특히 신약성경이 강조하는 영적 웰빙과는 거리가 먼 것을 볼 수 있습니다. 왜냐하면 신약성경이 말하는 웰빙, 즉 평안은 죄 사함의 결과로 주어지는 것임을 강조하고 있기 때문입니다. 이미 은혜가 모든 축복의 원천이고 평강은 이 모든 축복의 결과라고 언급하였습니다. 이와 같이 은혜와 평강은 동전의 양면처럼 뗄 수 없는 관계를 맺고 있습니다. 은혜를 받았는데 평강이 없다는 말은 은혜 받았다는 말이 거짓임을 의미한다고 말할 수밖에 없습니다. 동시에 평강은 있는데 그것이 은혜로 말미암지 않았다면 세상이 주는 평강일지는 모르나 분명 그것은 성경이 말하는 평강은 아닙니다.

:: 평강이 죄와 공존할 수 있는가

영적 의미에서 평강은 하나님과 죄인 사이에 존재했던 원수 관계가 하나님의 은혜로 없어지는 결과로 경험되는 상태를 보여주는 말입니다 (롬 5:10; 엡 2:15~16). 인간의 조상인 아담과 하와가 죄를 범하기 전에는 하나님과 함께 하였고 평강이 그들에게 있었습니다. 그러나 그들이 죄를 범한 후에는 하나님과 함께 할 수 없었고 평강 가운데 살 수도 없었습니다. 하나님 앞에 자신을 감출 수밖에 없는 자에게는 진정한 평강이 있을 수 없습니다. 동생을 죽인 가인의 고백을 들어 봅시다. "내가 주의 낯을 뵈옵지 못하리니 내가 땅에서 피하며 유리하는 자가 될지라 무릇 나를 만나는 자가 나를 죽이겠나이다"(창 4:14). 이런 고백을 하는 가인에게 진정한 평안이 있었겠습니까?

범죄한 인간이 벌거벗은 상태로는 하나님 앞에서 평안할 수 없습니다. 하나님께서 마련하신 옷을 입기 전에는 인간에게 참된 평강은 있을 수 없습니다. 아담과 하와가 하나님의 명령을 거역한 이후로는 어느 누구도 자신의 노력으로 하나님과 평화로운 관계를 맺고 살 수 없습니다. 소극적이든지 적극적이든지 간에 하나님과 전쟁하에 살게 될 수밖에 없었습니다. 하나님과의 원수 관계는 단지 그 원수 관계로만 끝나는 것이 아니라 사람과 사람 사이에 반목을 가져오게 됩니다. 한걸음 더 나아가 이웃과 반목할 뿐 아니라 심지어 자기 자신과도 반목하는 까닭에 진정한 평안을 맛볼 수 없게 됩니다.

어거스틴은 자신의 참회록에서 하나님을 만나기 전에는 진정한 평안을 누릴 수 없었다고 고백하였습니다. 여기에서 주목되는 것은 어거스틴의 이 고백은 주님이 주시는 평안을 체험한 후에 한 고백이라는 점입니다. 어거스틴은 누구보다 자신의 노력으로 쾌락을 얻기 위하여 애썼던 자였습니다. 사실 하나님께서 주시는 진정한 평강을 누리기 전에는 아무도 진정한 평강이 무엇인지도 모르고 또한 진정한 평안을 누리고 사는 자가 없습니다. 상대적이 아니고 절대적인 평안 그리고 일시적이 아니고 영속적인 영원한 평안은 주님 안에서만 가질 수 있습니다. 어거스틴의 고백대로 하나님을 만나기 전에는 진정한 평안을 누릴 자가 없습니다.

신약성경이 말하는 평강은 예수 그리스도의 십자가의 죽으심을 통한 하나님과 인간 사이에 존재했던 원수 관계가 화해됨으로써 얻어집니다. 이와 연관하여 우리에게 주목되는 사실은 예수님의 생애의 중요한 순간들 마다 평강이 약속되었다는 점입니다. 신약에서 평강이 첫 번째로 선언된 것은 예수님의 탄생을 알리는 천사들로부터입니다. "지극히 높은 곳에서는 하나님께 영광이요 땅에서는 기뻐하심을 임은 사람들 중에 평화로다"(눅 2:14). 천사들은 예수님을 통하여 이 땅에 진정한 평강, 즉 평화가 이루어질 것을 알리고 있습니다. 이 사실은 예수님께서 이 땅에 태어나기 전에 지어진 예수라는 이름을 통해서도 알 수 있습니다. 주의 사자가 요셉에게 "아들을 낳으리니 이름을 예수라 하라 이는 그가 자기 백성을 저희 죄에서 구원할 자이심이라"고 하였습니다(마 1:21). 그런 아들이 낳은 결과는 "처녀가 잉태하여 아들을 낳을 것이요 그 이름을 임마누엘이라 하리라 하셨으니 이를 번역한즉 하나님께서 우리와 함께 계심" 입니다(마 1:23).

:: 평강은 언제 있게 되는가

진정한 평강은 창조주 하나님과 함께 할 때에만 주어집니다. 세상에서 주는 평안과 다른 이 평안은 예수님만 주실 수 있습니다. 진정한 평강은 예수님께서 인간의 죄를 대신하여 벌거벗은 상태로 십자가의 죽으심을 통하여 인간을 죄에서 구속하심으로만 가능했습니다. 예수님께서 이 십자가를 앞에 놓고 제자들에게 "평안을 너희에게 끼치노니 곧 나의 평안을 너희에게 주노라 내가 너희에게 주는 것은 세상이 주는 것 같지 아니 하니라 너희는 마음에 근심도 말고 두려워하지도 말라"고 하셨습니다(요 14:7). 세상이 주는 평안은 건강이 있을 때, 물질이 있을 때, 지위와 권세가 있을 때 가능합니다. 그러나 그리스도 안에서 누리는 평안은 병들었을 때에도 굶주릴 때에도 죽음 앞에서도 가지는 평안입니다.

예수님은 십자가에서 "아버지여 저희를 사하여 주옵소서 자기의 하는 것을 알지 못함이니이다"라고 간구하셨습니다(눅 23:34). 예수님의 간구 속에는 머리에 가시관을 씌운 자도, 옆구리에 창을 찌른 자도, 얼굴에 침을 뱉은 자도 포함된 줄로 압니다. 이미 언급한 대로 이 간구에 포함될 수 없는 자는 한 사람도 없습니다. 예수님 자신을 배반한 제자들이야 더 말할 필요가 없습니다. 그러기에 예수님께서 부활하신 후 유대인들이 두려워 문들을 닫고 있던 제자들에게 처음으로 하신 말씀도 평강이었습니다. "너희에게 평강이 있을지어다"(요 20:19). 예수님께서 그들에게 평강을 선포하시고 "아버지께서 나를 보내신 것같이 나도 너희를 보내노라"고 하셨습니다(요 20:21). 이어서 "저희를 향하사 숨을 내쉬며 가라사대 성령을 받으라"고 하셨습니다(요 20:22). 이 말씀들이 우리에게 알려주는 사실은 하나님의 용서하심을 받고 그와 동행하는 자에게는 진정한 평안을 누릴 수 있다는 것입니다.

세상의 어떤 것도 참 평강의 원천이 되시고 그 평강을 나누어 주시는 그리스도 안에서 누리는 평강을 빼앗아 갈 수 없습니다. 이 비결을 삶 속에서 체험적으로 깨달은 바울은 그리스도 안에서 신실하게 사는 에베소 교인들에게 이 평강이 있기를 기원합니다. 그는 빌립보 교인들에게 "아무것도 염려하지 말고 오직 모든 일에 기도와 간구로 너희 구할 것을 감사함으로 아뢰라 그리하면 모든 지각에 뛰어난 하나님의 평강이 그리스도 안에서 너희 마음과 생각을 지키시리라"고 권면합니다(빌 4:6~7). 바울의 이 권면은 오늘날 중국 가정교회를 위해 배출된 젊은 지도자들의 고백을 기억나게 합니다. ??하늘에 속한 사람??을 보면 이렇습니다.

"주유소(가정교회를 위한 지하 신학교)로 돌아온 어느 날, 나는 사천성으로 파송되는 한 팀의 사역자들에게 안수를 했습니다. 웨이 형제가 젊은 형제 자매들에게 물었다. '여러분은 돈도 없이 집에서 멀리 떠나게 됩니다. 여러분이 가장 두려워하는 것은 무엇입니까? 새로운 사역자들이 한 목소리로 대답했습니다. '저희는 굶주리거나 얻어맞는 것을 겁내지 않습니다. 복음을 위해서는 기꺼이 죽을 각오도 되어 있습니다! 저희가 가장 두려워하는 것은 하나님과 동행하지 않는 삶입니다. 하나님께서 매일 저희와 함께 하시도록 기도해 주십시오."[10]

그들은 어떻게 이런 말을 할 수 있었을까요? 그들이 그렇게 말할 수 있었던 것은 하나님과의 동행이 무엇을 보장하여 주는지를 체험하였기 때문일 것입니다. 그들은 예수 그리스도를 생명의 구주로 영접한 후 지하 신학교에서 수업을 마치는 순간까지 하나님께서 함께 행하심을 체험한 자들임이 틀림없습니다. 그들은 주님을 위하여 굶주릴 때에는 하나님의 공급하심을 체험하였을 것입니다. 얻어맞는 일이 있을 때에도 하나님으로부터 그 상처를 싸매시는 손길을 체험하였을 것입니다. 병들었을 때에는 하나님의 치유하심을 체험하였을 것입니다. 다니엘의 세 친구가 죽을 각오를 하였을 때 풀무불에서 구원받는 체험을 한 것처럼 그들도 죽음의 자리에서 죽지 않고 살아나는 체험을 하였을 것입니다. 그들은 만일 주님이 함께 동행하는 중에 자신들이 죽게 된다면, 그것은 무엇이 잘못되어 죽는 것이 아니라 하나님의 뜻 안에서 일어난 것이므로 두려움 없이 죽음을 맞이하겠다고 고백할 수 있는 믿음의 사람들임이 틀림없습니다.

다윗은 "내가 사망의 음침한 골짜기로 다닐지라도 해를 두려워하지 않을 것은 주께서 나와 함께 하심이라 주의 지팡이와 막대기가 나를 안위하시나이다"고 고백합니다(시 23:4). 그는 시편 27편에서 "나의 대적 나의 원수 된 행악자가 내 살을 먹으려고 내게로 왔다가 실족하여 넘어졌도다 군대가 나를 대적하여 진 칠지라도 내 마음이 두렵지 아니하며 전쟁이 일어나 나를 치려할지라도 내가 오히려 안연하리로다"고 고백합니다(시 27:3). 과연 다윗은 사울 왕에게 골리앗과 싸움을 허락하여 주실 것을 구하면서 그가 "아비의 양을 지킬 때에 사자나 곰이 와서 양 떼에서 새끼를 움키면 내가 따라가서 그것을 치고 그 입에서 새끼를 건져내었고 그것이 일어나 나를 해하고자 하면 내가 그 수염을 잡고 그것을 쳐 죽였나이다"라는 말을 고백할 수 있었을 것입니다(삼상 17:34~35). 이런 고백만 하였다면 골리앗과 싸울 것을 허락해 주도록 요구한 다윗은 사울 왕에게 자신이 대단히 용맹한 자라는 것을 과시하는 것으로 들렸을지도 모릅니다.

그러나 그는 계속하여 "여호와께서 나를 사자의 발톱과 곰의 발톱에서 건져 내셨은즉 나를 이 블레셋 사람의 손에서도 건져 내시리이다"고 고백합니다. 이 고백이야말로 분명 하나님께서 그와 함께 하심이 어떠한 것인지를 체험한 자의 고백입니다. 자신의 힘이 아닌 하나님의 힘을 의지한다는 고백입니다. 그는 여호와의 동행하심 안에서 평안을 누리며 용기 있게 앞을 행하여 나아갑니다. 그러기에 다윗은 "내가 사망의 음침한 골짜기로 다닐지라도 해를 두려워하지 않을 것은 주께서 나와 함께 하심이라 주의 지팡이와 막대기가 나를 안위하시나이다"라고 고백합니다(시 23:4).

:: 아는 것과 믿는 것의 차이

과연 우리는 다윗이 고백한 평안을, 바울이 에베소 교인들에게 있기를 간구한 평안을 누리고 삽니까? 특별히 복음을 전하기 위하여 사천성을 향해 떠나는 젊은 사역자들이 보인 주님께서 동행하지 않는 것을 제외한다면 그 어떤 두려움도 없다고 말한 것처럼 우리도 담대하게 살아가고 있습니까? 진정한 평안도 없이 외적 환경에 지배를 받아 가면서 염려 속에 때로는 낙심 가운데 살아간다면 그것은 무슨 이유 때문이겠습니까?

어느 목사님의 고백을 이에 대한 대답으로 소개하겠습니다. 한 선교사님이 그 목사님에게 "목사님 한 영혼을 천하보다 귀하다는 것을 믿습니까?"라는 질문을 하였습니다. 그런 질문을 받은 그 목사님은 약간 언짢은 생각이 들어, "목사가 그것을 믿지 아니하면 어떻게 목회할 수 있습니까?"라는 마음으로 "그야 믿으니까 목회하지요"라고 대답하였습니다. 그랬더니 그 선교사가 다시 "한 영혼이 천하보다 귀하다는 것을 믿으신다면, 목사님은 한 영혼만 위하여 아무런 스트레스 없이 평생 목회할 수 있습니까?"라고 반문하였습니다. 그 목사님은 아무런 대답을 할 수 없었습니다. 잠시 침묵이 흐른 뒤에 그 선교사가 다시 동일한 질문을 그 목사님에게 하였습니다. 그 목사님의 두 번째 대답은 첫 번째 대답과 조금 달랐다. "목사라면 그것을 믿어야 하지요."

이런 대답에 되묻는 그 선교사의 물음은 동일하였습니다. "그렇다면 목사님은 아무런 스트레스 없이 평생 목회할 수 있습니까?" 이번에도 목사님은 대답을 못하고 머뭇거렸습니다. 바로 그 때에 그 선교사는 "목사님, 착각하지 마십시오. 그건 아는 것이지 믿는 것이 아닙니다. 믿었는데 아무 일도 일어나지 않았다면 그것이 기적이지요. 한 영혼을 천하보다 귀하다는 것을 믿는 목사님에게 하나님께서 어찌 한 영혼만 맡기겠습니까?" 이 말을 듣는 순간 무언가 확 뚫리는 깨달음을 얻었다고 간증하는 그 목사님의 고백을 들었습니다.

이러한 목사님의 고백은 우리에게 시사하는 바가 큽니다. 우리가 안다고 하며 또한 믿는다고 하는 진리가 우리의 삶을 움직이지 못하는 이유는 우리가 알고 믿는다는 것이 사람을 움직일 수 있는 참된 지식과 참된 믿음이 아니기 때문입니다. 우리는 마치 수학 문제를 어떻게 푸는지 알지는 못하면서 괄호 안에 정답만 써 넣듯이 기독교 진리를 머리에만 담고 있으면서 그 진리를 믿는 자처럼 착각하고 사는 경우가 많습니다. 정암 박윤선은 종종 "누구든지 자신의 주장이 진리라고 하면서 그 주장을 위하여 자신이 생명을 걸 수 없다면 그것은 진리라고 할 수 없을 뿐더러 그런 자는 진리를 말할 자격도 없습니다"고 하였습니다.

또한 그는 "진리는 무엇이냐고 물을 것이 아니라 누구냐고 물어야 합니다"고 말하면서 "그 진리는 예수 그리스도"라고 설파하였습니다. 그는 강조하여 "예수 그리스도만이 참 진리인 줄 아는 자는 진리이신 예수 그리스도를 위하여 자신의 생명을 바쳐야 할 뿐 아니라 바칠 수 있습니다"고 말하였습니다. 정암 박윤선의 고백이야말로 사도 바울의 고백이라고 믿습니다. 바울이 전하는 기독교 진리를 머리뿐 아니라 가슴에 담아 바울처럼 이 진리를 위하여서 우리 자신의 생명을 조금도 귀한 것으로 여기지 않는 믿음으로 살아가는 자들에게는 어떤 상황, 바울처럼 감옥에 갇혀 있으면서도 평강을 누릴 수 있을 것입니다.

다섯

하늘에 속한 모든 신령한 복

3절 찬송하리로다 하나님 곧 우리 주 예수 그리스도의 아버지께서 그리스도 안에서 하늘에 속한 모든 신령한 복으로 우리에게 복 주시되

:: 쏟아져 내리는 폭포수처럼

에베소서 1:3~14은 바울 서신의 형식에 따라 말한다면 기원 부분 중에 찬송에 해당되는 부분입니다. 이 부분은 헬라어 구문에 의하면 "찬송하리로다"라는 말로 시작하여 "그의 영광을 찬미하게 하려 하심이라"는 말로 끝나는 한 문장입니다. 이 한 문장 전체가 바울의 찬송이라는 것을 알 수 있습니다. 그럼에도 불구하고 이 단원은 성경 어느 곳보다 더 신학적인 내용을 담고 있습니다. 조직신학의 용어로 말한다면 이 단원의 주요 주제는 구원론으로서 그 내용은 신론과 기독론과 성령론의 관점에서 설명하고 있음을 알 수 있습니다.

그러나 우리가 주목해야 할 바는 바울이 이 내용을 논리적 사고를 통하여 조직신학적으로 표현한 것이 아니라 구원을 베푸시는 삼위일체 하나님의 사랑을 찬송하고 있다는 점입니다. 이것은 바울이 본서를 통하여 자신이 알고 있는 신학 지식을 전달하기 위한 글이 아니라 하나님의 사랑에 대한 체험을 끊임없이 쏟아져 내리는 폭포수처럼 그의 심령에서 솟아나는 감사와 감격의 찬송을 통하여 고백하고 있음을 보여줍니다.

바울은 에베소 교인들로부터 위로를 받아야 할 처지임에도 불구하고 에베소 교인들을 위로하고 권면하고 있다는 사실입니다. 이러한 측면은 바울이 1:15~23에서 에베소 교인들을 위하여 기도한 내용에서도 볼 수 있습니다.

에베소 교인들에게 "하나님을 찬송하라"고 한 바울은 어떤 상황에서도 하나님을 찬양하는 자였습니다. 예를 든다면 바울은 빌립보 감옥에서도 그러했습니다. 바울은 그곳에서 옷이 찢기고 매를 많이 맞은 뒤에 발에 쇠고랑을 찬 채 옥에 갇혀 있었습니다. 그럼에도 불구하고 밤중쯤 되어 바울은 실라와 함께 기도하고 하나님을 찬미하였습니다(행 16:22~25). 그는 하나님을 찬미하지 않을 이유를 댈 수도 있었습니다. 그는 하나님을 원망할 수도 있었습니다. 빌립보는 그가 오고 싶어서 온 곳이 아닙니다. 자신이 그렇게도 가고 싶어 했던 곳, 비두니아로 못 가게 해놓고(행 16:7) 자신을 이곳으로 오게 해서 두들겨 맞고 감옥에 갇히도록 놔둘 수 있었느냐고 항변할 수도 있었을 것입니다.

물론 그가 찬미하기 전에 기도했다고 기록되었습니다. 바울이 처음 기도를 시작할 때와 찬미를 부르기 시작할 때의 심정은 다를 수도 있을 것입니다. 그러나 이러한 이해보다는 바울은 옥에 갇히기 전부터 하나님께서 베푸신 은혜를 생각하며 찬송하고자 하는 마음이 가득하였을 것입니다. 바울의 2차 전도 여행 동기와 빌립보에 오기까지의 과정을 살펴보면 바울이 복음을 전하다가 그런 핍박과 어려움 가운데 있게 됨을 인하여 찬송할 수 있었다고 생각됩니다.

:: 핍박 중에도 찬송하는 이유

바울은 1차 전도 여행을 마친 뒤 곧바로 2차 전도 여행을 떠난 것이 아닙니다. 반대로 바울은 안디옥 교회로 돌아와 제자들과 함께 오래 있었다고 누가는 사도행전 15:28에 기록하고 있습니다. 그러나 바울이 "제자들과 함께 오래 있으니라"는 구절이 보여주는 상황과 대조되는 '수일 후'에 라는 말과 상황이 사도행전 15:36에 기록되었습니다. 누가는 "수일 후에 바울이 바나바더러 말하되 우리가 주의 말씀을 전한 각 성으로 다시 가서 형제들이 어떠한가 방문하자"고 밝히고 있습니다. 이 대조되는 두 상황 사이에 일어났던 사건은 바울이 바나바와 함께 몇 사람을 데리고 예루살렘을 올라갔던 일입니다.

그들이 예루살렘에 올라간 후 예루살렘에서 사도와 장로들을 중심으로 회의가 열렸습니다. 그 회의에서 이방인 그리스도인들에 대한 규례가 정해졌습니다. 예루살렘 회의에서 정한 규례는 "우상의 제물과 피와 목메어 죽인 것과 음행을 멀리하는 것"입니다(행 15:28). 예루살렘의 사도와 장로와 교회가 유다와 실라를 택하여 바울과 바나바와 함께 안디옥에 보내기로 작정하고 그 편에 편지를 보냈습니다. 예루살렘 교회의 편지를 갖고 온 그들은 무리를 모아 편지를 전하였습니다. 그 내용을 들은 자들은 기뻐하였습니다(행 15:22~31). 얼마 후 유다와 실라는 예루살렘으로 돌아갔습니다. 바울과 바나나는 안디옥에 유하면서 주의 말씀을 가르치며 전파하였습니다(행 15:33~35).

그러나 바울은 수일 후에 바나바에게 "주의 말씀을 전한 각 성으로 다시 가서 형제들이 어떠한가 방문하자"고 제안하였습니다. 그 제안을 좋게 여긴 바나바는 마가를 데리고 가기를 원하였으나 바울은 밤빌리아에서 자기들을 한가지로 일하러 가지 아니한 마가를 데리고 가는 것이 옳지 않다 하여 서로 심히 다투어 피차 갈라섰습니다. 그렇게 되어 바나바는 마가를 데리고 구브로로 갔고 바울은 실라를 택한 후 수리아와 길리기아로 다녀가며 교회들을 굳게 하였습니다(행 15:37~41). 사도행전을 기록한 누가는 바울의 일행이 1차 전도 여행시에 복음을 전하였던 여러 성을 다니며 "예루살렘에 있는 사도와 장로들의 작정한 규례를 저희에게 주어 지키게 함으로 여러 교회가 믿음이 더 굳어지고 수가 날마다 더하니라"(행 16:4~5)고 기록하고 있습니다.

그러나 문제는 바울이 1차 전도 여행시에 복음을 전하던 교회들에 대한 방문이 끝날 때 일어났습니다. 바울은 계속해서 아시아에서 복음을 전하기를 원하였으나 성령께서는 바울로 하여금 아시아에서 복음 전하지 못하게 하시는 것이었습니다. 유대인들이 바울로 하여금 복음을 전하지 못하게 한다면 그것은 바울에게 그렇게 문제될 것이 없습니다. 왜냐하면 바울은 그리스도 복음 전하는 일에는 자기 생명을 조금도 귀한 것으로 여기지 않았기 때문입니다(행 20:24; 참조, 행 21:11~13). 바울은 성령이 아시아에서 말씀을 전하지 못하게 하자 주저앉아 하나님의 뜻을 기다린 것이 아니라 비두니아로 가고자 애썼습니다. 그러나 아시아에서 복음 전하지 못하게 한 예수의 영이 비두니아로 가는 것도 허락하지 않았습니다(행 16:6~7).

:: 예수의 영이 허락지 아니할 때의 심정

예수의 영이 아시아에서 복음을 전하지 못하게 하였을 때 바울의 심정은 어떠하고 무엇을 생각하였겠습니까? 복음 전하고자 하는 모든 길이 막혔을 때 바울은 무엇을 생각했을까요? 바울은 1차 전도 여행 후 안디옥에 와서 오랫동안 머문 사실과 예루살렘에서 같이 온 유다와 실라가 다시 예루살렘으로 돌아간 수일 후에 2차 전도 여행을 떠나가고자 했던 동기부터 생각해 보았을 것입니다. 혹시 밤빌리아에서 바나바와 심히 다투고 피차 갈라진 것을 생각하지 않았을까요?(행 15:38~39) 예수의 영이 비두니아로 가는 것도 허락지 않는 것을 볼 때 "복음 전하는 자로서 나의 사명은 이제 끝이 났단 말인가? 그러나 나에게 한 번의 기회가 더 주어진다면 나의 목숨을 귀한 것으로 여기지 않고 주신 사명에 충성을 다 하겠는데"라는 생각이 들지 않았을까요. 어째했든지 간에 나로서는 바울에게 복음 전하는 자로서 자신의 사명에 대한 어떤 위기 의식이 들지 않았을까 하는 짐작을 한번 해 보게 됩니다.

그러는 중에 그는 아시아를 지나 드로아 내려갔습니다. 거기에서 바울은 밤에 "마게도냐로 건너와서 우리를 도우라"는 그 유명한 환상을 보게 됩니다.

우리가 관심을 집중해야 할 바는 그 환상을 보고 바울이 머뭇거리거나 환상의 의미를 재차 확인하려 하지 않고 곧 마게도냐로 떠나기를 힘쓴 사실입니다. 여기에서 바울의 어떤 조급함과 비장함이 보이는 듯합니다. 이것이 곧 복음을 전하는 자로서 다시 하나님께 부르심을 받은 바울의 심정이라고 생각됩니다. 그는 혹시 그 환상이 하나님의 부르심인지 아닌지를 확인하기 위하여 머뭇거릴 정도로 한가한 사람이 아니었을 것입니다. 그는 하나님께서 허락만 하신다면 어떤 고난과 핍박도 개의치 않고 복음을 전하겠다는 각오와 결심이 이미 서 있었을 것입니다. 그러기에 그는 지체하지 않고 아시아에서 유럽으로 건너갔을 것입니다.

이와 같은 이해는 바울이 전도 여행 중에 언제나 기도하였겠지만 그가 빌립보에서 복음을 전하기 위하여 여러 번 기도한 사실을 누가가 사도행전에 기록한 것을 보아서도 추론됩니다(행 16:3, 16, 25). 바울은 다시금 복음 전하는 자로 사용되었다는 사실을 생각할 때 그가 옷이 찢겨 벗겨짐을 당하고 매를 많이 맞은 뒤 발에 쇠고랑을 찬 채 옥에 갇힌 것이 불평과 원망의 요소가 될 수 없었을 것입니다. 아니 그가 그런 모습으로 빌립보 감옥에 갇힌 것이 오히려 그가 복음 전하는 자로 다시금 부르심을 받은 최상의 증거이기에 그는 그렇게 빌립보 감옥에서 찬미하였을 것입니다.

오늘날도 마게도냐의 환상을 바울과 같은 심정으로 경험한 자들이 적지 않습니다. 그러기에 그런 경험을 한 자는 바울처럼 고난과 핍박 속에서 찬미하는 것입니다. 감옥이 열리기 위하여 찬미하는 것이 아니라 하나님의 종으로 다시 부르심을 받아 쓰임 받는 까닭에 기쁨과 감사의 찬양을 올리는 것입니다. 찬양을 올려 드릴 수 없는 상황처럼 보이는 상황에서 찬양을 올리게 됩니다. 그럴 때 닫쳐진 복음의 문은 열리고 복음은 죽은 영혼을 살리기 위하여 전파됩니다. 닫쳐진 복음의 문이 열리는 역사를 체험한 복음 전파를 위하여 부르심을 받은 자는 사망의 옥문을 열고 죽은 자들을 살리는 구원의 복음을 전하는 일을 위하여 그 하나님을 찬송하며 앞으로 나아가게 됩니다.

우리는 어떻게 되어야 바울처럼 할 수 있을까요? 바울은 로마 옥중에 간힌 몸으로 제한된 공간에 거처하면서 에베소 성도들에게 편지를 쓰고 있습니다. 그의 육신은 좁은 공간 안에 간혀 있습니다. 그러나 그의 영혼은 간혀 있지 않고 자유로이 창세 이전부터 영원까지 내다보는 자로서 이 편지를 쓰고 있는 것입니다. 바울은 예수 그리스도의 재림과 함께 이루어질 그 영광스런 그 일과 그 날을 위하여 자신이 사도로 부르심을 받았다고 확신하였습니다. 그러기에 그는 위로받는 자가 아니라 위로하는 자가 되었습니다. 마찬가지로 바울과 같은 확신만 갖는다면 우리 역시 바울처럼 위로받기보다는 위로하는 자가 될 수 있을 것입니다.

:: 하나님을 찬양하는 이유

이미 바울은 어떤 상황에서도 찬송하는 자임을 살펴보았습니다. 하나님을 사랑하고 그 뜻대로 부르심을 받은 자에게는 그가 그렇게 느끼든지 못하든지 모든 것이 합력하여 선을 이루기 때문에 바울은 어떤 상황에서도 찬송할 수 있었습니다(롬 8:28). 그러나 많은 경우 자세히 살펴보면 그에게는 하나님을 찬송할 만한 분명한 이유가 있었습니다. 주석가들 중에는 바울의 찬양을 유대교의 축복에 대한 찬양인 '베라카'(berakah) 형식과 연결하여 생각하며 창세기 14:20의 "너희 대적을 네 손에 붙이신 지극히 높으신 하나님을 찬송할지로다"와 24:27의 "나의 주인 아브라함의 하나님 여호와를 찬송하나이다"를 그 근원으로 보고 있습니다.[1)]

하나님에 대한 찬송은 구약에 항상 면면히 흐르고 있는 주제임이 분명합니다. 따라서 바울의 찬송은 유대교의 베라카 형식과 전혀 관계가 없다고 할 수는 없습니다. 그러나 구약이나 중간사 랍비 문헌에서 하나님을 그리스도의 아버지로 표현하지 않았고 하나님의 축복이 그리스도 안에서 주어진다고 언급한 곳을 찾을 수 없는 것을 감안한다면 본문의 독특성을 인정할 수밖에 없습니다. 신약에서도 본문 전체의 긴 헬라어 문장 구조는 그 유례를 찾을 수 없는데 이것 또한 본문의 독특성을 보여 줍니다. 그럼에도 불구하고 예수님께서 주와 그리스도이시며 하나님께서 예수 그리스도의 아버지가 되신다는 사실은 사도 바울의 독창적인 신앙고백이라고는 볼 수 없습니다.

예수님께서 주와 그리스도이시요 하나님의 아들이시라는 찬양은 이미 초대교회 내에 확립된 고백 양식으로 사용된 것입니다. 최초의 고백은 우리가 잘 아는 대로 가이사랴 빌립보에서 "주는 그리스도시요 살아 계신 하나님의 아들이시니이다"라는 베드로의 고백입니다(마 16:16). 베드로 역시 '찬송하리로다'라는 말과 함께 하나님을 "우리 주 예수 그리스도의 아버지 하나님"이라는 고백을 베드로전서 1:3에서 하고 있습니다. 이러한 사실에 비추어 그러한 고백 양식을 그리스도인들이 예배 시에 일반적으로 사용하였음을 알 수 있습니다. 베드로는 하나님께서 십자가에 못 박힌 예수님을 주와 그리스도가 되게 하셨다고 오순절 날에 밝히 말했습니다(행 2:36).

베드로는 예수님을 십자가에 못 박아 죽인 일에 가담한 자들에게 십자가에 못 박힌 예수님께서 부활하심으로 주와 그리스도가 되셨다고 말하고 있습니다(행 2:3, 36~37). 베드로의 이와 같은 설교를 들은 자들은 마음에 찔려 "형제들아 우리가 어찌할꼬"라고 베드로와 다른 사도들에게 물었습니다(행 2:37). 그들이 마음에 찔려 사도들에게 물은 사실은 자신들이 예수님을 십자가에 죽인 것과 예수님의 부활을 인정하는 것으로 결국 예수님께서 주와 그리스도가 되심을 받아들이고 있다는 것을 보여 줍니다.

예수님께서 주와 그리스도이심과 하나님께서 예수 그리스도의 아버지가 되심은 사도 바울의 독창적인 신앙고백이 아니라 할지라도 바울이 하나님께서 우리 주 예수 그리스도의 아버지이시라고 말씀하시면서 "찬송하리로다 하나님"이라고 찬양하는 것은 그 자신의 신앙고백의 표현임을 부인할 수 없습니다. 이 말은 바울 자신이 성부 하나님은 찬송 받으실 분으로 알고 그를 찬송하며 우리 모두 하나님을 찬송해야 함을 보여줍니다.[2]

바울은 무조건 찬송하라 하지 않고 찬송 받으실 분이 어떤 분이심을 말합니다. 한마디로 성부 하나님은 우리에게 복을 주신 분이십니다. 그 복은 세상에 속한 복이 아니고 하늘에 속한 신령한 복이라고 합니다. 약간의 복이 아니라 모든 복이라고 합니다. 그런데 그 복을 앞으로 주시는 것이 아니라 단번에 과거에 주셨다고 말합니다. 여기에서 제기되는 질문은 첫째 이 복이 더 구체적으로 어떤 복이며, 둘째 어떻게 그런 복을 단번에 과거에 주었으며, 셋째 그런 복을 받은 자가 현재 누리는 삶에 대한 것입니다. 이 세 가지 질문에 대한 답은 순서적으로 본문 해석을 하면서 살펴보도록 하겠습니다.

:: 모든 신령한 복은 누가 주시는가

첫째 질문과 관련하여 먼저 생각하고자 하는 것은 본문이 보여주는 대로 이 복을 주신 분은 성부 하나님이십니다. 우리가 누리는 모든 복의 근원은 하나님이십니다. 이 모든 복의 근원되신 하나님께 받은 복만이 영원한 복이요 또한 참된 복입니다. 바울이 본문에서 말하는 믿는 자가 받은 복을 한마디로 요약한다면 하나님께서 창세전에 그리스도 안에서 우리로 아들을 삼으려고 예정하시고 거룩하고 흠이 없는 자가 되도록 선택하셨다는 것입니다. 적어도 바울에게는 하나님의 아들이 되도록 예정과 선택된 것이 복 중의 복이요 최고의 복입니다.

바울은 하나님께서 성도들의 주가 되시며 예수 그리스도의 아버지가 되심을 찬송합니다. 예수님께서 하나님을 아버지라고 부른 사실이 복음서에 여러 번 언급되어 있습니다. 예수님께서 하나님을 아버지라고 부른 맨 처음 사건은 열두 살 되어 성전에 올라간 때입니다. 예수님의 육신의 부모가 예루살렘 순례를 마치고 돌아오는 중 삼일이 지난 후에야 예수님께서 함께 하지 않은 것을 알고 예루살렘으로 다시 돌아가 성전에 계신 예수님을 찾았습니다. 이때 마리아가 예수님에게 "네 아버지와 내가 근심하여 너를 찾았노라"고 하시자 예수님은 "내가 내 아버지 집에 있어야 될 줄을 알지 못하셨나이까"라고 대답하였습니다(눅 2:42~49). 예수님께서 하나님을 아버지라고 부른 마지막 언급은 그가 부활하신 후 제자들에게 "볼지어다 내가 내 아버지의 약속하신 것을 너희에게 보내리니 너희는 위로부터 능력을 입히울 때까지 이 성에 유하라"하신 때입니다(눅 24:49; 참조, 행 1:4, 7).

바울이 예수님과 하나님의 관계를 아버지와 아들의 관계라고 강조하는 데는 또 다른 이유가 있습니다. 그것은 우리에 대한 하나님의 사랑이 어떠하심을 보여주기 위함입니다. 구약에서 하나님께서 자기 백성을 사랑하심을 여인이 젖먹이 자식을 사랑하는 것과 비교하여 말씀하셨습니다. 하나님께서 이사야를 통하여 "여인이 어찌 그 젖 먹는 자식을 잊겠으며 자기 태에서 난 아들을 긍휼히 여기지 않겠느냐 그들은 혹시 잊을지라도 나는 너를 잊지 아니할 것이라 내가 너를 내 손바닥에 새겼고 너의 성벽이 항상 내 앞에 있나니"(사 49:15~16)라고 말씀하셨습니다. 어제나 오늘이나 영원토록 동일하신 하나님께서 우리를 사랑하사 우리 죄를 위하여 자기 아들을 대신 죽게 하셨습니다.

바울은 이 진리를 로마서 5:8에서 "우리가 아직 죄인 되었을 때 그리스도께서 우리를 위하여 죽으심으로 하나님께서 우리에게 대한 자기의 사랑을 확증하셨느니라"고 설명합니다. 바울은 곧 이어 10절에서 우리의 죄를 위하여 죽은 그리스도가 하나님의 아들이시라고 말합니다. 바울이 로마서 8:32에서는 "자기 아들을 아끼지 아니하시고 우리 모든 사람을 위하여 내어주신 이(하나님)가 어찌 그 아들과 함께 모든 것을 우리에게 은사로 주지 아니하시겠느뇨"라고 반문하면서 우리를 위하여 자기 아들을 내어주신 하나님께서 그 아들과 함께 모든 것을 은사(선물)로 주시기를 원하시는 하나님의 무조건적 사랑에 대하여 강조합니다.

:: 모든 신령한 복은 누구 안에서

하나님께서 믿는 자들에게 주시는 최고의 복은 주 예수 그리스도 안에서 하나님의 아들이 되게 설계하신 예정과 선택하심입니다. 바울은 그 이유를 4절 이하의 찬송에서 말씀하고 있습니다. 먼저 그가 강조하는 것은 이 복은 그리스도 안에서 주신 복이라는 점입니다. 다만 여기에서 밝히고자 하는 것은 이 복의 근원은 성부 하나님이시지만 이 복을 받을 수 있는 영역은 성자 예수님 안에서라는 점입니다. 그리스도 없이는 이 복이 우리에게 주어질 수 없습니다.

먼저 예수님께서 주되심에 대하여 살펴보겠습니다. 바울은 예수 그리스도께서 부활하심으로 믿는 자들의 주되심이 확증되고 또한 인정되셨다고 고백합니다(롬 1:4). 바울은 자신이 보낸 서신들에서 예수님을 주님, 즉 큐리오스로 약 230회 호칭합니다. 신약 시대에 주라는 칭호는 로마 황제를 부르는 칭호이기도 하였습니다. 그러나 바울과 초대 교회가 사용한 이 칭호가 로마 황제에게 주어진 칭호와 다른 특별한 의미를 지니고 있었다는 것은 의심의 여지가 없습니다.

바울은 예수님의 주되심을 강조합니다. 바울은 "주께서 자기 백성을 아신다"고 선언합니다(딤후 2:19). 이 선언은 구약에서 "이스라엘은 하나님의 백성이요 하나님은 자기 언약 백성을 아신다"라는 언약 사상에 근거하는 것으로 생각됩니다(출 6:2~7; 19:5~6; 시139). 신약에서 '주'는 구약을 헬라어로 번역한 칠십인역(LXX)에서 여호와를 번역할 때 사용된 단어입니다. 이와 관련하여 하나님께서 모세에게 출애굽의 사명을 주시면서 자신의 이름을 여호와라고 하신 점이 주목됩니다. 출애굽기 3장에서 애굽에 있는 이스라엘 백성이 모세에게 그가 만난 하나님의 이름이 무엇이냐고 물을 때 무엇이라고 그들에게 말하여야 하느냐고 하나님께 물었습니다. 이때 "나는 스스로 있는 자"라 하시면서 "나를 너희에게 보내신 이는 아브라함의 하나님 이삭의 하나님 야곱의 하나님 여호와라 하라"고 하셨습니다(출 3:3~15).

따라서 이 호칭은 예수님께서 믿는 자들의 주되심(lordship)뿐 아니라 믿는 자들은 예수님의 종임을 고백하는 것입니다. 예수님은 주인이

시며 믿는 자들은 그의 종들인 것입니다. 바울이 예수님을 대부분 '우리 주'와 '주'라고 호칭하였습니다. '나의 주'라는 표현은 찾아 볼 수 없습니다. 따라서 예수님을 주라고 표현할 때는 신앙공동체적 고백인 것을 알 수 있습니다. 그러나 이 고백은 신앙공동체적인 고백일 뿐 아니라 바울 자신의 신앙고백인 것은 분명합니다. 바울은 자신의 입술로만 그렇게 고백한 것이 아니라 그의 삶을 통하여 철저하게 예수 그리스도의 종 된 삶이 어떤 것인지를 보여주었습니다. 그런데 우리가 주목할바는 바울이 그 예수 그리스도를 우리 믿는 자의 주님(우리 주님)이라고 부른 점입니다.

그러므로 예수 그리스도의 주님 되심과 그를 믿는 자가 그의 종이 된 것은 바울과 그 당시 믿는 자들의 신앙고백일 뿐 아니라 예수 그리스도를 믿는 우리의 고백입니다. 그뿐 아니라 바울이 예수 그리스도를 주인으로 모신 종 된 삶이 어떤 것임을 보여준 모본을 좇아 우리의 삶을 통하여 우리의 신앙고백을 확증하여야 할 것입니다. 예수님께서 "죽은 자 가운데서 부활하심"은 그 부활이 자신에 국한된 것이 아니라 죽은 자 가운데 첫 열매로서 부활입니다. 그와 연합된 자들은 이 부활 체험을 미래적인 것으로 기다리는 것이 아니라 실제의 삶 속에서 맛보며 살아가게 됩니다(고전 15:45; 고후 3:17).

이제 바울이 즐겨 사용하는 '그리스도 안에서'라는 어구에 대하여 살펴보겠습니다. 이 어구가 바울서신에서 83회 사용되었습니다. 이 전치사 어구와 동일한 의미를 가지는 '그 안에서' 혹은 '주 안에서'를 합친다면 바울서신 전체에 걸쳐 164회나 나온다고 합니다.[3]

이와 함께 '그리스도와 함께', '그리스도와 합하여'와 '그리스도로 말미암아'라는 어구들을 합한다면 이 어구들은 바울 신학을 총체적으로 보여준다 해도 과언이 아닙니다. 사실 에베소서 1:3~14에서만도 '그 사랑하는 자 안에서' 라는 표현까지 합한다면 11회나 나옵니다. 그 용례를 우선 간략하게 살펴보면 다음과 같습니다.

하나님께서 그리스도 안에서 모든 복을 주셨습니다(3절). 그리스도 안에서 우리를 선택하셨습니다(4절). 그리스도를 통하여 양자 삼기로 예정하셨습니다(5절). 그의 사랑하는 자 안에서 그의 은혜의 영광을 찬미하게 하려 하셨습니다(6절). 그 안에서 구속, 곧 죄 사함을 받았습니다(7절). 그리스도 안에서 예정되었습니다(9절). 그리스도 안에서 통일(하나)되게 하려 하셨습니다(10). 그 안에서 기업이 되었습니다(11절) 그리스도 안에서 그의 영광의 찬송이 되게 하려 하셨습니다(12절). 그 안에서 구원의 복음을 듣고 또한 그 안에서 성령의 인 치심을 받았습니다(13절). 에베소서 1:3~14에 나오는 '그리스도 안에서' 라는 어구와 관련된 그 구체적인 해석은 해당 구절을 다루면서 고찰하도록 하겠습니다. 다만 여기에서는 바울서신에 나타난 그 밖의 중요한 용례들만 생각해 보겠습니다.

:: 영생은 어떻게 얻게 되는가

바울은 첫째 그리스도 안에서 영생이 주어진다고 말합니다. "하나님의 은사는 그리스도 예수 우리 주 안에 있는 영생이니라"(롬 6:23). 그러나 바울은 그리스도 안에서 영생이 주어진다고 말하기 전에 죽음을 먼저 말합니다. 바울은 믿는 자의 영생이 그리스도와 관련된 것같이 믿는 자의 죽음도 그리스도와 관련된다고 말합니다. 바울은 믿는 자는 죄에 대하여 죽었다고 단언합니다(롬 6:2). 바울은 이 진리를 로마서 6장에서 세례와 관련하여 설명합니다. 바울에게 있어 세례는 우리가 예수님과 연합하여 그와 함께 십자가에서 죽은 것을 의미합니다(3절). 바울은 그리스도와 함께 죽은 것을 강조하기 위하여 그와 함께 장사되었다고 말합니다(4절). 죽었을 뿐 아니라 장사되었다는 것은 완전히 죽은 것을 의미합니다.

믿는 자가 세례를 통하여 그리스도와 함께 죽은 것이 어떻게 죄에 대한 죽음이라고 말할 수 있겠습니까? 이에 대하여 바울은 예수 그리스도의 죽음이 죄에 대한 죽음이기 때문이라고 대답합니다(롬 6:10). 그리스도께서 죄에 대하여 죽으셨다면 그와 연합하여 함께 죽은 자도 죄에 대하여 죽었다는 것은 논리적으로 자명한 귀결입니다. 그러나 이와 관련하여 믿는 자가 그리스도와 함께 죄에 대하여 죽었다는 것이 무엇을 의미하느냐 하는 질문이 나올 수 있습니다. 바울은 믿는 자가 그리스도와 함께 십자가에 못 박혀 죽은 것은 우리의 옛사람이라고 합니다(6절). 바울은 옛 사람이 죄의 몸과 연관되어 있음을 말합니다. 바울에 따르면 죄의 몸이 죽었다는 것은 옛 사람이 죽었다는 것을 의미합니다. 바울은 믿는 자가 죄에 대하여 죽었다고 하면서 동시에 로마서 6:11에서 "너희 자신을 죄에 대하여 죽은 자로 여길지어다"라고 권면합니다.

:: 죄에 대하여 죽었다는 의미는

도대체 바울이 의미하는 죄에 대한 죽음은 무엇일까요? 위에 제기된 여러 질문에 대하여 존 스토트(John Stott)가 잘 해답하고 있다고 생각

됩니다. 그의 견해를 요약하여 소개하면서 저의 견해를 덧붙이도록 하겠습니다.[4)]

스토트는 먼저 죄에 대한 죽음에 관한 그릇된 견해를 소개합니다. 그것은 마치 시체가 물리적 자극물에 대하여 반응하지 않듯이 죄에 대해 죽은 자는 죄에 대해 반응하지 않는다는 견해입니다. 이에 대하여 스토트는 로마서 6장에서 "죄에 대하여 죽었다"는 문구가 세 번 나오는 것을 주목하고 그때그때 바울이 무엇을 말하고 있는지를 설명합니다. 먼저 10절에서 그리스도께서 "죄에 대하여 단번에 죽으셨다"고 하셨는데 이 말은 그리스도께서 죄에 대하여 응하지 않게 되셨다는 것을 의미하는 것으로 볼 수 없다는 것입니다.

스토트는 만일 그리스도께서 죄에 대하여 죽으신 결과로 죄의 유혹에 응하지 않게 되었다면 그리스도께서 죄에 대하여 죽기 전에는 죄에 대하여 활동적이었다는 의미가 되기 때문에 받을 수 없는 견해라고 일축합니다. 한걸음 더 나아가 스토트는 바울이 그리스도와 함께 죽은 자는 옛 사람이 죽었다고 하면서 동시에 옛 본성이 여전히 살아 있으며 믿은 자 안에서 활동하고 있다고 지적합니다. 바울이 "그러므로 너희는 죄로 너희 죽을 몸에 왕 노릇 하지 못하게 하여 몸의 사욕을 순종치 말고 또한 너희 지체를 불의의 병기로 죄에게 드리지 말고 오직 너희 자신을 죽은 자 가운데서 다시 산 자같이 하나님께 드리며 너의 지체를 의의 병기로 하나님께 드리라"고 한 권면이 이를 증명한다고 말합니다(롬 6:12~13). 또한 스토트는 믿는 자의 경험을 볼 때 위의 견해가 그릇되었다는 것을 스스로 증명한다고 논증합니다.

진정한 의미에서 바울이 말하는 죄에 대한 죽음이 무엇인지에 대하여 스토트는 다음과 같이 논증합니다. 먼저 그는 성경에 나오는 죽음이란 말이 육체적인 죽음, 즉 시체와 같이 비활동적인 상태가 아니라 죄에 대한 형벌과 관련하여 사용되었다고 지적합니다. 따라서 성경에서 죄와 사망이 동시에 언급될 때 양자 간의 근본적 관계는 죄에 대한 형벌로 이해되어야 합니다. 그러므로 그리스도께서 죄에 대하여 단번에 죽으심은 죄에 대한 형벌을 담당하셨다는 것을 의미합니다. 거룩하고 죄가 없으신 그리스도께서 죄에 대하여 죽으심은 인간을 대신하여 인간의 죄와 이에 대한 정당한 형벌을 담당하신 죽으심입니다. 그러므로 죄 없으신 그리스도의 죽으심은 자신의 죄의 삯을 지불하기 위한 죽으심이 아니라 인간의 죄에 대한 삯을 지불하기 위한 죽으심입니다. 결과적으로 죄는 그리스도와 세례를 통하여 그와 함께 모든 믿는 자들에게 죄의 삯이나 형벌을 위한 요구나 청구를 더 이상할 수 없습니다.

그러나 바울의 설명은 이것으로 끝나는 것이 아닙니다. 한걸음 더 나아가 바울은 우리가 세례, 즉 그리스도와 함께 죽게 하심은 죄의 몸을 가진 옛 사람만 죽이기 위함이 아니라 우리로 새 생명 가운데 살게 하려 하심이라고 그 목적을 밝히고 있습니다(4절). 달리 말한다면 그리스도 안에서 죄에 대한 벌을 받았다는 의미에서 죄에 대한 옛 사람의 죽음은 곧 새로운 삶의 시작이 됩니다. 여기에서 주목해야 할 바는 새 생명의 삶이 그리스도와 함께 죄에 대하여 죽는 것과 다른 면이 있다는 것입니다. 형벌에 대한 죄의 삯으로서 죽음 이후에 다시 산다는 것은 믿는 자 스스로는 절대로 불가능한 일입니다. 다시 말하면 믿는 자가 자신의 힘으로 새 생명을 얻는다는 것은 불가능하다는 것입니다. 그러나 믿는 자가 새 생명으로 살아가는 것은 옛 사람이 죽는 것과는 다릅니다. 물론 근본적으로 믿는 자가 새 생명 가운데 살아가는 것 역시 믿는 자신의 힘으로 되는 것이 아닙니다.

다시 여기에서 주목해야 할 점은 그리스도와 함께 죄에 대하여 죽은 자가 되었음에도 불구하고 마치 자신이 여전히 죄 가운데 산 자처럼 살 수 있다는 사실입니다. 스토트의 말을 빌자면 그것은 전혀 불가능한 것이 아닙니다. 스토트는 그러나 그것이 전적으로 부적절한 것이요 또한 생각조차 할 수 없는 일이라고 강조합니다. 스토트가 지적한 대로 전혀 불가능한 일이 아니기 때문에 바울은 죄에 대하여 죽은 자들에게 몇 가지를 명령적으로 권고하고 있습니다. 바울은 부정과 긍정을 한데 묶어 권고합니다. 첫째는 죄에 대하여 죽은 자로 여기고 하나님께 대하여는 산 자로 여기라는 것입니다(롬 6:11). 사단이 아담과 하와를 유혹하듯이 죽은 자들에게 죄를 지으라고 유혹할 때에 "사단아, 나는 죄에 대하여 죽은 자이다. 또한 하나님께서 그것을 금하고 계신다. 그런데 내가 어떻게 그런 죄를 짓는 삶을 또다시 살수 있단 말인가? 그뿐만 아니라 나는 이제 너와 죄에 대해서는 죽은 자이지만 하나님께 대하여는 산 자이다. 그러므로 사단아, 물러가라" 할 수 있도록 자신을 죄에 대하여 죽은 자로 간주하라고 강권합니다.

둘째는, 죄로 너희 죽을 몸에 왕 노릇하지 못하도록 하는 대신에 자신의 지체를 의의 병기로 하나님께 드리라고 권고합니다(롬 6:12). 먼저 생각할 것은 바울은 믿는 자가 죄에 대하여 죽었다고 단언하면서도 그럼에도 불구하고 믿는 자가 죽을 몸을 가지고 있다고 말하고 있습니다. 우리가 그리스도 안에서 죄에 대하여 죽기 전에는 죄와 사단은 아담 이래 그 후손들의 주인이 되어 죽을 몸의 왕 노릇을 하였습니다. 그뿐만 아니라 타락한 아담의 자손들은 사단의 거짓 유혹에 속아 몸의 사욕에 따라 행동하는 자유 의지를 계속 발동해 왔습니다. 바울이 그리스도 안에서 죄에 대하여 죽은 자에게 권고하는 바는 바로 죽을 몸에 대한 것입니다. 바울이 지적하는 바로 이 '죽을 몸'은 죄와 사단의 공격의 대상이 될 수 있습니다. 사단이 죄와 상관이 없던 상태에 있는 아담과 하와를 유혹할 수 있었듯이 죄에 대해서 이미 죽은 믿는 자도 공격할 수 있습니다. 아니 마귀는 오늘도 우는 사자같이 두루 다니며 삼킬 자를 찾고 있습니다(벧전 5:8).

하나님께서 믿는 자가 그리스도 안에서 죄에 대하여 죽은 자임에도 불구하고 죽을 몸을 갖고 살게 하신 것은 무슨 이유 때문입니까? 바울은 로마서 6:13 하반절에서 그 이유를 잘 밝히고 있습니다. 믿는 자로 하여금 자신들의 지체를 의의 병기로 하나님께 드리도록 하기 위함이라는 것입니다. 만일 믿는 자가 죄에 대하여 죽은 자이기 때문에 죄를 지을 가능성이 배제되었다면, 그것은 마치 자유 의지가 배제된 채 선한 것만을 행할 수밖에 없는 기계와 같은 자가 되는 것을 의미합니다. 그러기에 하나님은 믿는 자에게 자유 의지를 빼앗아 가시기를 원치 않으십니다.

하나님은 아담의 자손들 역시 아담처럼 죄를 지을 수 있을 뿐 아니라 죄의 유혹을 받을 수 있음에도 불구하고 아담과 달리 하나님께서 주신 자유 의지를 가지고 도리어 자신을 의의 병기로 드려 하나님께 영광 돌리기를 원하십니다. 그런 가운데 드려지는 영광과 찬송만이 진정한 영광과 찬송입니다. 바울은 믿는 우리가 사단과 죄의 유혹을 향하여 "사단아, 너는 더 이상 나를 다스릴 나의 왕과 주인이 아니다. 나의 새 삶 속에는 너는 더 이상 존재할 수 없다. 너는 나의 새로운 삶을 간섭할 수 없다"고 고백하도록 권유한다고 생각됩니다.

셋째로, 바울은 믿는 자가 죄에 대하여 죽은 자로 여길 뿐 아니라 지체를 의의 병기로 하나님께 드리면 죄가 믿는 자를 주관하지 못할 것으로 결론짓습니다(롬 6:14). 바울은 죄가 믿는 자를 주관하지 못하는 이유는 믿는 자가 법아래 있지 아니하고 은혜아래 있기 때문이라고 천명합니다. 바울이 말하는 법아래 있는 자는 율법아래 있는 자요, 동시에 죄의 지배아래 있는 자요, 아담 안에 있는 자요 저주아래 있는 자를 말합니다. 반대로 바울이 말하는 은혜아래 있는 자란 그리스도 안에 있는 자를 말합니다. 여기에서 우리가 주목해야 할 점은 은혜아래 있는 우리가 전에는 법아래 있었다는 사실입니다. 그 때에는 율법의 저주에서 벗어날 수 없었습니다. 이 율법의 저주에서 벗어나는 길은 그리스도 안에 있는 길밖에 없습니다. 또한 그리스도 안에 있는 자는 또다시 과거로 돌아갈 수도 없습니다. 이미 돌아갈 수 없는 강을 건넌 자입니다.

달리 말하면 그리스도 안에서 하나님의 아들이 된 것입니다. 하나님은 예수 그리스도를 십자가에 희생시켜 얻은 자기의 아들들을 버리지도 빼앗기지도 않으십니다. 더군다나 심지어 믿는 자 자신도 하나님의 사랑의 줄에서 자신을 벗어나게 할 수도 없습니다(참조, 롬 8:35~39). 그리스도 안에서 하나님의 아들 된 자가 살아갈 길은 두 길 밖에 없습니다. 하나는 하나님께 불효하며 살아가는 불효자식의 길입니다. 다른 하나는 하나님께 효도하며 살아가는 효자로서의 삶입니다. "사랑하는 자들이여, 선택의 자유는 당신에게 있습니다. 우리 모두 바울의 간곡한 권면을 따라 우리의 지체를 의의 병기로 하나님께 드려 영광 돌리는 효자로서 삶을 통하여 하나님께 영광을 돌리는 자가 되기를 간절히 소원합니다."

:: 영원한 생명과 생물학적 생명의 차이

바울이 결론적으로 믿는 자들에게 권면하는 바는 "그리스도 안에서 하나님을 대하여 산 자로 여기라"는 것입니다. 여기 '산 자'라는 말은 영원한 생명을 가진 자라는 의미입니다. 왜냐하면 그리스도 안에 있는 자는 그리스도의 생명을 가진 자이기 때문입니다. 그리스도께서 죄에 대하여는 단번에 죽고 하나님께 대하여 사심으로써, 이제 믿는 자를 향하여 그리스도 안에서 하나님께 대하여 '산 자'로 여기라고 한 것은 죄의 몸을 가진 옛 사람이 하나님께 대하여 산 자가 아니라는 점을 보여주는 말입니다. 반대로 하나님께 대하여 산 자는 옛 사람과 완전히 다른 자임을 의미합니다. 바울은 이 진리를 고린도전서 15장에서 다음과 같이 설명합니다. 바울은 아담을 '산 영'(living being)이라고 합니다(고전 15:45). 그러나 예수 그리스도에 대하여는 '살려주는 영', 즉 영원한 '생명을 주는 영'(life-giving Spirit)이라고 선언합니다(고전 15:45).

산 영으로서 아담 안에서 주어지는 이 생명은 그리스도 안에서 주어지는 영원한 생명인 '조에'가 아니라 '바이오스'로서 생명입니다. 이 바이오스는 생물학적인 생명으로 공기나 물이나 음식물 등 자연의 보조를 받아야 유지되는 생명입니다. 그러나 '조에'는 영원 전부터 하나님 안에 있는 영원한 생명입니다. 그러므로 아담 안에서 주어지는 생명인 바이오스로는 영원한 생명인 '조에'에 이를 수 없습니다. 창세전부터 존재했던 생명인 '조에'는 예수 그리스도 안에만 있습니다(요 1:4). 따라서 예수 그리스도만이 그 생명을 줄 수 있습니다. 그런데 바울은 하나님께서 그리스도 안에서 이 영원한 생명을 은사로 주신다고 강조합니다.

위에서 설명한 대로 그리스도 안에서 새 생명을 가진 자는 그리스도 안에서 새로운 피조물입니다. "그런즉 누구든지 그리스도 안에 있으면 새로운 피조물이라 이전 것은 지나갔으니 보라 새것이 되었도다"(고후 5:17). 바울은 그리스도 안에서 새로운 피조물이 된 자들에 대하여 고린도후서 5:14~17에서 다음과 같이 설명합니다. 이런 자들은 그리스도의 사랑에 강권을 받는 자들입니다. 자신들을 위하여 사는 자들이 아니라 그들을 위하여 대신 죽었다가 다시 사신 자, 예수 그리스도를 위하여 사는 자들입니다. 이런 자들은 예수 그리스도를 더 이상 육체대로 알지 아니합니다. 다시 말하면 예수님을 나사렛 목수의 아들로 아는 것이 아니라 그(그리스도) 안에 하나님께서 계신 자로, 하나님과 죄인들을 화목하게 하는 자로, 죄인들을 죄에서 대신 구속하는 구원자로 압니다(고후 5:19).

:: 새로운 피조물의 삶

그리스도 안에서 새로운 피조물이 되는 것은 예수 그리스도 안에 있는 내가 자신의 주인이 아니라 예수 그리스도가 나의 주인이 되기 때문입니다. 따라서 이런 자들은 자신들의 일을 하는 것이 아니라 종으로서 주인의 일을 하고 또한 그렇게 하여야만 합니다. 그러기에 이런 자들에게는 화목하게 하는 말씀이 주어지고 또한 화목하게 하는 직책이 주어집니다. 이 직책을 받은 자는 서로 화목하도록 권면하는 삶을 살 수 있는 힘을 공급받게 되고 또한 그렇게 살아야 합니다(고후 5:19~20).

바울은 믿는 자가 그리스도 안에 사는 것을 말하면서 동시에 그리스도가 믿는 자 안에 사는 것을 말합니다. 바울은 갈라디아 2:20에서 "내가 그리스도와 함께 십자가에 못 박혔나니 그런즉 이제는 내가 산 것이 아니요 오직 내 안에 그리스도께서 사신 것이라 이제 내가 육체 가운데 사는 것은 나를 사랑하사 나를 위하여 자기 몸을 버리신 하나님의 아들을 믿는 믿음 안에서 사는 것이라"고 설명합니다. 여기에서 바울은 그리스도께서 바울 안에서 살 수 있는 것은 바울 자신이 그리스도와 함께 십자가에 못 박혔기 때문이라고 말합니다. 바울은 그리스도 안에 사는 자는 동시에 그리스도가 그 안에 산다고 말합니다. 믿는 자들이 그리스도 안에 살고 동시에 그리스도가 믿는 자들 안에 사는 것은 동전의 양면과 같다 하겠습니다.

예수님께서 이 두 가지 개념을 동시에 말씀하셨습니다. 요한복음 6:56에서 "내 살을 먹고 내 피를 마시는 자는 내 안에 거하고 나도 그 안에 거하나니"라고 하셨습니다. 예수님께서는 요한복음 15장에서 예수님과 그를 따르는 제자들의 관계를 포도나무와 가지의 뗄 수 없는 관계를 비유로 말씀하시면서 "내 안에 거하라 나도 너희 안에 거하리라 가지가 포도나무에 붙어 있지 아니하면 절로 과실을 맺을 수 없음같이 너희도 내 안에 있지 아니하면 그러하리라 나는 포도나무요 너희는 가지니 저가 내 안에 내가 저 안에 있으면 이 사람은 과실을 많이 맺나니 나를 떠나서는 너희가 아무것도 할 수 없음이라"고 설명하십니다(요 15:4~5). 예수님께서 계속하여 "너희가 내 안에 거하고 내 말이 너희 안에 거하면 무엇이든지 원하는 대로 구하라 그리하면 이루리라"고 하십니다(요 15:7).

여기에서 우리는 사도 요한이 예수님께서 제자들 안에 거하는 방법은 예수님의 말씀이 제자들 안에 거하는 것이라고 밝히고 있음을 봅니다. 이와 더불어 사도 요한은 "그(그리스도)의 성령을 우리에게 주심으로 우리가 그 안에 거하고 그가 우리 안에 거하는 줄을 아느니라"고 말합니다(요일 4:13). 사도 요한의 이 언급은 믿는 자 모두 성령으로 세례를 받아 그리스도와 한 몸이 되었다고 한 고린도 교인들에게 보낸 바울의 편지 내용과 일치함을 볼 수 있습니다(고전 12:12~13). '그리스도 안에서' 라는 어구와 그와 동일한 의미를 보여주는 어구들은 결국 그리스도와 믿는 자의 연합이 얼마나 중요한 진리인지를 보여줍니다.

여섯

그리스도와의 연합은 어떻게 이뤄지는가

3절 찬송하리로다 하나님 곧 우리 주 예수 그리스도의 아버지께서 그리스도 안에서 하늘에 속한 모든 신령한 복으로 우리에게 복 주시되

:: 그리스도와의 연합은 구원론의 핵심 진리

우리가 그리스도 안에서 누리는 최고의 축복 중에 하나는 그리스도와의 연합입니다. 존 머레이(John Murray)는 그리스도와의 연합은 구원론의 핵심적 진리라고 말하면서 "이 연합은 단순히 구원 적용 과정의 한 국면이 아니라 구원 적용 과정의 모든 국면들의 기초가 되는 것입니다"라고 강조합니다.[1] 믿는 자와 그리스도의 연합은 일반적으로 크게 두 가지 면으로 나눕니다. 하나는 그리스도께서 십자가에서 우리의 죄를 대신하여 죽으심으로 예수 그리스도께서 우리의 대표가 되시고 대신 죽으신 것에 근거한 그리스도의 대표적이고 대속적인 연합을 말합니다. 또 다른 하나는 성령의 사역을 통하여 믿는 자가 그리스도와 하나 되고 또한 그리스도가 믿는 자와 하나 되는 신비적 연합을 말합니다. 그리스도와 믿는 자가 연합하기 위해서는 우선 양자의 만남이 있어

야만 합니다. 인간이 먼저 하나님을 찾아가든지 아니면 하나님께서 인간을 찾아오든지 아니면 양자가 동시에 찾아 가다가 어느 정점에서 만나든지 하여야 할 것입니다.

성경은 인간이 하나님을 찾아가는 것이 아니라 하나님께서 먼저 인간을 찾아왔다고 말합니다. 아니 인간은 하나님을 찾아갈 수 없는 존재입니다. 하나님께서 인간을 찾아와 성립된 이 연합의 기초는 삼위일체 하나님의 무조건적인 사랑에 근거합니다. 그러기에 성경은 "사랑은 여기 있으니 우리가 하나님을 사랑한 것이 아니요 오직 하나님께서 우리를 사랑하사 우리 죄를 위하여 화목제로 그 아들을 보내셨음이라"고 말합니다(요일 4:10). 여기에서 보여주는 하나님의 사랑은 우리를 죄에서 구원하시기 위하여 독생자 아들을 이 땅에 보내신 무조건적인 사랑을 말합니다. 이 사랑은 그리스도의 대표적이고 대속적인 연합의 근거가 되는 사랑입니다. 또한 이 대표적이고 대속적인 연합은 성령의 사역을 통한 신비적 연합의 근거가 됩니다. 그러므로 그리스도의 대표적이고 대속적인 연합부터 먼저 살펴보겠습니다.

:: 기묘한 비틀림 속에 이루어진 탄생

그리스도의 대표적이고 대속적인 연합은 예수님께서 이 땅에 태어나심부터 시작되었습니다. 하나님께서 인간이 되심으로 인류와 연합하는 일을 시작하셨습니다. 하나님께서 인간이 되신다는 것은 인간의 이성으로는 이해할 수 없는 일입니다. 그런데 하나님은 그런 일을 하셨습니다. C. S. 루이스의 말을 빌리면 "실재하는 것들이 다 그렇듯이 기독교에도 우리의 예상과 맞지 않는 기묘한 비틀림이 있습니다"고 하였습니다.[2] 이 기묘한 비틀림은 하나님이 사랑의 하나님이시라는 진리를 이해하지 못할 때는 도저히 받아들일 수 없는 비틀림입니다. 그러기에 사실상 기독교는 인간이 만들어 낼 수 있는 그런 부류의 것이 아닙니다. 하나님은 전능하신 분입니다. 그렇다면 하나님께서 못하실 일이 있겠습니까?

그러나 하나님은 본성상 절대 하시지 않은 일, 즉 못하시는 일이 있습니다. 히브리서 저자는 하나님은 거짓말을 할 수 없는 분이라고 하였습니다(히 6:18). 하나님은 본성상 항복하고 고통을 겪으며 복종하고 죽는 일은 할 수 없는 분이십니다. 그런 일을 성경은 하나님께서 할 수 없는 일이라고 합니다. 그래서 자유주의자들은 하나님께서 인간이 되심을 부인합니다. 그들이 이렇게 주장하는 근본적인 이유는 초월하시고 무한하신 하나님은 유한한 인간 역사 속에 내재(존재)할 수 없다고 생각하기 때문입니다. 도리어 그들은 어떻게 무한하시고 초월하신 하나님께서 유한한 역사 속에 갇히고 제한받을 수 있겠습니까라고 되묻습니다. 물론 우리 역시 하나님은 무한하시고 초월하신 하나님이심을 믿습니다. 그러나 우리의 대답은 하나님은 분명히 초월하신 분이지만 우리를 구원하시기 위하여 역사 속에 들어 오셔서 일하신다는 것입니다.

하나님께서 그렇게 하심은 하나님께서 인간의 지혜로는 헤아릴 수 없는 무조건적 사랑으로 타락한 인간을 사랑하시기 때문입니다. 하나님의 사랑은 인간의 지혜로는 헤아릴 수 없는 무조건적인 사랑입니다. 다만 성령의 깨닫게 하여 주심을 통해서만 알 수 있는 사랑입니다. 그러기에 성령의 깨닫게 하여 주심을 받지 못한 자들이 무한하신 하나님께서 유한한 인간 역사 속에 오셔서 구원 역사를 진행하신다는 것을 믿을 수 없다는 것은 자명합니다. 그러나 성경은 무어라고 말합니까? 하나님께서 할 수 없는 그 일을 하셨다고 합니다. 왜 그 일을 하셨다고 말합니까? 하나님께서 자신만이 가지고 계신 것을 인간들과 나누어 갖기 위하여 본성상으로 하실 수 없는 일을 하셨습니다.

필립 얀시는 자신의 책 『내가 알지 못했던 예수』에서 그것이 결코 쉬운 일이 아님을 마음이 저리도록 설명하고 있습니다. "처음도 없고, 나중도 없으신 하나님께서 시간과 공간 안에 들어와 한 아기의 외양이라는 엄청나게 한정된 범위 안에, 죽음의 운명이라는 불길한 범위 안에 자신을 가두시기" 위하여 겸손한 자와 비천한 자로 오셔서 누구든지 자신에게 가까이 올 수 있도록 하는 용기가 없었다면 하나님의 아들이 이 세상에 오심은 전혀 불가능했다고 말합니다.[3] 얀시는 하나님께서 지상에 오시되 "급한 회오리바람이나, 삼킬 듯한 불의 세력에 의존해 오시지 않았습니다"고 말하면서 그의 오심은 그의 겸손함을 보여준다고 강조합니다.[4]

예수님께서 이 땅에 태어나자마자 기를 쓰고 죽이려고 한 자가 있었습니다. 그는 저 악명 높은 혜롯 왕입니다. 그는 마음속에 왕권 도전에 대한 의심이 생기면 무슨 잔악한 행위라도 마다하지 않는 자입니다. 그는 처남 둘과 자신의 아내 마리암네(Mariamne)를 죽인 자입니다. 그뿐 아니라 자신의 아들 중에 둘을 살해도 했습니다. 그는 자신이 얼마나 잔인한 자로 백성들에게 인식되어 있는지를 잘 알고 있었습니다. 그는 자신이 죽었을 때 애도해 줄 백성이 없다는 것을 알고 있었습니다. 그러기에 그는 자신이 사망하기 5일 전에 800명의 사람들을 체포하여 자신이 죽는 날 함께 죽게 칙령을 내려 자신의 죽음을 애도하는 분위기가 온 나라에 퍼져 있는 것처럼 꾸미려 했습니다.

이렇게 잔인무도한 그는 예수님께서 태어난 소식을 듣고 예루살렘 인근에 두 살 아래인 아이를 모두 죽이도록 명령한 자입니다. 과연 그 명령 앞에 살아날 아이가 누가 있겠습니까? 물론 히브리인 남자로 태어나는 아이는 누가 되었든지 나일 강에 던져 죽도록 명령했던 바로도 모세는 죽이지 못했던 것처럼 그 악명 높은 헤롯도 아기 예수님을 죽일 수 없었습니다. 그렇다고 예수가 인간일 뿐 아니라 하나님이시라면 그가 당하는 고통은 그에게 지극히 쉬운 일이었을 것이라고만 말할 수 없을 것입니다. 그렇다면 하나님은 왜 그 때에 이 땅에 그렇게 오셔야만 했을까요?

하나님께서 이렇게 오심의 중요한 목적은 누구든지 두려움이 없이 그에게 가까이 갈 수 있도록 하심입니다. 구약을 보면 하나님의 거룩한 사명을 받은 모세조차 하나님을 대면할 수 없었습니다. 모세가 하나님께 "주의 영광을 내게 보이소서"라고 했을 때(출 33:18) "네가 내 얼굴을 보지 못하리니 나를 보고 살 자가 없음이니라"고 하셨습니다(출 33:20). 물론 구약성경에는 하나님의 얼굴을 보고 산 자들이 있었습니다. 야곱이 얍복 강가에서 하나님을 대면하였으나 죽지 않았음으로 그곳 이름을 브니엘이라 하였습니다(창 32:30). 이사야는 웃시야가 죽던 해에 보좌에 앉아계신 하나님을 보았습니다(사 6:1). 그러나 위와 같은 대면은 일상적인 대면이 아닐 뿐 아니라 두려움 가운데 일어난 대면입니다. 야곱은 허리를 저는 자가 되었습니다. 하나님을 대면하고 망하게 되었다고 고백했던 이사야는 천사가 단에서 취한 핀 숯이 그 입에 닿으므로 죽음을 면하였습니다.[5]

:: 말구유에 탄생하신 이유

예수님의 탄생이야말로 새 언약의 약속의 성취 과정에서 빼놓을 수 없는 사건입니다. 새 언약을 성취하기 위하여 탄생하신 아기 예수는 누구나 가까이 갈 수 있도록 베들레헴 말구유에 오신 것입니다. 누구나 두려움 없이 가까이 갈 수 있음을 극적으로 보여주는 것이 목자들의 방문입니다. 당시의 양들은 오늘날 이스라엘 땅의 양들이나 다를 바 없을 것입니다. 오늘날 이스라엘 땅의 양들은 우리가 생각하는 것처럼 그렇게 깨끗한 양들이 아닙니다. 몇 달 동안 비가 오지 않은 땅에서 먹고 싸고 뭉개는 양들을 상상해 보십시오. 엉덩이에 오물이 닥지닥지 묻은 채로 냄새 풍기는 양들을 앞서거니 뒤서거니 하루 종일 따라 다니며 양들과 함께 날마다 들판에서 생활하는 목동들을 생각해 보십시오.

당시의 목동들은 오늘날의 목동과 다를 바 없습니다. 그런 목동들은 천사의 말을 두려움 가운데 들었습니다(눅 2:9). 그러나 아기 예수를 찾아가 경배하는 과정이나 또한 그 사실을 전하는 과정 속에서 목자들의 두려움은 전혀 찾아볼 수 없습니다. 팔일 만에 할례를 받기 위하여 성전에 올라갔을 때에도 어린 아기 예수님을 보면서 두려워하는 자는 없었습니다.

그럼에도 불구하고 유독 막 태어난 아기 예수님을 두려워하는 자가 하나 있었습니다. 그는 위에서 언급한 대로 저 악명 높은 헤롯 왕입니다. 목자들조차 두려움이 없이 어린 아기 예수님에게 가까이 갔음에도 불구하고 유대 땅에서 아무도 두려워 할 자가 없고 또한 극악무도한 헤롯이 어린 아기 예수님을 두려워했다는 것은 이율배반적입니다.[6]

예수님의 공생애 기간에도 동일한 예를 찾아볼 수 있습니다. 사람들에게 가까이 해서는 안 되는 문둥병 환자까지도 예수님에게 가까이 나아갈 수 있었습니다. 그러나 대제사장과 바리새인들에게서 보냄을 받아 예수님을 체포하러 갔던 하속들은 막상 예수님의 말씀 앞에 물러가서 땅에 엎드릴 수밖에 없었습니다(요 18:6). 우리는 이 패러독스의 절정을 요한계시록에서 볼 수 있습니다. 구속받은 성도들은 주 예수 그리스도의 재림을 고대하며 "아멘 주 예수여 오시옵소서" 하는 반면에 "땅의 임금들과 왕족들과 장군들과 부자들과 강한 자들과 각 종과 자주자가 굴과 산 바위틈에 숨어 산과 바위에게 이르되 우리 위에 떨어져 보좌에 앉으신 이의 낯에서와 어린양의 진노에서 우리를 가리우라" 고 간청하는 것을 볼 수 있습니다(계 22:20; 7:15~16).

:: 주객이 뒤바뀐 세례

예수님께서 죄인들과 하나 되는 연합은 예수님께서 세례 요한에게 세례 받으심에서 더 분명히 볼 수 있습니다. 마태복음에서는 세례 요한이 예수님께서 그에게 세례 받으려 왔을 때 자신에게 세례 받는 것을 말렸다고 기록합니다(마 3:14~15). 그러나 예수님께서 "이제 허락하라 우리가 이와 같이 하여 모든 의를 이루는 것이 합당하니라"고 하셨습니다. 예수님께서 세례 요한에게 세례를 받는 목적이 모든 의를 이루는 것이라는 말씀은 요한복음에서 세례 요한이 예수님께 세례 베푸는 목적과 관련하여 이해할 수 있습니다. 요한복음에서는 세례 요한이 "나도 그를 알지 못하였으나 내가 와서 물로 세례를 주는 것은 그를 이스라엘에게 나타내려 함이라"고 합니다(요 1:31).

이 말은 그가 요단강에서 세례 주는 중요한 목적이 예수님을 이스라엘에게 소개하는 것임을 알 수 있습니다. 이 사실은 세례 요한이 예수님에게 세례를 베푼 후, 마치 자신의 사명을 완수하였음으로 더 이상 그 땅에 존재할 필요가 없음으로 그 땅을 떠나는 자처럼 역사의 장에서 사라져 가는 것을 볼 때 더욱 그러합니다. 그렇다면 예수님께서 세례 받으심으로 그가 이스라엘에게 어떻게 소개되었는지를 주목해 봅시다.

첫째로, 예수님께서 세례 요한에게 죄인들이 받아야 할 회개의 세례를 받으심으로 그가 죄인들과 하나 되신 분으로 소개되었습니다. 죄 없으신 예수님께서 죄인들이 받는 세례를 받으신 것은 우선적으로 그의 겸손을 나타내기 위한 목적이 아니라 그가 죄인들과 하나 되신 분으로 소개하기 위함입니다. 예수님께서 죄인과 하나 되심에 대한 증거는 요단강에서 죄인들이 받아야 할 회개의 세례를 받음으로 시작되었습니다.[7]

둘째로, 예수님은 세상 죄를 지고 가는 하나님의 어린양으로 소개되었습니다. 이 소개는 문맥적으로 볼 때 예수님께서 세례 요한에게 세례받은 것과 깊은 연관이 있음을 알 수 있습니다(요 1:29, 32~33, 36). 예수께서 세상 죄를 지고 가는 자가 되기 위해서는 죄인과 하나 되는 것이 필요합니다. 죄인들과 하나 되실 뿐 아니라 그들의 대표자가 되어야 합니다. 한마디로 예수님께서 죄인들과 하나 되심은 요한에게 세례를 받음으로 백성들의 죄를 해결하실 대표자로 자기 백성들에게 소개되는 순간입니다. 이것은 예수님의 십자가를 통한 구속 사역을 전제하고 소개하는 말입니다.

셋째로, 예수님께서 세례를 받으신 후에 하나님의 아들로 소개되셨습니다. "성령이 형체로 비둘기 같이 그 위에 강림하시더니 하늘로서 소리가 나기를 너는 내 사랑하는 아들이라 내가 너를 기뻐하노라"(눅 3:22). 예수님께서 하나님의 아들 되심은 죄인들의 죄를 없애는 일에 절대로 필요한 것입니다. 그 이유는 죄인은 다른 죄인의 죄를 대신할 수 없기 때문입니다.[8]

넷째로, 예수님을 고난의 종으로 소개되셨습니다. 이 사실은 두 번째 음성을 살펴보면 더욱 분명해집니다. 하늘 음성의 둘째 부분은 "내가 너를 기뻐하노라"입니다. 이 부분은 내용상 이사야 42:1의 인용입니다. 이 구절은 이사야 후반부에 나오는 여호와의 고난의 종에 대한 예언의 일부입니다. 이사야 42:1~4에 따르면 여호와께서는 그의 종이 열국에 공의를 베풀도록 자신의 영을 그 고난의 종에게 부어 주시겠다고 하십니다. 여호와의 종의 사역은 순종(사 50:4~5)과 고난의 사역입니다 (사 53장).[9]

요약하면 예수님은 다윗에게 약속한 성전을 건축할 하나님의 아들이십니다. 또한 예수님은 이사야 선지자를 통하여 약속한 대로 성령으로 기름부음을 입어 죽음의 사역을 통하여 하나님의 백성을 구속하고 다윗에게 허락한 언약을 세워 하나님의 언약 백성을 모으실 자로 소개되었음을 알 수 있습니다. 한마디로 예수님께서 세례를 받으심으로 이스라엘 백성이 고대하는 마지막 시대의 장을 여시는 분으로 예수님이 소개되었습니다.

:: 성령과 불의 세례

마지막으로, 세례 요한은 예수님을 성령과 불로 세례를 베푸실 분으로 소개하였습니다. 여기에서 고려해야 할 점은 예수님께서 성령과 불로 세례를 베푸실 것이라는 세례 요한의 예언이 어떻게 이해되었느냐하는 것입니다. 구약을 통해서 보면 하나님께서 선지자에게 예언의 영을 부어 주셨습니다(삼하 23:2; 암 3:8; 7:14~16; 미 3:8; 슥 7:12). 그러나 선지자 말라기 이후 세례 요한의 출현 전까지는 예언이 없었습니다. 하나님의 영은 왕에게도 부어 주셨는데(삼상 10:1, 6; 16:13), 불행스럽게도 왕에게 주신 하나님의 영 역시 세월이 지남에 따라 왕에게서 찾아볼 수 없게 되었습니다. 그런데 이사야는 하나님께서 "이새(다윗)의 줄기에서 한 싹이 나게 하여 그 위에 여호와의 신 즉 지혜와 총명의 신이요 모략과 재능의 신이요 지식과 여호와를 경외하는 신이 그 위에 강림할 것"이라고 예언하였습니다(사 11:1~2).[10]

위의 사실들을 종합하여 말하면 언약 백성인 이스라엘에게 성령으로 세례를 베풀 수 있는 자라면 적어도 그가 메시아라고 간주할 수 있다고 말할 수밖에 없습니다. 이 사실은 그가 성령으로만이 아니라 불로써 세례를 베푸시는 분으로 소개함으로 더욱 분명해집니다. 메시아의 사역은 그의 백성을 다스리며 보호하는 일에서만 두드러지는 것이 아니라 이스라엘을 억압하고 박해하는 악한 세력을 멸하시는 일에서도 더욱 두드러지게 강조됩니다. 불은 능력이나 은혜를 상징하는 것이 아니라 심판을 상징합니다. 그렇다면 예수님께서 성령과 불로써 세례를 베푸실 것이라고 소개하는 것은 곧 그가 이방을 심판하고 이스라엘을 구원할 메시아로 이해될 수 있다고 봅니다.

:: 십자가에 죽으심을 왜 세례라고 하는가

예수님께서 죄인들과 연합되심에 대한 최종적인 증거는 십자가에서 죄인들을 대신하여 죽으심입니다. 이와 관련하여 우리의 관심이 주목되는 것은 예수님께서 자신이 십자가에 죽으실 것을 미리 말씀하시면서 그것을 세례라고 하심입니다. 누가복음 12:49~50에서 예수님께서 "내가 불을 땅에 던지러 왔노니 이 불이 이미 붙었으면 내가 무엇을 원하리요 나는 받을 세례가 있으니 그 이루기까지 나의 답답함이 어떠하겠느뇨"라고 말씀하셨습니다. 이 본문은 해석하기 쉽지 않습니다. 그러나 거의 모든 성경학자들은 예수님께서 여기에서 말씀하시는 세례는 예수님 자신이 십자가에 죽으실 것을 의미한다고 해석합니다. 다음과 같은 말씀들이 이와 같은 해석을 지지합니다. 마가복음 10:35~45에서 예수님은 야고보와 요한과 대화하시는 중에 "너희가 나의 마시는 잔을 마시며 나의 받는 세례를 받을 수 있느냐"고 물으셨습니다.

여기에서 잔과 세례는 서로 다른 것을 의미하는 것이 아니라 동일한 것을 달리 표현하고 있음이 분명합니다. 그것은 예수님께서 겟세마네 동산에서 기도하실 때 "아버지여 이 잔을 내게서 옮기시옵소서. 그러나 나의 원대로 마옵시고 아버지의 원대로 하옵소서"라고 하시는 것을 보아서도 알 수 있습니다. 그렇다면 예수님은 십자가의 죽으심을 왜 세례라고 하셨을까요? 가장 근본적인 이유는 예수님의 십자가의 죽으심이 죄인과 연합함으로 죄인들의 대표자가 되어 그들의 죄를 대신하는 죽음이기 때문입니다. 예수님께서 강도들과 함께 십자가에 죽으심도 죄인으로서 죽음이라는 것을 보여줌과 동시에 죄인들의 죄를 위한 죽음임을 극적으로 보여주는 장면인 것입니다. 예수님께서 "저희를 사하여 주옵소서"하시는 말씀과 이 말씀을 경청한 한 강도가 예수님께 "당신의 나라에 임할 때에 나를 생각하소서"라고 하자 "오늘 네가 나와 함께 낙원에 있으리라"하신 것을 보아서도 알 수 있습니다.

이 진리를 깨달은 바울은 로마서 6:1~5에서 "무릇 그리스도와 합하여 세례를 받은 우리는 그의 죽으심과 합하여 세례 받은 줄을 알지 못하느뇨"라고 말하였습니다. 바울은 우리의 세례가 예수 그리스도와의 연합을 의미하는 것으로 말하였습니다. 만일 예수 그리스도께서 우리와 연합하지 않았다면 우리가 누구이기에 감히 그리스도와 연합할 수 있겠습니까? 우리가 그리스도와 연합하기 전에 그리스도께서 먼저 우리와 연합하셔야만 합니다. 이미 지적한 대로 예수님은 십자가에서 죄인과 함께 연합하시는 최종적 세례를 받으심으로 대표적 대속적 죽음을 죽으신 것입니다. 바울은 이 진리를 로마서에서 특히 4~6장에서 길게 설명하였습니다.

바울은 "예수는 우리 범죄함을 인하여 내어줌"이 되었다고 말합니다(롬 4:25). 바울은 이 진리를 특히 로마서 5장 전체를 통하여 아담과 그리스도를 비교하면서 논증합니다.

바울은 5장 마지막에 이르러 결론적으로 한 범죄로 많은 사람이 정죄에 이른 것같이 의의 한 행동으로 말미암아 많은 사람이 의롭다 하심을 받아 생명에 이르렀느니라"고 합니다(롬 5:18). 여기에서 '한 범죄'는 아담의 범죄를 말하고 '의의 한 행동'은 예수 그리스도의 십자가의 죽으심을 의미합니다. 이 진리를 다음 절에서 "한 사람이 순종치 아니함으로 많은 사람이 죄인 된 것같이 한 사람의 순종하심으로 많은 사람이 의인이 되리라"고 선언합니다(롬 5:19).

:: 예수와 함께 십자가에 죽는 길

아담이 순종치 아니함으로 많은 사람이 죄인되었다는 말은 "아담부터 모세까지 아담의 범죄와 같은 죄를 짓지 아니한 자들 위에도 사망이 왕 노릇하였듯이"라는 말이 보여주는 것처럼 아담과 함께 또는 아담이 지은 죄와 같은 죄를 범하지 않았을지라도 아담과 동일하게 정죄아래 있음을 보여줍니다(롬 5:14). 그런데 바울은 같은 절에서 아담을 오실 자의 표상이라고 설명합니다. 바울은 동일한 원리에 근거하여 예수 그리스도의 십자가의 죽음을 믿는 우리와의 관계를 설명합니다. 한마디로 말해서 우리가 2000년 전에 예수 그리스도와 함께 십자가에서 실제로 죽지 않았으나 그리스도와 함께 십자가에서 우리가 죽은 것과 동일한 혜택을 누리게 됨을 의미합니다. 바울은 하나님께서 이렇게 하심은 온전히 은혜로 된 것이라고 강조합니다(롬 5:20~21).

바로 여기에서 우리는 2000년 전에 죽으신 예수님과 함께 어떻게 십자가에서 죽을 수 있단 말인가에 대하여 대답할 수 있는 근거가 있습니다. 그것은 위에서 설명한 진리를 믿음으로 받아들이도록 하신 것입니다. 우리가 늦게나마 십자가를 세워 놓고 우리들의 발과 손에 못을 박을 필요가 없습니다. 다만 2000년 전에 예수님께서 십자가의 죽으심은 나를 위한 나를 대신한 죽음임을 믿는 것입니다. 여기에도 문제가 없는 것은 아닙니다. 그것은 이 진리를 믿고 싶지만 이해되지 않아 믿을 수가 없다고 말하는 사람들도 있기 때문입니다. 만일 이 진리가 이해되는 사람만 믿도록 하였다면 과연 믿을 사람이 몇이나 되겠습니까? 아니 한 사람이나 있을 수 있겠습니까? 그렇다면 예수 그리스도의 십자가의 죽음을 헛된 일이 되고 말 것이 아니겠습니까? 이 문제에 대한 대답은 이해가 되어 믿는 것이 아니라 믿어지기 때문에 믿게 되고 믿게 되면 이해된다는 것입니다. 그렇다면 어떻게 믿어지게 된다는 것입니까? 이에 대한 바울의 대답은 믿어지는 것이 하나님의 은혜라고 말합니다.

예수님은 이 세상 와서 죄인과 하나 되어 십자가 죽으셨다가 부활하신 후에 "내 사명은 끝났다. 이것을 알고 모르는 건 내가 알 바 아니다" 하시고 곧 바로 하늘나라로 가신 것이 아닙니다. 예수님의 부활을 믿고 싶으나 믿어지지 않는 제자들에게 나타나 그들로 믿을 수밖에 없도록 하셨습니다(요 20장). 그러나 하늘로 올라가신 뒤에는 어떻게 믿을 수 있었단 말입니까? 이에 대한 대답은 예수님께서 도마에게 하신 말씀에서 찾을 수 있습니다. 예수님께서 도마에게 "너는 나를 본 고로 믿느냐(나를) 보지 못하고 믿는 자들은 복되도다"고 하셨습니다. 마태는 부활하신 주님을 보고도 승천 직전까지도 "예수를 뵈옵고 경배하나 오히려 의심하는 자도 있더라"고 기록하였습니다(마 28:17). 부활하신 주를 보고도 못 믿는데 보지 않고 어떻게 믿을 수 있으며 또한 보지 못하고 믿는 것이 복되다는 말은 무엇을 의미합니까?

한마디로 보지 못하고 믿을 수 있는 자가 있으며 그런 자가 복된 이유는 보지 못하였으나 믿어지는 것이 성령으로 말미암아 된 것이기 때문입니다. 예수님께서는 우리에게 성령을 보내 주셨습니다. 우리에게 오신 성령으로 말미암아 하나님의 사랑이 우리 마음에 부어집니다(롬 5:5). 그런데 우리 마음에 부어진 사랑은 "우리가 아직 죄인 되었을 때에 그리스도께서 우리를 위하여 죽으심으로 하나님께서 우리에게 대한 자기의 사랑을 확증" 하신 사랑입니다(롬 5:8). 하나님의 이 사랑은 우리로 하나님의 아들을 삼는 사랑입니다(롬 8:14). 성령은 우리 영으로 더불어 우리가 하나님의 자녀인 것을 증거하여 주심으로 하나님을 '아바 아버지' 라고 부르게 합니다.

결론적으로 바로 이러한 부르짖음은 우리가 우리를 대표하시고 우리를 대속하신 그리스도와 연합되었음을 보여주는 확신의 부르짖음입니다. 바울의 고백대로라면 "내가 확신하노니 사망이나 생명이나 천사들이나 권세 자들이나 현재 일이나 장래 일이나 능력이나 높음이나 깊음이나 다른 아무 피조물이라도 우리를 우리 주 예수 안에 있는 하나님의 사랑에서 끊을 수 없느니라" 는 부르짖음입니다(롬 8:38~39). 이 하나님의 사랑의 연합은 그 어느 것도 심어지 나 자신도 영원히 끊을 수 없는 사랑의 연합입니다. 동시에 '아바 아버지' 라는 부르짖음은 성령의 사역으로 말미암아 믿는 자가 그리스도와의 신비한 생명적 연합을 확증하는 부르짖음입니다.

:: 그리스도의 부활 생명이 역사하는 자리

우리는 이미 예수 그리스도께서 우리를 대속하기 위한 대표적이고 대속적인 연합은 탄생과 요단강에서 세례 받아 죄인과 하나 되심으로 시작되었음을 살펴보았습니다. 그리고 예수님이 죄인과 하나 되심의 절정인 십자가에서 죽으심을 세례라고 하심도 살펴보았습니다. 예수님께서 죄인과 하나 되시는 연합이 요단강에서 세례를 통하여 시작되었고 또 세례(십자가)를 통하여 완성되었습니다. 마찬가지로 죄인들이 그리스도와 연합되는 것 역시 세례를 통하여 이루어짐을 알 수 있습니다. 세례 요한은 예수님께서 이 세례를 베푸실 것이라고 예언하였습니다. 이 세례는 물로서 베푸는 세례가 아니고 성령과 불로써 베푸는 세례입니다. 우리는 성령 세례를 통하여 이 땅에 오신 예수 그리스도와 연합합니다. 예수님이 세례를 통하여 죄인들과 연합되시고 또한 죄인들이 성령세례를 통하여 예수 그리스도와 연합될 때에 죄인들이 그리스도와 연합되어 구원을 얻습니다. 이것이 대표적 구속적 연합입니다. 이 연합이 성령세례를 통하여 이루어지는 것은 예수 그리스도가 십자가에 죽으심은 우리를 대신한 대속적 죽음인 것을 죄인들이 알게 하시는 것은 성령의 사역이기 때문입니다.

:: 생명의 신비한 연합

이 연합은 대표적 대속적인 연합으로 끝나는 것이 아닙니다. 우리는 대속적인 연합에 근거하여 그리스도와의 생명의 신비한 연합으로 나아갑니다. 대속적인 연합과 생명의 신비한 연합은 서로 다른 연합이 아니라 서로 불가분리의 관계를 맺고 있는 연합입니다. 왜냐하면 신비한 연합은 우리가 그리스도와 대표적 대속적인 연합에 근거하기 때문입니다. 먼저 이 그리스도와의 생명의 신비한 연합을 한마디로 다음과 같이 설명할 수 있습니다. 우리가 그리스도의 대표적 대속적인 연합을 통하여 하나님의 자녀가 되었다면, 생명의 신비한 연합은 하나님의 자녀된 자가 자녀답게 살 수 있도록 그리스도의 부활의 능력이 그 속에서 역사하게 되는 연합을 말합니다. 그리스도와 믿는 자들의 생명의 신비한 연합은 성령께서 그리스도의 십자가 사건을 우리로 깨닫게 하심으로 가능하다는 것을 알 수 있습니다. 구태여 논리적 순서로 말한다면 생명의 신비한 연합은 대속적인 연합이 일어난 후 가능한 연합입니다. 그 이유는 생명의 신비한 연합은 그리스도의 부활과 함께 가능하기 때문입니다.

그러나 실제에 있어서는 이 두 연합은 동시적입니다. 달리 말하면 그리스도와 대속적인 연합은 성령의 역사로 말미암아 예수 그리스도의 십자가의 죽음이 죄인들을 대신한 대속적인 죽음임을 깨닫고 믿게 함으로 이루어집니다. 이 대속적인 연합은 그 자체로 끝나는 것이 아니라 동시적으로 그리스도의 생명과 연합됨으로 그 생명 안에서 새로운 피조물로서 새 삶을 살게 하는 생명의 신비한 연합이 이루어집니다. 이 두 연합은 다만 강조점이 다른 것을 알 수 있습니다. 대표적 대속적인 연합은 십자가 사건의 중심이신 그리스도의 사역이 강조된다면 생명의 신비한 연합은 그리스도의 부활 생명과 연합을 이루시는 성령의 역사가 강조됩니다.

:: 생명의 신비한 연합은 어떻게

이제 우리는 그리스도와 맺는 생명의 신비한 연합과 관련하여 성령의 사역에 대하여 살펴보겠습니다. 세례 요한이 예수님께서 성령과 불로 세례를 베푸실 것이라고 한 예언은 사도행전 2장에 기록된 오순절 날에 성취되었다는 것은 의심할 여지가 없습니다.[11]

이 말은 세례 요한의 예언이 오순절 이전에는 성취되지 않았다는 것을 의미입니다. 이러한 지적은 말할 필요도 없는 현학적인 것이라고 반박할 수 있겠습니다. 그러나 구태여 이 점을 지적하는 이유는 사도행전 2장 1~4절은 예수님의 약속대로 제자들이 성령으로 세례 받은 사건에

대한 묘사가 틀림없지만 "성령으로 세례 받았다"라는 표현은 찾아볼
수 없기 때문입니다. 이 표현 대신에 "저희가 다 성령의 충만함을 받고"
라고 기록하고 있습니다.

여기에서 주목해야 할 바는 누가가 사도행전에서 "성령으로 세례 받
았다"라는 표현을 썼을 것으로 기대할 만한 부분에서도 이러한 표현을
사용하지 않았다는 사실입니다. 이것은 누가가 의도적으로 이러한 표
현을 피한 것으로 생각됩니다. 그렇게 생각하는 것은 다음과 같은 사실
에 근거합니다. 예수님께서 승천하시기 직전에 제자들에게 "예루살렘
을 떠나지 말고 내게 들은 바 아버지의 약속하신 것을 기다리라 요한은
물로 세례를 베풀었으나 너희는 몇 날이 못 되어 성령으로 세례를 받으
리라"고 하셨습니다(행 1:4~5). 이 말씀은 세례 요한이 예수님께서 성
령과 불로 세례를 베푸실 것이라는 예언은 아직 성취되지 않았으나 머
지않아 성취될 것이라는 것을 의미합니다. 이 말씀을 하신 후 예수님께
서 곧 이어서 "오직 성령이 너희에게 임하시면 권능을 받고"라고 하셨
습니다(행 1:8).

:: **성령이 너희에게 임하시면**

물론 여기에서 "너희에게 성령이 임하시면"이라는 표현은 "성령으로
세례를 받고"라는 의미의 다른 표현이라고 이해할 수도 있습니다. 그러
나 이 부분에서 우리가 주목할 바는 "너희가 성령으로 세례를 받으면
권능을 받고"라는 표현 대신에 "너희에게 성령이 임하시면"이라는 표
현을 사용한다는 점입니다. 사도행전 1장에 기록된 예수님의 약속의 성

취가 틀림없는 오순절 성령 강림 사건을 기록한 사도행전 2:1~4에서도 제자들이 '성령으로 세례 받았다'는 표현은 나오지 않고 다만 '성령의 충만함'을 받았다고만 표현하고 있습니다.

사도행전 2:1~4은 본문 자체가 제자들이 성령 충만함을 받았다고 묘사하고 있으므로 제자들이 성령 충만함을 받은 사실은 부인할 수 없습니다. 또한 우리가 본문의 내용에 근거하여 예수님께서 1장에서 약속하신 대로 오순절 날에 제자들이 성령 세례를 받았다고 말할 수밖에 없습니다. 그 이유는 예수님께서 사도행전 1:5에서 "너희는 몇 날이 못 되어 성령으로 세례를 받으리라"고 약속하신 후 그 다음 장 1절 이전에 제자들이 성령으로 세례 받았다는 기록이나 암시가 없을 뿐 아니라, 사도행전 2:1~4 직후에도 그러한 기록은 물론 암시조차 없기 때문입니다. 그러므로 오순절 날 제자들은 성령 세례와 성령 충만을 동시적으로 받았다고 말할 수밖에 없습니다.

여기에서 주목되는 것은 사도행전 2:1~4에서 제자들이 성령 충만함을 받았다고만 묘사한 점입니다. 주목되는 이유는 예수님께서 사도행전 1장에서 성령 세례 받을 것을 약속하셨기 때문입니다. 비록 2:1~4에서 제자들이 성령 세례를 받았다고 말하지 않아도 그들이 성령 세례를 성령 충만과 동시에 받았다는 것을 부인할 수 없을 것입니다. 그러나 만일 사도행전 2:4에서 제자들이 성령 세례만을 받았다고 기록하였다면, 본문에 나타난 현상들을 성령 충만이 아닌 성령 세례와 연관하여 해석할 가능성이 크다고 말할 수밖에 없습니다. 따라서 이러한 오해의 소지를 없애기 위하여 성령 세례와 성령 충만을 동시적으로 받았음에도 불구하고 성령 충만 만을 언급하였다고 생각됩니다. 이와 같은 견해는 두 가지 면에서 사도행전의 지지를 받습니다.

:: 성령 충만

첫째로, 사도행전 4장에서 보여 주는 대로 능력적인 체험을 성령 충만 이라고 표현한 점입니다. 사도행전 저자는 베드로가 성령이 충만하여 백성의 관원들과 장로들에게 담대히 그들이 십자가에 죽인 예수가 다시 살아나신 사실과 그의 이름을 통해서만 구원받는다는 사실을 전하였다고 말합니다(행 4:8~12). 그뿐 아니라 누가는 사도행전 4:31에서 예루살렘 성도들이 베드로와 요한의 말을 듣고 하나님께 소리 높여 기도하고 "빌기를 다하매 모인 곳이 진동하더니 무리가 다 성령이 충만하여 담대히 하나님의 말씀을 전하니라"고 기록하고 있습니다. 이러한 묘사들은 분명히 사도행전 2장에서 성령 세례를 받은 제자들이 4장에서 다시 성령 세례를 받았다고 하기보다는 어떤 특별한 상황에서 성령께서 제자들로 하여금 그들의 사역을 감당하도록 특별히 강하게 붙들어 주는 성령 충만함을 주셨다고 해석할 수밖에 없습니다. 여기에서 우리는 능력적인 체험들을 성령 충만으로 묘사한 점을 주시하여야 할 것입니다.

둘째로, 이미 언급한 대로 성령 세례라는 용어를 사용하여 묘사할 만한 사건임에도 불구하고 성령 세례라는 용어를 사용하지 않은 점입니다. 예를 든다면 사도행전 8장에서도 누가는 사마리아인들이 빌립의 사역을 통하여 주 예수의 이름으로 세례만 받았다고 지적하면서도 베드로와 요한은 사마리아인들이 성령 세례를 받기를 위하여 기도하지 않았고 또한 그들에게 안수하였을 때 그들이 성령 세례를 받았다고 하지 않고 성령을 받았다고만 기록하였습니다(8:14~17). 9장에서도 역시 아나니아는 사울에게 성령 세례를 받게 하신다고 한 것이 아니라 "네가 오던 길에서 나타나시던 예수께서 나를 보내어 너로 다시 보게 하시고 성령으로 충만하게 하신다"라고 기록합니다(9:17). 위의 두 경우 사마리아인들이나 사울이 성령의 능력적인 체험을 한 것은 틀림없는 사실입니다. 그럼에도 불구하고 그들은 성령 세례를 받았다고 묘사하지 않고 있습니다. 고넬료의 경우와 에베소 제자들의 경우도 그렇습니다(행 10:44~48; 19:1~7).

:: 성령 세례

여기에서 제기되는 질문은 "성령으로 세례 받았다"라는 표현을 기대할 만한 부분에서 이러한 표현을 사용하지 않은 누가의 의도에 관한 것입니다. 이에 대한 해답은 사도행전이 아닌 신약 다른 곳에서 찾아야 할 것입니다. 특별히 로마서 6:3~4과 고린도전서 12:11~12입니다. 이두 성경 본문에서 강조하는 바는 성령 세례가 믿는 자가 중생한 이후 어느 시점에 능력을 받는 체험과 연관된 것이 아니라 그리스도와의 대속적 연합과 생명의 연합을 함께 말하고 있다는 점입니다. 믿는 자의 능력 있는 삶은 그리스도와의 연합의 자연스런 귀결임이 분명합니다. 그러나 성령 세례와 능력 받는 것을 동일시할 수는 없습니다. 믿는 자들의 능력 있는 삶은 성령 세례를 시발점으로 하여 성령의 내주하심과 성령 충만과 연관이 있습니다.

바울은 로마서 6:3~4에서 세례를 능력과 연관하여 말하지 않고 죄 사함과 관련하여 말하고 있습니다. 바울은 5:20에서 "죄가 더한 곳에 은혜가 더욱 넘쳤나니"라고 말한 다음 6장 초두에서 "그러면 은혜를 더하려고 죄에 거하겠느뇨"라는 가상적인 물음을 던진 후 "그럴 수 없느니라"고 단언합니다. 그 이유를 다음과 같이 설명합니다. "죄에 대하여 죽은 우리(믿는 자)는 그 죄 가운데 더 이상 살지 않는다"고 단언합니다. 여기 죄에 대하여 죽었다는 표현에서 "죽었다"는 동사는 부정과거시상으로 역사적으로 과거에 단번에 되어진 것을 말합니다. 이 말은 3절과 관련시켜 볼 때 믿는 자가 과거에 죽은 것은 그리스도께서 십자가에 죽은 역사적인 사건을 말합니다. 예수 그리스도의 죽음은 죄에 대하여 단번에 죽으심입니다. 달리 말하면 단번에 죄의 세력을 없이 하는 죽으심입니다. 따라서 죄에 대하여 죽었다는 말은 죄의 세력이 더 이상 믿는 자를 지배할 수 없음을 말합니다. 이 해석은 1절의 믿는 자는 죄의 지배아래 머물 수 없다는 내용과도 일치됩니다.

바울은 3절에서 우리가 언제 어떻게 죄에 대하여 죽게 되었는지를 말합니다. 그것은 그리스도와 합하여 세례를 받을 때 그렇게 되었다고 말합니다. 바울이 "알지 못하느뇨"라고 한 것은 그 내용을 당시 로마 성도들도 어느 정도 알고 있다는 기독교 교리임을 암시합니다. 그뿐 아니라 이 가르침은 로마 성도들이 반드시 알아야 할 교리임을 말합니다. 우리가 그리스도와 합하여 세례를 받았다는 뜻을 생각하기 이전에 예수님께서 세례 받으신 의의를 살피는 것이 필요합니다. 우리는 예수님께서 세례 요한에게 세례 받으신 것을 알고 있습니다. 세례 요한의 세례는 물세례이며, 회개의 세례이고, 주님께서 베푸실 성령 세례를 준비하는 준비의 세례로서 죄인들이 받아야 하는 세례임을 알고 있습니다. 그렇다면 죄가 없으실 뿐 아니라 성령으로 세례 베푸실 예수님께서 세례 요한에게 세례 받으셔야 할 이유는 무엇인가라는 질문이 제기됩니다.

예수님께서 세례 요한에게 세례 받으시려고 세례 요한에게 나오실 때 그것을 감당할 수 없어 거절하는 세례 요한에게 예수님은 (하나님의) 모든 의를 이루기 위하여 세례를 베풀라고 하셨습니다(마 3:13~17). 또한 요한복음에서는 세례 요한이 세례 주는 목적은 예수님께서 성령으로 세례 주는 분이심을 증거(소개)하는 것이라고 하였습니다(요 1:29~34). 세례 요한은 예수님을 세상 죄를 지고 가는 하나님의 어린 양이라고 소개하였으며 예수님께서 세례 받으실 때 하나님의 기뻐하는 자요 아들이시라고 증거 합니다. 이상의 내용을 종합하면 예수님께서 세례를 받으심으로 하나님의 아들이 죄인들과 함께 되심을 나타내 보인다는 것입니다.

이와 관련하여 예수님께서 자신의 십자가의 죽음을 세례라고 표현하심도 주목할 필요가 있습니다(막 10:35; 눅 12:29~50). 예수님께서 죄인들과 하나 되심의 최상의 증거는 그가 십자가에서 죄인들과 함께 죽으심이라 하겠습니다. 그렇다면 그가 자신의 십자가의 죽으심을 세례라고 표현하심은 그가 십자가에서 죽으심으로 죄인들과 연합된 죄인들의 대표적이요 대신적인 죽음이라고 말할 수밖에 없습니다. 그렇지 않다면 천지 만물을 창조하신 죄 없는 하나님의 아들이 죄인들의 손에 죽었다는 사실은 영원한 모순으로 남을 수밖에 없습니다.

사도 바울은 그리스도의 죽으심 안으로 세례를 받은 자는 "그와 함께 장사되었습니다"고 지적합니다. 이 "함께 장사되었다" 표현은 '함께'라는 전치사와 '장사하다' 라는 동사가 하나로 합해서 만든 복합동사(전치사+동사)입니다. 바울은 그의 서신에서 "함께"라는 전치사를 20회 이상 동사나 명사와 합하여 사용하고 있습니다. 이런 경우 믿는 자들이 특권이나 경험이나 임무를 공동으로 함께 갖고 있음을 나타냅니다. 따라서 그와 함께 장사되었다는 것은 그와 합하여 죽었다는 사실이 분명함을 보여줍니다. 왜냐하면 어떤 자를 장사하는 것은 그가 분명히 죽었기에 그렇게 하는 것입니다. 바울은 믿는 자가 그리스도와 합하여 죽고 장사된 것은 죄 문제만 해결하기 위한 것이 아니라 그리스도께서 하나님 아버지의 영광으로 말미암아 부활하신 것처럼 새 생명 가운데서 행하게 하시려는 목적이라고 합니다(롬 6:4).

:: 생명의 연합은 새 생명을 주심으로

로마서 6:4의 "새 생명 가운데 행하게 하려 하심이라"라는 표현에서 "행하게 하다"라는 동사는 "걸어가다"[12] 라는 뜻입니다. 이것은 믿는 자가 살아가는 여정을 말하는 것으로 70인역(LXX)에서 히브리어를 그렇게 번역한 곳을 볼 수 있습니다(왕하 20:3; 잠 8:20; 전 11:9). 구약에서 이 동사는 종종 하나님의 율법과 법도와 명령 안에서 준행하는(걷는) 것을 말합니다(예, 출 16:4; 레 18:3~4; 신 28:9; 수 22:5; 렘 44:23; 겔 5:6~7; 단 9:10; 미 4:2). 따라서 믿는 자는 그리스도 안에서 과거의 삶을 청산한 자일 뿐 아니라 새로운 삶을 시작한 자들입니다. 이 새로운 삶은 그리스도의 부활의 생명에서 나옵니다. 그러므로 이 새로운 삶을 사는 자는 주님의 부활에 동참하는 것입니다. 이 삶은 우리에게 오셔서 내주하시는 성령님으로 말미암음으로 가능합니다(요 16:7).

바울은 로마서 6:5에서 주님의 죽으심을 본받아 연합한 자는 장래에 그의 부활을 본받아 연합한 자가 될 것이라고 말합니다. 여기서 "본받음"이라는 명사는 추상적인 의미로 닮는 것이 아니라 구체적으로 닮는 것을 말합니다. 특히 로마서 8:3이나 빌립보서 2:7에서 보는 바와 같이 신약에서 이 단어는 초월적인 실체를 지각할 수 있는 구체적인 의미를 나타낼 때 사용되었습니다. 물론 여기서 말하는 본받음이란 주체되시는 주님과 본받는 자인 믿는 자 사이의 근본적인 구분이 영원히 존재하는 그런 본받음임을 전제합니다. "주님의 죽으심을 본받아 연합한 자가 되었으면"에서 "되었으면"이라는 말은 현재완료 동사로서 본받는 일이 과거에 일어났으나 그것이 과거의 한 행동으로 끝난 것이 아니라 그 결과가 계속해서 현재까지 미치는 것을 의도적으로 강조하는 말입니다.

여기서 "연합"이라는 말에 대해서는 두 가지 해석이 있습니다. 첫째는 이 단어의 어원을 '연합하다'라는 말에서 유래된 것으로 보는 견해입니다. 이 단어의 원래 뜻은 자라서 하나 되다 혹은 상처(뼈)가 아물어 하나 된다는 것을 의미합니다. 둘째는 이 단어가 '접목하다'에서 유래된 것으로 보고 접붙임을 받아 자라나서 하나가 된다는 견해입니다. 어떤 해석을 취하든지 여기에서 말하는 연합은 피상적인 것이 아닌 생명(능력)과 사망을 같이 하는 신비적 연합입니다. 따라서 부활을 본받아 연합한 자가 될 것이라는 말은 다만 믿는 자가 다시 사는 것만 말하는 것이 아니라 그리스도께서 부활하심으로 신령한 몸이 되신 것처럼 믿는 자들도 그리스도의 형상을 본받아 신령한 몸이 될 것을 말하고 있습니다(고전 15:43~44).

예수님께서 십자가에서 죄인들과 하나 되셨다면 죄인들은 언제 어떻게 예수님과 연합되었다고 바울은 말합니까? 바울은 고린도전서 12:12~13에서 성령으로 세례를 받으므로 그리스도와 하나 되었다고 말합니다. "우리가 유대인이나 헬라인이나 종이나 자유자나 다 성령으로 세례를 받아 한 몸이 되었고 또 한 성령을 마시게 하셨느니라." 바울은 성령을 통하여 고린도 교인 모두(강조된 표현인 '우리가 다') 세례를 받았고 그 결과로 그리스도와 한 몸이 되었다고 단언합니다. 우리가 기억할 것은 우리가 그리스도와 연합되기 전에 예수 그리스도가 먼저 우리와 연합하셨음으로 우리가 그와 연합될 수 있다는 사실입니다. 그러므로 그리스도와 연합된 자는 그의 죽으심과 합하여(안으로) 세례 받은 자로 그가 십자가의 세례를 통하여 죄에 대하여 단번에 죽으심같이 죄에 대하여 죽은 자가 되었습니다.

우리는 지금까지 그리스도와의 연합을 놓고 대표적 대속적인 측면과 생명의 신비한 측면을 논의하였습니다. 교회사를 통하여 볼 때 서방교회와 동방교회가 이 둘 사이에서 균형을 잃고 서로 강조점을 달리한 채 오랫동안 지내 왔습니다. 터툴리안(Tertullian)이나 안셈(Anselm) 같은 자로 대표 되는 서방교회는 대속적인 연합을 강조하고 법적인 측면에 초점을 맞춤으로 그리스도의 속죄 사역을 통한 죄 사함을 얻는 칭의를 중시하게 되었습니다. 반면에 이레니우스(Irenaeus)나 아타나시우스(Athanasius)로 대표 되는 동방교회는 생명의 신비한 연합에 초점을 맞춤으로 그리스도 안에서 누리는 영원한 생명을 중시하게 되었습니다. [13] 안토니 후크마(Anthony Hoekema)는 서방교회와 동방교회가 취한 서로 다른 강조점을 지적하고서 그리스도와의 연합에서 두 가지 측면이 서로 잘 조화를 이루어야 한다고 역설합니다.

우리는 항상 그리스도 사역의 이 두 가지 측면들을 간직해야만 합니다. 법적인 측면과 역동적 측면, 우리를 위한 그리스도와 우리 안에 계신 그리스도입니다. 서방교회 전통에 서 있는 우리로서는 아마도 우리 구세주의 사역의 법적 측면을 지나치게 강조하고 활력적이며 삶을 공유하려는 측면에 대해선 적은 관심을 두었다고 말할 수 있습니다. 그리스도와의 연합교리는 우리로 하여금 이 두 가지 양상을 균형 갖도록 도움을 줄 수 있습니다. 마치 어떤 사람이 지나간 외상을 갚아 주기라도

하듯이 그리스도께서 우리의 구원을 위하여 값을 지불하려고만 이 땅에 오신 것은 아닙니다. 우리를 그와 살아 있는 연합 속으로 이끌어 항상 함께 하시기 위함도 있습니다. 그리스도와의 연합을 통하여 우리는 각종 영적 축복들을 갖는다. 그리스도께서는 갈보리 십자가에서 오래 전에 우리를 위하여 죽으셨을 뿐만 아니라 지금부터 영원히 우리의 마음속에 살아 계신다.[14)]

일곱

하늘에 속한 복을
그리스도 안에서 누리게 되는 근거

3절 찬송하리로다 하나님 곧 우리 주 예수 그리스도의 아버지께서 그리스도 안에
서 하늘에 속한 모든 신령한 복으로 우리에게 복 주시되

:: 이 세상과 저 세상을 동시에 사는 자

바울은 그리스도 안에서 누리는 복은 하늘에 속한 복이라고 말합니
다. 바울이 고린도전서 15:40과 48~49에서 하늘에 속한 것과 분명히 이
세상에 속한 것을 서로 대립시켜 강조하고 있습니다. 바울은 타락하기
이전의 아담과 부활하신 그리스도를 대조함에 있어 아담은 모형(type)
으로, 그리스도는 그 모형의 표상이 되는 대형(antitype)으로 보았습니
다. 이 모형론적 설명에서 바울이 강조하는 것은 땅에 속한 것과 하늘
에 속한 것의 대비입니다. 믿는 자들과 관련하여 주목할 바는 바울의
강조점이 모형과 대형 중 어느 한 쪽에 속했는지와 어떤 시대(세상)에
살고 있는지에 있음을 알 수 있습니다. 그런데 믿는 자가 둘 중에 하나
를 선택하는 것이 아니라 동시에 이 두 세상을 사는 것입니다. 그러나
종국적으로는 한 쪽에서 다른 쪽으로 넘어가게 되는 것을 알 수 있습니

다. 이러한 이해는 바울의 종말론적 관점을 살펴보면 더욱 분명해집니다. 바울은 믿는 자가 이 두 시대를 동시에 살고 있다고 말합니다. 믿는 자는 이 세상(시대)에 살면서 동시에 오는 세상(시대)을 살고 있습니다. 또한 이 세상(시대)에는 이 세상에 속한 것과 저 세상, 즉 하늘에 속한 것이 공존하는 것을 알 수 있습니다. 오는 세상(시대)은 근본적으로 현재적이 아니고 미래적입니다. 또한 오는 세상(시대)은 이 세상에 속한 것이 아니고 저 세상에 속한 것입니다. 다시 말하면 이 세상에 속한 것이 아니라 하늘에 속한 것입니다. 그럼에도 불구하고 바울은 이 두 세상(시대)이 함께 어우러져 있다고 말합니다. 이 두 세상이 함께 공존하게 된 것은 예수 그리스도의 십자가의 죽으심과 부활과 성령 강림으로부터 시작되었습니다.

이것은 구약 성도들이 오래 전부터 바라던 약속이 성취된 것을 보여 줍니다. 물론 이 약속의 최종적인 성취는 미래에 있습니다. 그러나 바울에게 있어 지금 우리가 누리는 성취된 축복과 최종적으로 미래에 누릴 축복의 관계는 불연속보다 연속성이 있습니다. 최종적인 축복이 성취되는 그 때가 오면 공존하는 이 악한 세대와 이 세대를 지배하는 악한 영이 박멸된다는 점에서 지금 누리는 축복과 미래에 누릴 축복의 다른 점을 구분할 수 있습니다. 또한 지금 누리는 축복은 첫 열매로서 누리는 것이라면 그 때에 누리는 축복은 그 풍성함이 더 할 것입니다. 우리가 하나님께 감사하고 찬양할 바는 구약의 성도들이 그렇게 고대했던 그 축복을 오늘 우리가 누리고 있다는 점입니다. 또한 우리가 그리스도 안에서 미래에 누릴 놀라운 축복을 이 악한 세대에서 미리 앞당겨 누릴 수 있는 특권을 주신 것에 대하여 감사할 수밖에 없습니다.

이 세상에 속한 것은 하늘에 속한 것을 대신할 수 없습니다. 이 세상에 속한 것은 영원한 것이 아닙니다. 그것들은 다만 잠시 있다가 없어지는 것입니다. 언젠가는 썩어질 것입니다. 이와 반대로 하늘에 속한 것은 영원한 것이며 썩지 아니할 것입니다. 그렇다고 해서 이 세상에 속한 것이 필요 없다는 말은 아닙니다. 저는 종종 세상에서 말하는 복은 성경에서 말하는 복이 아니라고 말하는 자들을 봅니다. 그러나 세상에서 주로 말하는 복들 역시 복임에 틀림없습니다. 예수님은 "하나님께서 그 해를 악인과 선인에게 비춰게 하시며 비를 의로운 자와 불의한자에게 내리우심이니라"고 하셨습니다(마 5:45).

그러므로 세상에서 말하는 복들이 복이 아니라는 것이 아니라 그것만 복의 전부라고 생각하는 데 문제가 있습니다. 또한 그러한 복의 요소들이 하나님으로부터 주신 것을 알지 못하는 데 문제가 있습니다. 하나님께서 그 복을 주신 것으로 알고 감사하고 또한 그 복을 주심은 하나님을 섬기는 일에 그것들이 사용되도록 주신 것으로 알아야 합니다. 그 복을 하나님을 섬기는 일에 사용한다면 문제가 될 것이 없습니다. 우리는 하나님이 주시는 일반은총을 부정적인 시각에서 바라볼 것이 아니라 감사함으로 그 복을 받아 누려야 할 것입니다. 만일 믿는 자 중에 일반은총에 속한 복을 성경적이 아니라고 생각하여 받지 않겠다고 거절한다면 오히려 그러한 생각이 이원론적인 것으로 잘못된 것이 아닐까 합니다.

하나님께서는 때로 믿는 자가 세상에서 누리는 복의 일부를 거두어 가시는 때도 있습니다. 그렇게 하심은 그것이 복이 아니어서가 아닙니다. 그 복이 전부인줄로 알고 그것에만 집착하기 때문인 경우가 많습니다. 또한 하나님께서 일반은총으로 주신 복보다 더 소중한 복이 있음을 알게 하기 위함입니다. 믿는 자들 중에도 마치 어리석은 부자처럼 세상에서 누리는 복으로 인하여 그보다 더 소중한 복을 소원하지 않을 경우에는 그것을 거두어 가시기도 합니다. 그런 자에게는 그것이 하나님의 사랑하심입니다. 또한 하나님께서 믿는 자를 연단시키거나 복음 전파의 특별한 도구로 사용하시기 위하여 땅의 것보다 하늘의 것이 비교할 수도 없이 더 소중하다는 것을 알리시기 위하여 일반은총으로 주신 복의 일부나 그 전부라도 거두어 가시는 경우가 있습니다.

:: 무엇이 신령한 복인가

단번에 주신 이 모든 복은 '신령한' 복입니다. '신령한' 이라는 단어가 보여주는 대로 이 복은 성령 하나님과 연관되어 있습니다. 성령은 성부 하나님께서 창세전에 계획하시고 구약을 통하여 여러 시대와 여러 방법으로 약속하신 것을 성자 하나님이신 예수님께서 십자가에서 성취하신 복을 믿는 자에게 적용하시는 사역을 감당하십니다. 믿는 자가 받은 복을 한마디로 말하면 하나님의 아들이 되는 복입니다.

우리가 하나님의 아들 되는 복을 누리는 것과 성령과의 관계는 더 자세한 설명이 필요합니다. 먼저 한마디로 말하면 성령은 하나님의 사랑을 우리 마음속에 부어 주십니다(롬 5:5). 성령이 우리 마음속에 부어 주시는 사랑은 우리가 아직 죄인 되었을 때에 그리스도께서 우리를 위하여 죽으심으로 하나님께서 우리를 사랑하신다는 사실을 확증한 사랑입니다(롬 5:8). 바울은 그리스도의 죽으심은 하나님의 아들의 죽으심이라고 설명합니다(롬 5:10).

:: 하나님의 아들이 되는 복

성령은 하나님의 아들 되신 그리스도께서 우리 죄를 위하여 죽으심으로 우리가 하나님의 아들 됨을 깨닫게 하여 주십니다. 이 사실을 깨닫게 하신 성령은 우리로 하여금 하나님을 두려움 없이 감격하여 '아바 아버지'라고 부르게 하십니다. 또한 성령은 우리가 하나님의 아들로서 살 수 있는 능력을 공급하여 주십니다. 성령이 어떻게 우리 마음속에 하나님의 사랑을 부어 주십니까? 바울은 먼저 이 세상의 지혜로는 하나님을 알 수 없다고 합니다(고전 1:21; 2:6~7). 왜냐하면 사람의 지혜로는 하나님의 사정을 알 수 없고 다만 하나님의 영, 성령만이 하나님의 깊은 사정을 통달하시기 때문이십니다(고전 2:10~11).

바로 이 성령은 우리로 하여금 하나님께서 우리에게 은혜로 주신 것들을 알게 하십니다(고전 2:12). 하나님께서 은혜로 주신 것은 그의 사랑입니다. 그렇다면 하나님께서 은혜로 주신 그 사랑의 내용은 무엇입니까? 하나님의 사랑은 우리가 아직 죄인 되었을 때 자기 아들 예수 그리스도를 우리를 위하여 십자가에 우리 대신 죽게 하신 사랑입니다(롬 5:8). 성령은 이러한 하나님의 사랑을 우리로 깨닫게 해 주십니다. 이러한 하나님의 사랑을 우리가 깨닫는 일에서 성령의 일은 무엇입니까?

:: 성령이 하신 일은

첫째로, 성령은 구약시대에는 하나님의 영으로 사역하셨습니다. 하나님의 하시는 일은 곧 하나님의 영이 하신 일이라고 말할 수 있습니다. 구약은 예수 그리스도께서 오실 것을 약속하시고 또한 예수 그리스도께서 오셔서 이루실 것을 준비하는 시대입니다. 그러므로 성령은 구약시대를 통하여 하나님의 영으로 앞으로 예수 그리스도께서 오셔서 하실 사역을 준비하는 일을 하셨습니다. 구약시대의 일들은 예수님의 사역을 보여주는 예표적인 일, 달리 말하면 모형적인 일들이라고 말할 수 있습니다. 왕과 제사장과 선지자를 세우는 일이 그러했고 특히 성막과 성전을 세우는 일이 그러했습니다.

둘째로, 성령은 예수님의 지상 사역에서 예수님을 도우셨습니다. 복음서에서 예수님은 성령에게 이끌려 광야로 가셨습니다(마 4:1; 눅 4:1). 또한 성령의 권능으로 갈릴리로 가시고(눅 4:14), 하나님의 성령을 힘입어 귀신을 쫓아내셨습니다(마 12:28). 이처럼 성령은 하나님께서 준비하신 바를 이루시는 예수님을 도우신 것입니다. 이와 관련하여 살펴볼 바는 예수님께서 "내가 너희에게 이르노니 사람의 모든 죄와 훼방은 사하심을 얻되 성령을 훼방하는 것은 사하심을 얻지 못하고 또 누구든지 말로 인자를 거역하면 사하심을 얻되 누구든지 말로 성령을 거역하면 이 세상과 오는 세상에도 사하심을 얻지 못하리라"고 하신 말씀입니다(마 12:31~32; 참조, 막 3:28~29). 그 이유는 성령이 예수님을 도우시는 사실은 예수님 개인의 사사로운 일이 아니라 하나님의 구원 역사를 이루시는 일이기 때문입니다.

이 구원 역사는 하나님께서 창세전에 작정하시고 그 작정하신 것을 구약을 통하여 약속하시고 또한 그 약속하신 것을 이루시기 위하여 준비하셨습니다. 하나님께서 약속하신 바를 이루실 때가 이르매 예수님께서 이 땅에 오셔서 그 일을 성취하시어 구원 역사를 완성하셨습니다. 특별히 이 구원 역사가 최종적으로 완성되는 시점에 예수님의 사역을 도우시는 성령을 훼방하는 것은 하나님의 구원 역사를 훼방하는 마귀의 죄와 동일한 죄를 범하는 것이 되므로 사하심을 받지 못한다고 말씀하심을 알 수 있습니다.

셋째로, 성령은 오순절 이후에는 그리스도의 영으로 오셔서 그리스도께서 십자가에서 다 이루신 일을 믿는 자들로 깨닫게 역사하십니다. 바로 이 점에서 예수님께서 이미 위에서 언급한 대로 왜 "성령을 훼방하는 것은 사하심을 얻지 못하리라"고 말씀하셨는지를 이해할 수 있습니다. 예수님의 사역을 깨닫지 못하고 예수님을 훼방하였다할지라도 성령의 깨닫게 하시는 사역을 통하여 죄를 깨닫고 회개하면 사함을 받을 수 있습니다. 그러나 성령을 거역하고 훼방하는 것은 하나님의 최종적인 은혜를 거절하는 것이므로 더는 회개할 수 있는 기회를 상실하는 것입니다.

우리가 복음서를 보면 예수님의 제자들이 예수님의 말씀을 이해하지 못한 사실을 볼 수 있습니다. 특별히 예수님께서 십자가의 죽으심에 대하여 하시는 말씀을 제자들이 이해하지 못했습니다. 그러나 그들은 부활하신 예수님의 말씀과 성령의 깨닫게 하심을 통하여 예수님의 십자가의 죽으심에 대한 구속사적 의미를 깨닫게 되어 예수 그리스도의 제자로서의 사역을 끝까지 감당하였습니다. 이와 관련하여 요한복음의 말씀이 우리의 시선을 끕니다. 예수님께서 "죽은 자 가운데서 살아나신 후에야 제자들이 이 말씀하신 것을 기억하고 성경과 및 예수의 하신 말씀을 믿었더라"고 합니다(요 2:22).

예수님의 십자가 사건을 인간으로서는 이해할 수 없습니다. 이 일이 일어나기 전에는 어느 누구도 인간의 사고로는 이해할 수 없는 신비한 일입니다. 그러기에 예수님께서 제자들에게 미리 여러 차례 말씀하셨음에도 불구하고 그들은 예수님의 말씀을 이해할 수 없었습니다. 십자가에 대한 이해는 십자가 사건이 일어난 이후에나 가능합니다. 십자가 사건이 일어난 후에도 하나님께서 깨닫게 하시는 사역을 하지 않을 경우 인간 스스로는 깨달을 수 없습니다. 그러기에 삼위일체 하나님의 작정 가운데 우리가 십자가를 통하여 하나님의 사랑을 깨닫게 하는 일을 성령께서 하시도록 하셨습니다. 물론 우리는 예수님께서 부활하신 후에 예수님 자신이 직접 십자가 사건을 해석하신 경우를 볼 수 있습니다. 그러나 이러한 특별한 예외적인 경우를 제외하고 십자가 사건에 대한 해석을 성령님이 하시도록 섭리 하셨습니다. 우리는 예수님께서 도마에게 "너는 나를 본 고로 믿느냐 보지 못하고 믿는 자들은 복되도다"고 하셨습니다. 어떻게 보지 못하고 믿을 수 있으며 또한 그것이 복될 수가 있겠습니까? 예수님을 보지 못하고 믿는 것이 가능한 것은 오직 성령의 역사임이 틀림없습니다. 이것은 때에 따라 변하거나 의심할 수 있는 외적인 역사가 아니라 성령의 내적인 역사로 말미암아 된 것입니다. 그러므로 외적으로 보고 믿는 것보다 보지 못하고 믿는 것이 더 복되다는 말씀입니다. 이렇게 외적 역사로 말미암아 깨닫게 된 진리는 외적 조건이 달라지면 변할 수 있습니다. 그러나 성령의 내적 역사로 말미암아 생긴 믿음은 외적 조건이 달라져도 변하지 않습니다. 그러기에 성령의 역사로 성경의 말씀을 깨닫게 되어 예수님께서 하나님의 아들이심을 믿게 되는 것은 복입니다.

:: 엠마오로 가는 두 제자

성령께서 어떻게 예수님의 죽음과 부활을 믿는 자들로 깨닫게 하십니까? 이에 대한 대답은 예수님께서 제자들에게 "곧 아버지께서 내 이름으로 보내실 성령 그가 너희에게 모든 것을 가르치고 내가 너희에게 말한 모든 것을 생각나게 하시리라"고 하신 말씀에서 찾을 수 있습니다 (요 14:26). 성령께서 말씀을 통하여 우리가 어떻게 예수님의 십자가의 죽음과 부활을 깨닫게 하실지를 예수님 자신이 미리 좋은 예를 보여주셨습니다. 그 대표적인 예는 엠마오 도상에서 두 제자에게 행하신 일입니다. 두 제자들은 길가다가 만난 분이 성경을 풀어 주실 때에 자신들의 속에서 마음이 뜨거워졌다고 고백합니다. 자신들의 속에서 마음이 뜨거워진 것은 성경을 풀어주신 그 분을 부활하신 예수님으로 알았기 때문이 아닙니다. 그들의 마음이 뜨거워진 것은 그들이 자신들에게 성경을 풀어주신 그 분이 부활하신 예수님이라고 깨닫기 이전의 일입니다.

그들이 그들에게 성경을 풀어주신 분이 부활하신 예수님이신 것을 알게 된 것은 성경 말씀을 해석하는 일을 마치고 음식을 잡수시기 위하여 축사하실 때입니다. 그들은 어떻게 성경을 풀어주시는 분이 예수님인지도 모름에도 불구하고 마음이 뜨거워졌겠습니까? 그들이 그렇게 될 수 있었던 것은 그 엠마오 사건이 십자가 사건 이후에 일어났기 때문입니다. 또한 그들이 그들과 함께 동행한 자가 성경 해석(예수님의 십자가에 죽으심과 부활에 대한 구약의 예언)을 통하여 예수님의 십자가의 죽음과 부활은 어떤 다른 사람을 위한 사건이 아니라 자신들을 위한 예수님의 사랑 이야기로 깨닫고 그들의 마음은 뜨거워 질 수밖에 없었을 것입니다. 여기서 "마음이 뜨겁다"는 표현은 헬라어 원문 그대로 직역하면 "마음이 타다"라고 번역할 수 있습니다. 그러기에 그들은 이런 확신을 가지고 예루살렘으로 다시 돌아와서 예수님의 부활을 증거하였습니다. 이것이 바로 성령의 깨닫게 하시는 역사입니다.

이와 같이 성경이 말하는 십자가의 사랑 이야기가 다른 사람의 사랑 이야기가 아니라 나의 사랑 이야기인 것을 성령께서 우리로 깨닫게 해주십니다. 이 이야기는 이천년 전 어떤 사람의 사랑 이야기가 아니라 오늘 나의 사랑 이야기임을 알게 해줍니다.[1] 성령의 깨닫게 하시는 사역을 통하여 이 사랑을 깨달은 자는 그 하나님을 '아바 아버지'라고 부르게 될 수밖에 없습니다. 성부 하나님의 계획하심(근원적 기원)이 없으면, 성자 하나님의 약속에 대한 성취뿐 아니라 성부께서 계획하시고 성자께서 이루신 사랑에 대한 성령의 깨닫게 하심이 없으면 이 복은 아무도 누릴 수 없다는 것을 보여줍니다. 바울은 이 성령의 사역을 에베소서 1:13~14에서 더 설명합니다.

:: 과거에 단번에 주어진 복

바울은 그리스도 안에서 하늘에 속한 모든 신령한 복이 단번에 그것도 과거에 주어졌다고 강조합니다. 바울이 모든 복을 이미 받았다고 말함은 믿는 자가 앞으로 모든 축복을 받을 신분을 이미 과거에 얻게 되었음을 말하는 것입니다. 그것은 현실이 어떠하든지 간에 믿는 자가 하나님의 아들이 되었기 때문에 하나님의 아들이 받아 누릴 수 있는 모든 신령한 복을 받았다고 할 수 있습니다. 지금까지 설명한 대로 여기에서 말하는 복은 한마디로 우리가 하나님의 아들이 되었기 때문에 받은 복을 말합니다. 바울은 우리가 그리스도 안에서 이미 하나님의 아들이 된 까닭에 그렇게 말합니다. 이는 마치 거지 옷을 입었으나 신분이 왕자이면 그는 신분이 왕자이기 때문에 왕자가 누릴 수 있는 모든 특권을 이미 가진 것과 같다고 말할 수 있습니다.

물론 이렇게 설명하는 것은 구약의 선지자들이 미래에 일어날 일이 너무나 확실하기 때문에 미래에 일어날 일을 마치 과거에 일어난 일처럼 표현하는 사전 예기법(prolepsis)과는 다릅니다. 이 말은 현재는 거지나 앞으로 거지의 신분에서 왕자의 신분으로 바뀔 것이 확실하기 때문에 왕자가 누릴 수 있는 모든 특권을 받았다고 미리 말하는 것이 아닙니다. 이 말의 진정한 의미는 비록 거지 옷을 입고 있으나 현재의 신분이 왕자이기 때문에 거지 옷을 벗고 왕자의 옷을 입은 후 왕자가 누릴 수 있는 모든 특권을 거지 옷을 입은 처지에서도 이미 받았다고 말하는 것입니다. 이 하늘에 속한 신령한 복이 그리스도 안에서 우리에게 어떻게 주어지는 것에 관하여 관심을 갖게 됩니다.

:: 모든 복을 단번에 받은 자의 현실

그리스도 안에서 모든 신령한 복을 받았다면 모든 신령한 복을 받은 자의 현실이 왜 이러 하느냐 하는 질문이 생깁니다. 이 질문은 다음과 같이 대답할 수 있습니다. 예를 들어 말하면 신분은 왕자이지만 거지 옷을 입고 있을 수 있습니다. 그럴 경우에는 왕자로서 누릴 수 있는 모든 권한을 누릴 수 있는 신분이지만 그런 복을 누릴 수 없고 누릴 수 없는 자처럼 보일 것입니다. 또한 그가 비록 왕자이지만 거지 옷을 입고 있는 한 그는 거지처럼 보일 수밖에 없는 것이 그의 현실입니다. 그렇다고 그가 왕자가 누릴 수 있는 복을 받은 자가 아니라고 말할 수는 없습니다. 이것에 관해서 바울은 다음과 같이 설명합니다.

첫째로, 이미 언급한 대로 바울은 믿는 자는 이 세상과 저 세상 즉 오는 세상을 동시에 살고 있다고 말합니다. 믿는 자는 이런 현실을 예수 그리스도의 재림 때까지 벗어날 수 없습니다. 그때까지는 믿는 자라도 이 세상에 살고 있기 때문에 저주와 고통 속에서 지내야 합니다. 한걸음 더 나아가 어떤 의미에서는 이 세상과 오는 세상을 동시에 살고 있는 까닭에 이 세상에만 속하여 사는 불신자보다 더 고난의 삶을 살 수도 있습니다. 이 세상에 살면서 이 세상을 본받지 않고 저 세상에 속한 사람으로서 살아가야 하기 때문입니다. 이럴 경우 믿는 자는 이 세상을 거슬러 살기 때문에 이 세상에 속한 자들에 의하여 핍박을 받을 수밖에 없고 고난을 당할 수밖에 없습니다. 이 세상은 믿는 자들에게 죄의 종노릇을 하도록 끊임없이 위협하기 때문입니다.

둘째로, 모든 복을 받은 자라도 이 세상에서 그런 복을 받지 않은 것처럼 외적 핍박뿐 아니라 내적 유혹을 받게 됩니다. 그것은 믿는 자라 할지라도 육신의 몸을 입고 살기 때문입니다. 육신의 몸을 입고 사는 한 이 세상이 존재하는 죄의 유혹을 피할 수 없습니다. 그 이유는 믿는 자가 육신의 몸을 입고 있는 한 이 세상은 끊임없이 죄를 범하도록 유혹하기 때문입니다. 왜 하나님은 믿는 자들이 육신의 몸을 입고 사는 동안 세상에서 고난을 받으면서 살게 하시는가? 믿는 자가 이 세상에 살면서 고난이 없다면 죄의 유혹을 이길 수가 없습니다. 아니 죄악 가운데 살면서 그것을 의식도 못할 수 있습니다. 그러나 고난을 통하여 그 사실을 깨닫고 하나님의 말씀 안으로 돌아오는 법입니다.

이에 대한 예는 시편 저자의 신앙고백에서 찾아 볼 수 있습니다. "고난당하기 전에는 내가 그릇 행하였더니 이제는 주의 말씀을 지키나이다"(시 119:67). 우리는 고난을 통하여 하나님의 사랑을 깨닫고 또한 고난을 이길 수 있는 하나님의 능력을 체험하게 됩니다. 바울은 이 사실을 로마서 8:31 이하에서 고백하고 있습니다. 바울은 믿는 자가 도살당할 양같이 여김을 당하는 상황에서도 하나님으로 말미암아 넉넉히 이길 수 있다고 고백합니다(롬 8:36~37). 또한 그 어떠한 것도 그리스도 예수 안에 있는 하나님의 사랑에서 끊을 수 없다고 선언합니다(롬 8:38~39). 그러기에 바울은 "우리가 알거니와 하나님을 사랑하는 자 곧 그 뜻대로 부르심을 입은 자들에게는 모든 것이 합류하여 선을 이루느니라"고 고백합니다(롬 8:28). 여기에서 말하는 모든 것 속에는 믿는 자가 세상에서 당하는 고난도 포함되어 있음이 분명합니다.

:: 신령한 복과 고난의 함수 관계

셋째로, 바울은 하나님께서 믿는 자에게 주시는 복을 기업이라고도 말합니다. 바울이 이 기업과 관련하여 보증이라는 용어를 사용하고 있습니다(엡 1:14). 이 보증이라는 말에 대해서는 14절에서 구체적으로 해석하기로 하고 여기에서는 제기된 질문과 연관하여 간략하게 생각하려고 합니다. 신약에서 사용된 '보증' 이라는 말은 본래 상업적 계약 문서에서 사용된 용어입니다. 이 단어는 헬라어로는 '아라본'[2] 으로서 장차 구입할 물건의 전체 대금 중 그 첫 번째 분할금을 의미합니다. 이 첫 번째 분할금을 지불하면 계약 조항의 요구 사항을 충족시켜 그 물건에 대한 법적 주장을 확보하게 됩니다. 그러나 성경에서는 이 단어가 일반적으로 생각하는 보증 이상의 의미를 갖고 있습니다. 성경에서 의미하는 '보증'이란 물건을 매매할 경우 그것과 동일한 값을 정하고 그 값을 여러 차례로 나눈 것 중 첫 번째 분할 불입금을 의미합니다.

예를 들어 어떤 물건을 살 때 대금을 쌀로 줄 경우 그 쌀의 일부를 주면 그것은 서약도 되고 보증도 됩니다. 이때 그것은 전체 지불할 대금의 일부가 됩니다. 따라서 그것은 전체와 분리할 수 없는 그 전체와 뗄 수 없는 관계를 맺고 있습니다. 여기에서 주목할 점은 믿는 자가 기업의 보증을 받았다는 것은 전체 기업의 첫 번째 분할금인 성령의 선물을 보증으로 받았다는 것을 말합니다. 만일 누군가가 첫 분할금인 보증을 받고 그것으로 만족한 채 나머지 분할금을 원하지 않는다면 얼마나 불행하고 어리석은 일이겠습니까? 마찬가지로 믿는 자가 자신이 앞으로 얻을 기업의 보증으로 받은 첫 분할금만으로 만족하고 그 기업을 완성시켜줄 나머지 부분을 기다리지 않는다면 그런 자는 어리석은 자가 될 수밖에 없습니다.

이 지점에서 믿는 자가 당하는 고난을 세상이 바라보는 식의 고난과 동일한 관점으로 이해할 수 없는 신비함이 존재합니다. 기업의 보증을 받은 자는 자신이 당하는 고난이 그로 하여금 좌절하게 만드는 것이 아니라 도리어 그 고난은 미래에 누릴 기업에 대한 소망의 불씨가 되는 것입니다. 기업의 보증을 받았으나 육신의 몸을 입고 있고 또한 이 세상에 속한 관계로 고난을 당하고 있다고 알기 때문에 기업의 보증만 받은 것으로 만족하지 않고 몸의 구속이 이루어질 날, 즉 기업의 영광을 누릴 그날을 사모하며 기다리게 됩니다(참조, 롬 8:18~23). 물론 우리는 주님의 재림 후에 받을 복은 현재 우리가 받은 복과 비교할 수 없다고 생각합니다. 바울 역시도 그렇게 생각하였습니다. 그는 현재 받는 고난은 장차 받을 영광과 족히 비교할 수 없다고 하였습니다(롬 8:18).

바울은 믿는 자가 마지막 나팔에 순식간에 홀연히 다 변화하여 "이 썩을 것이 불가불 썩지 아니할 것을 입겠고 이 죽을 것이 죽지 아니함을 입으리로다"고 하였습니다(고전 15:52~53). 그뿐 아니라 바울은 "이제 후로는 나를 위하여 의의 면류관이 예비되었으므로 주 곧 의로우신 재판장이 그 날에 내게 주실 것이니 내게만 아니라 주에 나타나심을 사모하는 모든 자에게니라"고 말하였습니다(딤후 4:8). 바울의 이런 말들은 현재의 상황이 아닌 미래에 주어질 축복에 관하여 말하고 있음이 의심할 여지가 없습니다. 그렇다면 미래에 받을 복이 이렇게 많음에도 불구하고 어떻게 모든 복을 이미 받았다고 말할 수 있단 말입니까? 이에 대한 대답은 두 번째 질문을 설명할 때 이미 다루었습니다. 한마디로 말해서 바울이 모든 복을 이미 받았다고 말함은 믿는 자가 장차 모든 축복을 받을 신분을 이미 과거에 얻었다는 것을 말하는 것입니다. 그것은 현실이 어떠하든지 간에 믿는 자는 하나님의 아들이 되었기 때문에 하나님의 아들이 받아 누릴 수 있는 모든 신령한 복을 받았다고 말할 수 있습니다.

:: **아담3) 에게 주신 창조 명령의 복**

우리는 성경을 통하여 하나님의 복이 우리에게 임하는 특별한 구조를 볼 수 있습니다. 그것은 모든 인류에게 복 주시기 위하여 한 사람을 선택하여 그에게 축복하신다는 것입니다. 바울의 표현대로 말한다면 그 한 사람 안에서 모든 사람이 복을 받았다(과거적 사실)는 것입니다.

이에 대한 첫 번째 성경적 증거는 인류가 아담 안에서 하나님의 축복을 받은 사실입니다. 아담은 범죄 하기 이전에 하나님으로부터 복을 받았습니다. 그가 받은 축복은 "생육하고 번성하여 땅에 충만 하라 땅을 정복하라 그리고 다스리라" 입니다(창 1:28). 하나님께서 아담에 주신 이 축복을 창조 명령의 축복이라고 부릅니다. 이 축복의 내용은 "온 땅에 충만하라"는 명령이기 때문에 이 축복은 아담 개인에게만 주어진 것이 아니라고 추론할 수 있습니다. 이 창조 명령은 아담을 조상으로 하는 그의 자손인 인간 모두에게 주어진 것입니다. 따라서 하나님께서 아담을 인류의 머리 대표자로 세우시고 그에게 축복하심이 분명합니다. 그러기에 우리는 하나님께서 아담에게 주신 복은 아담 한 사람으로 끝나거나 완성되는 축복이 아니라 오고 오는 수많은 세대에 걸쳐 이루실 계획과 목적 가운데 주신 것임을 알 수 있습니다.

또 주목하여야 할 바는 하나님께서 이런 놀라운 축복의 명령을 다른 피조물에게는 하지 않았다는 것입니다. 왜 그렇게 하셨겠습니까? 그 이유는 인간만이 하나님의 형상으로 지음을 받았다는 사실에서 찾을 수 있습니다. 여기에서 우리는 아담에게 주신 축복과 하나님의 형상으로 지음을 받은 사실이 밀접한 관계가 있음을 알 수 있습니다. 하나님께서 자신의 형상으로 아담을 창조하신 후에 축복하심이 주목됩니다. 그것은 아담이 하나님의 형상으로 지음 받음이 그로 하여금 하나님의 축복의 명령을 듣고 순종하여 그 명령을 이룰 수 있는 능력을 부여 받은 것과 관계가 있다고 추론할 수 있습니다. 그러나 성경은 아담이 범죄하므로 하나님에게 저주를 받은 사실을 지적합니다. 한 걸음 더 나아가 아담뿐 아니라 그의 후손도 그리고 다른 피조물까지도 저주받은 것을 봅니다(창 3:14~4:15).

여기에서 인류가 아담 안에서 복을 받은 것과 마찬가지로 아담 안에서 저주를 받았다는 원리를 알 수 있습니다. 이에 대한 증거는 아담이 타락함으로 에덴 동산에서 쫓겨난 것과 그 이후 아담과 그의 후손들인 인류에게 임한 저주의 삶에서 볼 수 있습니다. 물론 아담의 후손들이 저주의 삶을 산 것은 아담이 범한 단 하나의 죄만이 아닙니다. 아담의 후손의 세대들이 이어지면서 그들의 죄는 더욱 퍼져 나가 악해졌고 이에 대한 하나님의 탄식과 그에 대한 홍수 심판을 보아서 알 수 있습니다 (창 6~7장).

이와 관련하여 던질 수 있는 질문은 아담 한 사람의 범죄와 그 후손의 가중되는 죄악 때문에 하나님께서 수많은 세대를 이어 가시면서 그가 이루시려는 계획과 목적이 있음에도 아담에게 주신 복이 무산되고 마느냐는 하는 점입니다. 이에 대한 성경의 대답은 한마디로 "그럴 수 없느니라"입니다. 비록 파괴된 형상일지라도 그 형상이 그의 후손에게도 주어졌다는 것이 중요한 증거의 하나입니다.

우리는 아담이 하나님에게 저주받음으로 아담에게 있는 하나님의 형상이 어떤 영향을 받을 수밖에 없었다고 추론할 수 있습니다. 아담이 죄를 범하므로 그에게 주어진 가장 큰 저주는 그에게서 하나님의 형상이 파괴되었다는 점입니다. 그럼에도 불구하고 아담과 그의 후손은 다른 피조물과 다른 점이 계속 유지되고 있음을 볼 수 있습니다. 그것은 그들이 저주를 받은 후 다른 피조물과 동일하게 되지 않았음을 보기 때문입니다. 또한 하나님께서 아담과 대화하신 것처럼 계속하여 아담의 후손과 대화하심을 보기 때문입니다.

에덴 동산에서 일어난 아담의 범죄는 하나님께서 주신 형상의 파괴와 그로 인한 불행한 결과를 가져오게 되었습니다. 그러나 이 최초의 공동체는 아담과 하와의 범죄로 언약의 조건이 이행되지 못함으로 파괴되었고, 하나님과 그들은 이산 가족이 되었습니다. 그러나 하나님의 영원한 계획인 신인공동체(神人共同體)는 이것으로 무산될 수 없었습니다. 왜냐하면 인류의 대표인 아담은 실패했으나, 하나님께서 인간을 자기 아들로 삼으시고 영광을 받으실 영원한 계획은 변경될 수 없었기 때문입니다. 그러므로 아담과 하와의 범죄로 인하여 저주가 임하였으나, 하나님께서는 그 구제책으로 여인의 후손을 약속하였습니다. 이러한 배경에서 아담이 실패한 직후 그가 죄로 인하여 이루지 못한 창조 언약(달리 말하면 행위 언약)을 이루시기 위하여 죄와 원수가 되시며 인간의 죄책을 해결해 주실 여인의 후손을 보내시겠다고 약속하신 것을 이해해야 합니다.

이 여인의 후손의 역할은 하나님께서 여인의 후손을 보내시기로 약속하신 후에 (짐승을 죽여) 가죽옷을 지어 아담과 하와에게 입히신 것에 근거한 속죄(의 죽음)와 관계가 있다고 주장되기도 합니다. 이 여인의 후손은 앞으로 오실 예수 그리스도를 말씀하심입니다(롬 16:20; 계 12:9). 그는 둘째 사람이자 마지막 아담으로 오셔서 인류를 대신하여 창조 언약을 이루시고 우리로 구속 언약에 참여토록 하셨습니다. 히브리서는 마지막 아담으로 오신 그리스도의 역할을 선지자와 왕과 제사장으로 구분하여 말합니다(선지자 - 아들로 말씀하심; 왕 - 능력의 말씀으로 만물을 붙드심; 제사장 - 죄를 정결케 하심; 히 1:1~3).

히브리서는 그리스도가 옛날 선지자들보다 월등한 선지자이며(히 1:1~2), 이스라엘 백성을 애굽에서 인도해 낸 모세보다 월등한 지도자

(왕)라고 말합니다(히 3:1~4:13). 다음으로 예수님께서 자신을 제물로 드림으로, 짐승으로 제사를 드렸던 대제사장 아론과 그의 뒤를 이은 많은 다른 대제사장들보다 월등하신 대제사장이시라고 논증합니다(히 4:14~10:18). 히브리서 저자는 곧바로 이어서 예수 그리스도는 하나님께로 나아가는 새롭고 산 길로서 월등하다고 강조합니다(히 10:19~12:29). 성경은 어떤 의미에서 여인의 후손의 약속과 이 약속의 성취 과정과 최종적인 완성을 기록한 책이라 하겠습니다.

이 약속의 최종 완성은 요한계시록 21장이 보여주는 대로 새 하늘과 새 땅에서 하나님의 장막이 사람들과 함께 있고 하나님께서 친히 그의 백성 중에 거하심으로 이룩된 새롭고 영원한 신인공동체입니다. 이 완성된 신인공동체는 눈물이나 사망이나 곡하는 것이나 아픈 것이 다시 있지 않다고 하였습니다(계 21:4). 아담 언약과 신인공동체와 연관하여 성경을 한마디로 이렇게 요약할 수 있습니다. 성경이란 하나님께서 죄 없이 시작한 신인공동체가 아담과 하와의 범죄로 깨어졌으나, 여인의 후손으로 오신 예수 그리스도 안에서 죄 문제를 해결하시므로, 그의 이산 가족과 재결합하여 영원한 신인공동체를 이루는 과정과 최종 완성의 기록입니다. 하나님께서 그의 백성과 맺으신 구속 언약들도 이 여인의 후손에 대한 약속과 관계가 있습니다.

이와 같은 사실에 근거하여 자비하신 하나님께서 하나님의 형상의 모든 것을 아담에게서 거두어 가지 않았음을 알 수 있습니다. 이것은 하나님께서 인류를 향하여 계획하신 축복을 아담과 그 후손을 통하여 이루어 가실 의지를 보여주시는 것으로 볼 수밖에 없습니다. 이것보다 더 확실한 증거는 하나님께서 인류의 대표인 아담의 범죄로 말미암아 축복이 저주로 바뀐 것을 다시 반전시킬 인류를 대표하는 자가 여인의 후손으로 오신다는 약속입니다. 하나님께서 아담에게 저주를 명하는 바로 그 때에 이 모든 것을 반전시킬 아니 그 복을 더 풍성하게 성취하실 여인의 후손을 약속하셨습니다(창 3:15). 여인의 후손을 약속하신 하나님은 여인의 후손이 이 땅에 와서 인류에게 임한 저주를 궁극적으로 다시 더 큰 축복으로 바꾸는 일을 하시도록 구약을 통하여 계속적으로 준비하심을 볼 수 있습니다.

:: 아담과 그리스도 안에서 주신 복의 차이

바울은 로마서 5:12~21과 고린도전서 15:45~47에서 아담과 그리스도를 비교합니다. 이 본문들은 하나님의 복이 믿는 자들에게 주어지는 구조에 관한 것을 다루고 있습니다. 먼저 로마서 5:12~21을 간략하게 살핀 후, 고린도전서 15:45~47을 살펴보겠습니다.

바울은 로마서 5:12~21에서 아담과 예수 그리스도의 대조합니다. 아담은 앞으로 오실 그리스도의 표상이라고 밝힙니다. 바울의 설명은 먼저 아담 안에 있는 자들이 받은 영원한 저주를 말하면서 바로 이어서 그리스도 안에 있는 자들이 받은 축복에 대하여 말합니다. 더 구체적으로 말하면 아담으로 말미암아 죄가 세상에 들어오고 그 결과 모든 사람에게 사망이 이르게 되었다고 말합니다. 또한 죄가 사망 안에서 왕 노릇한다고 말합니다. 바울은 아담 한 사람의 범죄는 많은 사람이 죽게 되는 결과를 가져왔지만 그리스도 안에 있는 자에게는 하나님의 은혜와 예수 그리스도의 은혜로 말미암는 선물이 많은 사람에게 넘친다고 말합니다. 그리스도 안에서 누리는 선물은 예수 그리스도의 의의 한 행동으로 많은 사람이 의롭다 하심을 받아 생명에 이르게 됩니다. 그들은 그리스도로 말미암아 생명 안에서 왕 노릇합니다. 그들은 그리스도로 말미암아 왕 노릇할 뿐 아니라 영생에 이르게 됩니다.

:: '산 영'과 '살려 주는(생명을 주는) 영'의 차이

바울은 아담과 그리스도의 관계를 고린도전서 15:45~47에서 "첫 사람 아담은 산 영이 되었다함과 같이 마지막 아담은 살려 주는 영이 되었나니 첫 사람은 땅에서 났으니 흙에 속한 자이거니와 둘째 사람은 하늘에서 나셨느니라"고 말합니다. 여기에서 눈에 띠는 바는 45절과 47절에서 아담에 대해서는 첫 사람이라고 동일하게 말하면서 그리스도에 대해서는 다르게 표현하였다는 점입니다. 바울은 45절에서는 첫 사람 아담과 대조하여 예수님을 마지막 아담(사람)이라고 하였습니다. 그리고 47절에서는 아담을 첫 사람이라고 하면서 그와 대조하여 예수님을 둘째 사람이라고 하였습니다. 히브리어에서 아담은 곧 사람을 의미하고 있기 때문에 아담과 사람은 동의어입니다. 그러므로 우리는 바울이 예수님을 마지막 사람(아담)이면서 동시에 둘째 사람이라고 소개하고 있음을 볼 수 있습니다.

이 점에 대해서 미국의 웨스트민스터 신학교 교수인 개핀(Gaffin)은 바울이 이 부분에서 단지 "두 개인을 대조하는 것이 아니라 서로 대조되는 생명의 두 질서, 두 시대(aeons), 두 세계-시기들(two world-periods), 말하자면, 두 창조[하나는 혼적 혹은 정신적(psychical) 지상적인 반면에 다른 하나는 영적이고 천상적]를 대표하는 자의 대조를 의도하고 있다"고 강조합니다.[4] 그는 이어서 바울이 창조 질서(order)를 두 시대로 구분하면서 인류를 대표하는 자로서 아담이 첫째이고 그리스도가 둘째라고 말하였다고 설명합니다. 한 걸음 더 나아가 그리스도 이후에는 인류를 대표할 자를 세우지 않았음으로 그리스도는 둘째이면서 동시에 마지막 아담이 되기 때문에 그리스도를 두 가지 이름으로 소개하였다고 해석합니다.

개핀의 해석에 따르면 아담 전에는 인류를 대표할 수 있는 자가 없기에 아담은 첫 사람입니다. 또한 아담과 그리스도 사이에 인류를 대표할 자가 없기에 그리스도는 둘째 사람입니다. 그뿐 아니라 그리스도 이후에는 인류를 대표할 수 있는 자가 없도록 창조 질서가 되었기 때문에 그리스도는 둘째 사람(아담)이자 마지막 아담이 되는 것입니다. 이런 의미에서 그리스도는 종말론적 존재이며 그리스도 안에서 가지는 질서(order)는 종말론적 질서(eschatological order)입니다.[5]

여기에서 바울이 아담과 그리스도의 대조는 타락 이전의 아담과 그리스도의 대조를 말하는 것이 분명합니다. 타락 이전의 아담과 그리스도의 대조에 대한 가장 중요한 증거는 바울이 45절에서 "아담이 산영이 되었다"고 말한 것은 창세기 2:7에 "여호와 하나님께서 흙으로 사람을 지으시고 생기를 그 코에 불어 넣으시니 사람이 생령이 된지라" 하신 말씀 중에 '생령'으로 번역한 히브리어 '네페쉬 하야'를 70인역에서는 '프쉬켄 죠산'으로 번역한 것입니다. 아담은 생기를 받아 생령이 되었습니다.[6]

바울이 아담은 '산 영'이 되었다고 번역한 '프쉬켄 죠산'은 70인역에서 창세기 2:7의 생령(프쉬켄 죠산)과 동일한 표현입니다. 그러므로 바울이 아담을 '산 영'이 되었다고 한 것은 아담의 타락 전 상태를 말한 것이라고 추론할 수 있습니다. 그러나 아담이 타락함으로 그가 하나님으로부터 받은 생령을 후손에게 넘겨주지 못했습니다. 여기에서 우리의 주제와 관련하여 주목되는 것은 타락하기 이전의 아담과 부활하신 그리스도를 대조함에서 아담은 모형(type)이고 그리스도는 그 모형의 표상이 되는 대형(antitype)으로 보았다는 점입니다. 이 모형론적 설명에서 바울이 강조하는 것은 땅에 속한 것과 하늘에 속한 것의 비교입니다.

믿는 자들과 관련하여 주목할 바는 바울의 강조점이 장소가 아니라 모형과 대형 중 어느 쪽에 속하는가와 어떤 시대(세상)에 살고 있는가에 있음을 알 수 있습니다. 그런데 믿는 자는 둘 중 어느 하나를 선택하는 것이 아니라 한쪽에서 다른 쪽으로 넘어가는 과정임을 알 수 있습니다. 바울은 이런 과정을 나타내기 위해서 '땅에서' (지상적-earthly)와 '하늘에서' (천상적-heavenly)라는 표현뿐 아니라 육의 몸(육 있는 자)과 신령한 몸(신령한 자)에 대하여 말할 때도 '육 있는' 것과 '신령한' 것을 대조하고 있습니다.[7]

바울은 한 걸음 더 나아가 아담에게 속한 자가 아담의 형상, 즉 "땅에 속한 자의 형상"을 입은 것처럼 그리스도에게 속한 자는 그리스도의 형상, 즉 "하늘에 속한 자의 형상"입는다고 말합니다(고전 15:49; 참조, 엡 4:24). 바울은 이와 같이 그 양자 사이를 구분하고 있습니다. 그가 고린도전서 15:49에서 아담의 형상을 '땅에 속한 자의 형상'이라고 말할 때 타락 이후의 아담의 형상을 말한다면 아담에게 속한 자의 형상과 그리스도에게 속한 자의 형상을 구분하는 것은 당연하다 하겠습니다. 그러나 만일 바울이 고린도전서 15:45~47에서 타락 전 아담을 말한다면 49절에서 말하는 아담의 형상은 분명히 창세기 1:27이 보여주는 대로 '하나님의 형상(대로)' 인 것입니다. 이럴 경우에는 우리의 주제와 관련하여 고린도전서 15:45~47이 더욱 눈에 들어옵니다. 그 이유는 바울이 타락 이전 아담 안에 있는 '하나님의 형상' 과 그리스도에게 속한 자가 입는 '그리스도의 형상' 을 구분하고 있기 때문입니다. 바울은 49절에서 그 양자를 하나는 "땅에 속한 자의 형상" 으로 다른 하나는 "하늘에 속한 자의 형상" 으로 구분합니다. 여기에서 기억해야 할 바는 타락 이전 아담 안에서 주어진 축복이 앞으로 오실 그리스도 안에서 누릴 축복의 표상(type)이라는 점을 보여준다는 점입니다.

우리가 기억할 것은 그리스도 안에서 누리는 축복은 종말론적인 축복이라는 사실입니다. 종말론적이라는 말은 이제 앞으로는 이것보다 더 좋은 복이 되는 그 이상의 축복은 없다는 뜻입니다. 그러므로 그리스도 안에서 누리는 축복이 종말론적 축복이라고 말하는 이유는 아담에게 주신 축복이 그리스도 안에서 주어질 축복에 대한 모형(type)이듯이 그리스도 안에서 누리는 축복이란 앞으로 있을 어떤 축복을 표상으로 보여주는 것이 아님을 뜻하기 때문입니다. 바꿔 말하면 그리스도 안에서 누리는 축복이란 앞으로 하늘에서 누리는 축복에 대한 모형(type)이 아니라는 것입니다. 하나님께서는 그리스도 안에서 누리는 축복 그 이상의 축복을 우리에게 주시겠다고 약속하지 않았습니다. 그렇다면 장차 주님의 재림 이후에 누릴 축복과 현재 그리스도 안에서 누리는 축복의 관계는 어떻게 이해해야 할 것인가라는 질문이 나올 수 있습니다.

먼저 강조하고 싶은 바는 우리의 신분이 주님의 재림으로 말미암아 달라지지 않는다는 것입니다. 주님의 재림 전이나 재림 후나 우리의 신분은 동일합니다. 믿는 자의 신분은 언제나 하나님의 자녀라는 점입니다. 예를 들면 이와 같습니다. 어떤 나라의 왕자가 특별한 목적으로 거지 옷을 입고 있을 수 있습니다. 그럴 경우에는 왕자로서 모든 복을 누릴 수 있는 신분의 소유자이지만 그런 복을 누리거나 누릴 수도 없는 자처럼 보일 것입니다. 또한 그가 비록 왕자이지만 거지 옷을 입고 있는 한 그는 거지처럼 보일 수밖에 없는 것이 그의 현실입니다. 그렇다고 그는 왕자가 누릴 수 있는 복을 받은 자가 아니라고 말할 수는 없습니다.

여덟

거룩하고 흠이 없는
하나님의 자녀가 되는 길

4-6절 곧 창세전에 그리스도 안에서 우리를 택하사 우리로 사랑 안에서 그 앞에
거룩하고 흠이 없게 하시려고 그 기쁘신 뜻대로 우리를 예정하사 예수 그리스도로
말미암아 자기 아들들이 되게 하셨으니 이는 그의 사랑하시는 자 안에서 우리에게
거저 주시는 바 그의 은혜의 영광을 찬미하게 하려는 것이라

:: 성경에서 '선택'이라는 말의 쓰임

거룩하고 흠이 없는 아들이 되는 길은 하나님의 사랑 안에 있는 것입니다. 그것은 하나님께서 창세전에 그리스도 안에서 죄인들을 택하여 그 앞에 거룩하고 흠이 없는 아들 되게 하도록 예정하심입니다. 이러한 하나님의 무조건적인 사랑 외에는 다른 것이 있을 수 없습니다. 4절은 하나님께서 그리스도 안에서 우리를 택하셨다는 사실을 강조합니다. 4-6절에서 바울은 선택, 예정과 관련하여 시기와 방편과 동기와 목적에 대하여 말하고 있습니다. 먼저 성경이 선택을 어떻게 말하는지를 생각하고 난 다음 선택과 관련된 위의 사실들을 살펴보겠습니다.

복음서를 보면 예수님께서 열두 제자를 택하셨습니다(눅 6:13; 요 6:70; 참조, 요 13:18; 15:16). 여기에 사용된 단어를 지금 바울이 사용하고 있습니다. 예수님은 누가복음 10장에서 "마리아가 이 좋은 편을 택

하였으니"라고 하셨는데 이때도 동일한 단어를 사용하였습니다(42절).
또한 누가복음 14장에서 "청함을 받은 사람들의 상좌 택함을 보시고"
라는 표현에서도 이 단어를 사용하였습니다.

요한복음에서는 구체적인 목적을 가지고 택하셨을 때 이 단어가 사
용된 것을 볼 수 있습니다. "너희가 나를 택한 것이 아니고 내가 너를
택하여 세웠나니 이는 너희로 가서 과실을 맺게 하고 또 너희 과실이 항
상 있게 하여 내 이름으로 아버지께 무엇을 구하든지 다 받게 하려 함이
니라"(요 15:16). 한걸음 더 나아가 택함을 받은 자는 택한 자에게 속했
다고 말합니다. "너희가 세상에 속한 자가 아니요 도리어 세상에서 나
의 택함을 입은 자인 고로 세상이 너희를 미워하느니라"(요 15:19).

> 이와 같은 용례를 통하여 선택에 대하여 몇 가지 사실을 알 수 있습니다.
> 첫째로, 사람이나 사물 중에서 일부를 택하는 일에 사용되고 있음을 알 수 있습니
> 다.
> 둘째로, 택하는 자의 주권에 따라 선택을 받는다는 것입니다.
> 셋째로, 택함을 받지 못했다는 것은 버린다는 것을 강조하기 위함이 아닙니다.
> 넷째로, 많은 것 중에 일부를 택할 때 목적을 가지고 택하였음을 알 수 있습니다.
> 다섯째로, 택함을 받은 자는 택한 자에게 속한다는 것도 알 수 있습니다.

이제 바울이 이 단어를 어떻게 사용하고 있는지 살펴보겠습니다.
바울이 선택에 대하여 말할 때 본 절에서 사용한 헬라어 '에크레게인'
(ekle,gein)과 똑같은 단어를 고린도전서 1:27~28에서 세 번 사용합니
다. 이 세 번의 경우 모두 사람의 택함에 대하여 말하고 있습니다.

더욱 흥미로운 것은 택함을 받은 자들이 택함을 받지 못한 자보다 사
람들의 눈에는 미련한 자들이요 약한 자들이요 천하고 멸시받고 없는

자들처럼 보인다는 점입니다. 누가 보아도 잘못 선택했다고 말할 수밖에 없는 그런 선택입니다. 달리 말하면 그런 선택에 들지 않은 것이 다행으로 여길 만한 그런 선택입니다. 따라서 그 어느 누구도 선택받지 못함을 불공평하다고 불평하거나 불평할 필요를 느끼지 않을 선택이라는 점입니다. 이에 대해서는 5절에서 예정을 설명하면서 더 살펴보겠습니다.

:: 선택의 시기

선택과 예정의 시기는 창세전이라고 말합니다. '창세전' 이라는 말은 '우주의 기초(를 놓기) 전에' 라고 직역할 수 있습니다. 신약에서 문자 그대로 동일하게 사용한 경우는 요한복음 17:24과 베드로전서 1:20에만 나옵니다. 요한복음 17:24은 "아버지여 내게 주신 자도 나 있는 곳에 나와 함께 있어 아버지께서 창세전부터 나(예수)를 사랑하시므로 내게 주신 나의 영광을 저희로 보게 하시기를 원하나이다"라고 합니다. 바로 앞 절인 23절에서는 하나님 아버지께서 예수님 안에 계시고 또 예수님을 이 세상에 보내시고 예수님을 사랑신다고 말합니다. 베드로전서 1:20은 "그(예수 그리스도)는 창세전부터 미리 알리신바 된 자나 이 말세에 너희를 위하여 나타나신바 되었으니"라고 합니다. 두 곳 다 창세전에 하나님과 그리스도께서 함께 계셨고 또한 함께 구원을 계획하셨으며 그 구원 계획을 이루시기 위하여 예수님께서 이 땅에 오셨다고 말합니다.

우리는 창세전과 비슷한 말을 창세기 1:1의 "태초"와 요한복음 1: 1의

"태초"에서 볼 수 있습니다. 창세기 1장의 태초는 세상의 창조와 연관되어 사용되었음을 알 수 있습니다. 반면에 요한복음의 태초는 우주의 창조 이전의 태초를 말하고 있습니다. 그러므로 바울이 여기에서 말하는 '창세전'은 창세기의 태초보다 요한복음에서 말하는 태초와 더 연관이 있습니다. 우리가 이렇게 구별하는 이유는 하나님께서 인간에 대한 선택은 창조 때가 아니라 훨씬 그 이전이 일이라는 사실을 지적하기 위함입니다. 하나님은 시공간을 초월하시기 때문에 그때를 시간적으로 계산할 수 없습니다. 다만 영원 전이라고 표현할 수밖에 없습니다. 그렇다면 바울은 어떻게 영원 전의 하나님의 계획과 작정을 알 수 있었겠습니까?

이 질문과 함께 하나님께서 욥에게 질문하신 말을 생각할 수 있습니다. 욥이 자신의 의로움을 끝까지 굽히지 않고 자신이 당하는 고난을 한탄하고 있을 때 엘리후가 그에게 찾아 왔습니다. 그 때 욥은 엘리후에게 "나(욥)는 깨끗하여 죄가 없고 허물이 없으며 불의도 없거늘 하나님께서 나를 칠 틈을 찾으시며 나를 대적으로 여기사 내 발을 착고에 채우시고 나의 모든 길을 감시하신다는 말을 들었습니다"고 말합니다(욥 33:9~11). 이어서 엘리후는 욥의 말에 대답하여 "네가 의롭지 못하니 하나님은 사람보다 크심이라(욥 33:12)"고 하면서 "하나님은 한 번 말씀하시고 다시 말씀하시되 사람이 침상에 졸며 깊이 잠들 때에나 꿈에나 밤의 이상 중에 사람의 귀를 여시고 인치듯 교훈하시나니 이는 사람으로 그 꾀를 버리게 하려 하심이며 사람에게 교만을 막으려 하심이라"고 욥에게 훈계합니다(욥 33:14~17).

그 후에 하나님께서 폭풍 가운데서 욥에게 "내(하나님)가 땅의 기초를 놓을 때에 네가 어디 있었느냐 네가 깨달아 알았거든 말할지니라"

(욥 38:4)고 물으십니다. 결국 욥은 "내가 스스로 깨달을 수 없는 일을 말하였고 스스로 알 수 없고 헤아리기 어려운 일을 말하였나이다"라는 회개의 고백을 합니다(욥 42:3). 그렇다면 창세전에 하나님께서 작정하신 일을 말하는 바울은 과연 하나님께서 욥에게 하신 질문에 대하여 무어라고 대답할 수 있었겠습니까? 바울이 어떻게 창세전의 하나님의 작정을 알 수 있단 말입니까? 바울은 하나님께서 땅의 기초를 놓기 전에 하나님과 함께 있었단 말입니까?

바울이 창세전에 삼위일체 하나님의 어전회의 방청객으로 참석하여 삼위일체 하나님의 결정과 삼위일체 하나님 자신들의 역할 분담을 들었다는 것입니까? 이 질문들에 대한 대답은 한마디로 "그럴 수 없느니라" 일 수밖에 없습니다. 그렇다면 그가 어떻게 창세전에 하나님의 영원한 구원 계획을 알았다는 것입니까? 하나님의 영원한 구원 계획은 영원한 신비이며 비밀입니다. 그런 영원한 비밀을 알게 된 비결은 한마디로 계시에 의해서 입니다. 하나님의 비밀은 창세전부터 감추어진 것입니다(롬 16:25). 그러나 하나님의 명을 좇아 선지자들의 글을 통하여 구약으로부터 점진적으로 계시되었습니다(롬 16:26).

바울은 자신이 받은 환상과 계시가 있다고 말합니다(고후 12:1). 그런데 그가 받은 계시가 지극히 크다고 말합니다(고후 12:7). 바울은 이 계시가 다른 사람이 아닌 예수 그리스도로부터 주어진 계시라고 말합니다(갈 1:12). 바울은 동시에 하나님의 비밀인 계시가 성령과 관련되었고 말합니다. 하나님께서 이 비밀을 성령으로 우리에게 보이셨습니다. 그렇게 하심은 성령께서 모든 것, 곧 하나님의 깊은 것(비밀)이라도 통달하시기 때문입니다(고전 1:10). 세상의 영을 받지 아니하고 하나님의 영, 곧 성령을 받은 자는 하나님께서 은혜로 주신 것을 성령으로 말미암아 깨닫게 하십니다(고전 1:12). 그러므로 창세전에 하나님께서 작정하신 것에 대한 바울의 찬양의 내용은 영원한 진리임이 틀림없습니다.

창세전에 선택한 사실과 관련하여 주목하여야 할 점은 적어도 바울과 그와 함께 한 자들이 하나님의 아들이 되도록 선택된 것은 그들이 태어나기 십년 전이나 백년 전도 아닌 창세전에 이루어졌다는 것입니다. 이 사실을 중시 여겨야 할 근본적인 이유는 하나님께서 창세전에 선택하기로 작정하시고 그 작정을 역사 속에서 이루시겠다고 약속하시고 모든 것을 동원하시며 준비하셨다가 때가 되매 그것을 이루셨기 때문입니다. 하나님은 무슨 일을 임기응변식으로 행하시는 하나님이 아니시고 한 번 작정하시면 그 작정하신 계획을 그대로 이루시는 하나님이심을 보여줍니다.

이것은 하나님의 작정이 바울의 시대까지 한 번도 중단되거나 바꾸어진 적이 없음을 보여주는 말입니다. 하나님께서 창세전에 선택하셨다는 바울의 말은 하나님께서 우리를 얼마나 존귀한 존재로 여기심에 대한 체험적인 고백이 분명합니다. 바울은 하나님께서 자기 자신만 창세전에 선택하였다고 하지 않고 우리를 선택하였다고 합니다. 여기에서 말하는 '우리'라는 단어 속에는 바울과 함께 한 자들뿐 아니라 지금 여기 사는 우리와 오고 오는 세대에서 그리스도를 믿을 자들을 포함하는 말입니다. 그기에 우리 모두 바울처럼 살 수 있고 살아야 할 이유와 근거가 여기에 있습니다.

:: 선택의 방편

바울은 우리가 그리스도 안에서 선택과 예정 받은 사실을 강조하면서 찬송하고 있습니다. 바울이 선택받은 자와 받지 못한 자를 구분하는 것은 분명합니다(엡 2:11~13). 그러나 그가 여기에서 찬송하는 이유는 창세전에 선택받은 사실에 집중하고 있습니다. 존 스토트는 『하나님의 새로운 사회』에서 하나님의 선택과 관련하여 우리가 파악하고 기억해야 할 중요한 진리에 대하여 언급합니다.

> **선택과 예정 교리는 인간의 지적 소산이 아닌 하나님의 계시입니다.**
> **이 교리는 범죄의 구실이 아닌 성결의 동기입니다.**
> **이 교리는 자랑의 근거가 아니라 겸손의 동기입니다.**

스토트는 결론적으로 "하나님의 선택에 대한 진리는 우리를 죄로 인도하는 것이 아니라 의로 인도하는 것이며 우리로 하여금 자랑하지 않고 겸손히 감사와 찬양을 드리게 하는 것입니다. 그러므로 실제 생활에 있어서 우리는 항상 한편으로는 그 앞에서 거룩하고 흠이 없게 살며(4절) 다른 한편으로는 그의 은혜와 영광을 찬미하며 살아야(6절) 합니다"라고 강조합니다.[1]

스토트의 말대로 바울은 하나님의 주권적 섭리로 자랑스러운 마음이 아닌 겸손한 마음으로 하나님께서 선택하여 주신 은혜의 영광을 찬미하고 있음을 봅니다. 이 시점에서 그에게는 선택받지 못한 자와 비교하여 자랑하거나 교만한 마음이 분명 없습니다. 사도 바울이 말하는 창세전의 작정을 헬라어 성경 어순대로 따르면 다음과 같습니다. 그것은 하나님께서 창세전에 우리를 예수 그리스도로 말미암아 아들들이 되도록 예정하신 후에 그리스도 안에서 우리를 선택하셨습니다. 죄인들을 하나님의 아들로 삼으시려는 하나님의 작정을 보고 찬송하는 바울을 보면서 마치 그가 창세전에 삼위일체 하나님의 어전회의에 방청객으로 참석하여 삼위일체 하나님의 결정과 역할 분담을 깨닫고 감격하는 모습을 그려봅니다.[2]

:: 선택의 동기

하나님께서 그리스도 안에서 인간을 선택하시고 예정하신 동기는 무조건적인 사랑입니다.[3] 타락한 천사를 위해서는 그의 아들 예수 그리스도를 희생하실 계획이 없으신 하나님께서 인간의 타락에 대한 문제는 그의 아들을 희생해서라도 해결하시겠다는 무조건적인 사랑의 의지를 내보이신 것입니다. 이에 대하여 베드로 사도는 죄인들을 구원하시기 위한 이와 같은 하나님의 무조건적인 사랑 가운데 계획하신 작정은 천사들도 이해할 수 없는 신비라고 말합니다. 그는 베드로전서 1:12에서 그리스도의 고난을 통하여 이루시는 죄인들의 구원을 천사들도 살펴보기를 원하는 것이라고 말합니다. 왜 천사들이 이 구원을 살펴보기를 원하였을까요?

하나님께서 타락한 천사는 그리스도 안에서 선택하지 않았는데도 타락한 인간을 그리스도 안에서 선택하시기로 작정하시고 이루어 가시는 하나님의 구원을 천사들이 이해하기 힘들었을 것이라고 생각해 봅니다. 그렇다면 인간들이 천사들보다 더 귀하고 가치 있는 존재라는 말입니까? 그들이 살펴본 결과는 무엇입니까? 인간이란 하나님의 아들을 희생시키면서까지 구원해야 할 그런 가치 있는 존재들이라는 것입니까? 이것은 도저히 있을 수 없는 일입니다.

혹자가 천사에게 살펴본 결과를 묻는다면, 천사는 하나님의 영원한 구원 계획이란 그리스도를 희생하면서까지 인간을 구원하시려는 하나님의 무조건적 사랑 이외에는 달리 말할 수 없다고 대답할 것입니다. 이 사랑은 무조건적인 사랑, 즉 은혜로 주어지는 사랑 이외에 그 어떤 것으로도 설명할 수 없습니다. 그러기에 "천사도 흠모할 만하다"고 한 찬송가처럼 하나님께서 그리스도 안에서 우리를 선택하심은 천사들도 흠모할 만한 일입니다.

바울 역시 로마 감옥에서 구약을 통하여 약속하신 하나님께서 그리스도 안에서 그 약속을 실제로 성취하시고 성령으로 말미암아 죄인들에 적용되는 과정을 살펴보면서 그 하나님의 형언할 수 없는 무조건적인 사랑에 감격하여 하나님의 영광을 찬미하고 있는 모습을 그려볼 수 있습니다.

그러기에 바울은 로마서 5:8에서 그리스도께서 우리를 위하여 죽으심으로 하나님께서 우리에 대한 사랑을 확증하셨다고 선언합니다. 또한 로마서 8:39에서 그 무엇으로도 그리스도 예수 안에 있는 하나님의 사랑에서 끊을 수 없다고 선언합니다. 바울은 삼위일체 하나님께서 창세전부터 계획하신 구원을 구약성경에 나타난 이스라엘 역사의 진행 과정 중에 실제로 약속하심을 보았을 것입니다. 그는 이 약속이 예수 그리스도의 죽으심과 부활로 성취되었음을 보았습니다. 이제는 성령님을 통하여 그 부활의 능력이 천사도 흠모할 이 구원 사역에 사역자로 부름을 받아 로마 감옥에 갇힌 자신에게 역사하심을 체험하고 있었을 것입니다. 이뿐 아니라 그 영광스런 미래를 바라보며 삼위일체 하나님을 찬송하고 있다고 생각합니다.

:: 선택의 목적

그리스도 안에서 선택하시고 예정하신 목적은 우리로 하나님 앞에서 사랑 가운데 거룩하고 흠이 없게 하시려는 데 있었습니다. 하나님 '앞에' 거룩하고 흠이 없게 하려 하심이라는 말은 사람의 관점에서 볼 때 거룩하고 흠이 없게 하려 하심이 아니라 하나님께서 보실 때 그러해야만 한다는 것을 강조하는 표현입니다. 하나님의 면전에 서서 하나님과 교제를 나눌 수 있는 그런 거룩함과 흠이 없음을 말합니다. 온 인류 역사를 통하여 누가 감히 하나님 앞에 설 만큼 거룩하고 흠이 없는 자가 있겠습니까? 모세가 "주의 영광을 내게 보이소서"라고 간청했을 때 여호와께서 그에게 "네가 내 얼굴을 보지 못하리니 나를 보고 살 자가 없음이니라"고 하였습니다(출 33:18~20). 하나님께서 모세에게 "네가 내 등을 볼 것이요 내 얼굴은 보지 못하리라"고 하셨습니다(출 33:23). 선지자 이사야는 성전에서 만군의 여호와의 영광스런 모습을 보고 "화로다 나여 망하게 되었도다 나는 입술이 부정한 사람이요 입술이 부정한 백성 중에 거하면서 만군의 여호와이신 왕을 뵈었음이로다"고 고백하였습니다(사 6:1~5).

그러나 우리는 출애굽기 24장을 보면 "모세와 아론과 나답과 아비후와 이스라엘 장로 70인이 올라가서 이스라엘 하나님을 보니 그 발아래는 청옥을 편 듯하고 하늘같이 청명하더라 하나님께서 이스라엘 존귀한 자들에게 손을 대지 아니했고 그들은 하나님을 보고 먹고 마셨더라"
는 말씀이 나옵니다(9~11). 이사야도 여호와를 보았던 그 자리가 죽는
자리가 아니라 사명을 받는 자리가 되었습니다. 어떻게 이런 일이 가능
합니까? 이사야의 경우 자신의 힘으로 그렇게 된 것이 아닙니다. 여호
와를 섬기는 스랍 중 하나가 단에서 취한 핀 숯을 이사야의 입에 대면서
"보라 이것이 네 입에 닿았으니 네 악이 사하여졌고 네 죄가 사하여졌
느니라"고 함으로써 죽지 않고 사명을 받았습니다(사 6:6~7).

　여호와의 제단에서 드려지는 제물은 거룩하고 흠이 없어야 합니다.
거룩하고 흠이 없는 것만이 이스라엘 백성의 죄를 대신하여 제물로 드
려져야 합니다. 그 결과 이스라엘 백성은 하나님 앞에서 거룩하고 흠이
없는 자가 되는 것입니다. 구약시대에는 하나님 앞에서 거룩하고 흠이
없게 되는 길은 거룩(구별)하고 흠이 없는 제물로만 가능하였습니다.
이때 드려진 제물은 하나님께서 자비하심으로 거룩하고 흠이 없는 제
물로 여겨 주셔야 제물로서 성립이 가능합니다. 이스라엘 백성이 자신
들의 힘으로는 거룩하고 흠이 없게 될 수 없었던 것처럼 신약시대에도
마찬가지입니다.[4]

　신약시대에는 제물을 드리지 않는데 이 일이 어떻게 가능하단 말입
니까? 바울은 사랑 안에서 가능하다고 말하고 있습니다. "사랑 안에서"
라는 말은 하나님께서 자기 아들 예수 그리스도를 "우리가 아직 죄인
되었을 때에 그리스도께서 우리를 위하여 죽으심으로 하나님께서 우
리에게 대한 자기의 사랑을 확정하시는" 하나님의 크신 사랑을 말합니
다(롬 5:8). 우리가 하나님 앞에서 거룩하고 흠이 없이 될 수 있는 길은
오직 그리스도 안에서만 가능하기 때문에 그리스도 안에서 택하신 것
을 알 수 있습니다. 바울은 그리스도 안에서만 거룩하고 흠이 없게 되

는 근거를 에베소서 1:7 이하에서 밝히고 있습니다.

다만 여기에서 추론할 수 있는 것은 하나님께서 거룩하고 흠이 없는 자만 골라 선택하기로 작정한 것이 아니라는 점입니다. 거룩한 자만 선택하기로 한 것이 아니라 부정하고 흠이 있는 자를 거룩하고 흠이 없는 자로 만드시기 위하여 선택한 것입니다. 만일 거룩한 자만 선택하려 하셨다면 굳이 그리스도 안에서 선택할 필요가 없을 것입니다. 그러므로 그리스도 안에서 일어난 선택은 인간의 타락을 전제합니다. 그러기에 바울은 그리스도 안에서 택함이란 바꿔 말해 사랑 안에서 택함이라는 동의어를 쓰고 있습니다. 바울은 선택과 예정의 또 다른 목적에 대하여 6절에서 "그의 사랑하시는 자 안에서 우리에게 거저 주시는 바 그의 은혜의 영광을 찬미하게 하려는 것이라"고 말합니다. 이 부분은 예정을 설명한 후 다루도록 하겠습니다.

:: 하나님께서 예정하신 목적과 의도

하나님이 예정하셨다는 말은 하나님께서 미리 정했다는 의미입니다. 이처럼 하나님은 미리 정하신 대로 하시는 분이십니다. 하나님은 믿는 자를 자기 아들로 삼으시기 위하여 창세전에 선택했는데, 그것은 곧 하나님께서 그렇게 하시기로 예정하셨기 때문입니다. 바꿔 말하면 하나님의 예정에는 목적과 의도가 있다는 것입니다. 하나님께서 창세전에 선택하도록 예정하신 것은 하나님 자신의 기쁘신 뜻에 따름입니다. 하나님의 예정의 목적은 우리로 예수 그리스도로 말미암아 하나님의 아들이 되게 하심입니다. 믿는 자가 하나님의 아들이 되는 것은 하나님의 기쁘신 뜻입니다.

하나님의 기쁘신 뜻이란 말 그대로 하나님께서 기뻐하신다는 의미와 하나님의 선하신 뜻이라는 의미를 동시에 내포하고 있습니다. 그리스도로 말미암아 하나님의 아들이 되게 한다는 말은 7절이 보여주는 대로 그리스도의 피로 인한 구속, 즉 죄 사함의 결과로 하나님의 아들 됨을 말합니다. 그렇다면 하나님께서 그의 아들 예수 그리스도가 우리를 위하여 피 흘려 죽으심을 기뻐하셨다는 것과 그렇게 하시는 것을 선하다고 생각하셨다는 뜻입니다.

인간적으로 말해서 어떻게 자기의 아들이 죽는 것을 기뻐할 아버지가 있겠습니까? 아버지가 자신의 아들로 죽게 하는 것이 어떻게 선한 일이라고 말할 수 있겠습니까? 더군다나 악한 자 때문에 선한 자가 죽는다면 어찌 그것을 선하다 할 수 있으며 그런 세상을 공의로운 세상이라고 할 수 있겠습니까? 자신의 선한 아들이 악한 자 때문에 죽는 것을 보고 기뻐할 그런 분을 어찌 선하다고 말할 수 있겠습니까? 그것은 말도 안 되는 소리입니다. 그런 아버지를 선한 자라고 할 수 없습니다. 도리어 악한 아버지가 아니면 미친 아버지라고 말할 수밖에 없습니다.

그렇다면 우리가 하나님을 악한 하나님이라고 말할 수 있겠습니까? 어떤 이는 그럴 수도 있지 않겠느냐고 말할지 모르겠습니다. 그러나 사도 바울의 표현에 따르면 "그럴 수 없느니라"라고 선언할 수밖에 없습니다. 그러면 선한 하나님께서 악한 아버지나 미친 아버지나 할 수 있을 법한 그런 일을 왜 하셨을까 하는 질문이 나올 것입니다. 바울은 그 이유와 목적을 6절에서 밝히고 있습니다.

이제 선택과 연관하여 예정에 대하여 살펴보겠습니다. 그 이유는 이미 위에서 언급한 대로 선택과 예정이 서로 긴밀한 관계가 있을 뿐 아니라 선택과 예정 교리를 잘못 오해하고 있기 때문입니다.[5) 또 다른 이유는 이 교리가 논리적으로 누구나 납득할 수 있도록 설명할 수 없는 신비함이 있기 때문입니다. 그러나 기독교가 오늘에 이르기까지 이 교리를 분명하게 체계화하여 설명하려는 노력은 계속되어 왔습니다. 이 점을 살피기 전에 먼저 바울이 선택과 예정을 어떤 의미로 사용하고 있는지를 보기로 하겠습니다. 이미 우리는 4절에서 선택이라는 단어가 나오고 5절에 예정이라는 단어가 나오기 때문에 선택이 먼저이고 예정이 나중인 것처럼 생각할 수 있습니다. 그러나 헬라어 본문을 보면 예정이 선택 이전에 나옵니다.[6) 하나님은 믿는 자를 자기 아들로 삼으시기 위하여 창세전에 선택했는데, 그것은 곧 하나님께서 그렇게 하시기로 예정하셨기 때문입니다.

예정과 선택의 다른 점에 대하여 박형용 교수는 "예정은 하나님의 궁극적 목적, 즉 하나님의 계획을 강조하는 반면 선택은 그 계획을 실행시키는 방법을 강조합니다"라고 양자 사이를 구분하면서도 "비록 선택과 예정이 차이점은 있을지라도 하나님께서 예정한 사람들이 결국 선택받는 자들이기 때문에 성도들의 구원 경험을 생각할 때는 선택과 예정에 큰 차이를 둘 수 없다"고 잘 지적하였습니다.[7) 따라서 선택과 예정은 동전의 양면처럼 서로 구분하여 생각할 수 없습니다.

본 절에서 사용된 예정이라는 단어는 하나님의 주도적인 주권적 결정을 의미합니다. 그 결정은 믿는 자가 하나님의 아들이 되는 것입니다. 바울은 특별히 본 절을 위시하여 11절과 로마서 8:29~30과 고린도전서 2:7에서 이 단어를 사용하고 있습니다. 이 모든 경우에 믿는 자가 받을 영광과 연관시켜 사용하고 있습니다. 그런데 그 영광은 하나님의 아들이 됨으로 인한 영광입니다. 그러므로 예정과 선택 교리는 운명론이나 숙명론이 아닙니다. 예정과 선택 교리는 우리가 예수 믿고 구원 얻도록 하시는 하나님의 열심과 사랑과 그것이 실패할 수 없다는 하나님의 주권적 역사를 보여주는 은혜의 교리인 것입니다.

:: 선택과 예정 받지 못한 자의 지옥행은 누가 책임져야 하나

이제 예정 및 선택 교리와 관련된 오해에 대하여 살펴보겠습니다. 이 교리에 대한 잘못된 오해를 푸는데 있어 주목할 점은 예정과 선택이 하나님의 기쁘신 뜻 가운데 되었다는 점입니다. 하나님의 기쁘신 뜻에 대하여서는 이미 언급하였습니다. 하나님의 기쁘신 뜻과 연관하여 잊어서는 안 될 중요한 사실은 하나님께서 그의 기쁘신 뜻을 이루시기 위하여 독생자 예수 그리스도의 희생을 전제하셨다는 점입니다. 예정과 선택을 말할 때 혹자는 예정과 선택의 교리가 사실이라면 하나님께서 많은 사람들을 예정과 선택을 하지 않았기 때문에 예정과 선택을 받지 않은 사람들은 결국 지옥에 갈 수밖에 없다고 주장합니다. 그렇다면 결과적으로 많은 사람들이 지옥 가는 책임이 하나님에게 있다는 식입니다. 그러나 예정과 선택은 그런 것이 아닙니다.

모든 사람은 본래 예정과 선택과 관계없이 아담의 범죄와 자신의 죄로 인하여 지옥에 갈 수밖에 없습니다. 그런데 하나님께서 자신의 기쁘신 뜻에 따라 자기의 아들을 희생시켜 그 아들 안에서 모든 사람들 중 일부를 구원하시기 위하여 예정과 선택을 작정하신 것입니다. 그러므로 예정과 선택된 자는 바울처럼 하나님께 감사할 뿐입니다. 반면에 예정과 선택을 받지 못한 자는 이론적으로 말한다면 예정과 선택받은 자를 보면서 부러워할 일이지 하나님께 반감을 가지고 불평과 원망할 일이 아닙니다. 그러나 선택받지 않은 자들은 실제로 하나님의 예정과 선택에 대하여 관심도 없습니다. 만일 그런 자들이 예정과 선택의 교리가 불공평하다고 주장한다면 그것은 다만 논쟁을 위한 구실일 뿐입니다.

예정과 선택받은 사실을 믿지 않는 자는 누구나 선택과 관련하여 지옥과 천국을 말하면 그 점에 대하여 어떤 말을 할지라도 마음으로는 "너나 천국에 가라 나는 지옥에 가도 상관없다"고 하면서 기분 나빠할지는 모릅니다. 그러나 그 일 때문에 걱정하지는 않습니다. 만일 자신이 예정과 선택받지 못한 자가 아닌지 염려하는 자라면 그는 이미 예정과 선택받은 자임이 틀림없습니다. 왜냐하면 선택받지 못한 자는 그런 걱정을 하지 않기 때문입니다. 그런 걱정을 하는 것 자체가 그가 예정과 선택받은 자임을 말해 주기 때문입니다.[8]

:: 예정과 선택 교리는 전도 무용론을 지지하는가

예정과 선택 교리에서 가장 심각한 오해는 전도 무용론입니다. 만일 창세전에 하나님의 아들이 되도록 예정되고 선택되었다면 사람들이 전도하지 않아도 언젠가는 예수를 믿을 수밖에 없다는 반론을 제기하는 경우를 만납니다. 그럴듯한 주장입니다. 이러한 주장 역시 성경에서 말하는 진리에 어긋나는 것입니다. 이 주장에 잘못되었다는 것을 말하기 전에 성경이 전도에 대하여 무엇이라고 말하는지를 살펴보겠습니다.

성경은 예수님께서 제자들에게 만민에게 복음을 전파할 것을 명령하셨다고 기록하고 있습니다(마 28:18~20; 막 16:15). 예정과 선택의 교리를 가장 잘 나타내 보여주는 바울 역시 복음을 전하라고 강조합니다. 그는 "누구든지 주의 이름을 부르는 자는 구원을 얻으리라"(롬 10:13)고 말하면서 어떻게 주의 이름을 부르게 되는지를 다음과 같이 선언합니다. "그런즉 저희가 믿지 아니하는 이를 어찌 부르리요 듣지도 못한 이를 어찌 믿으리요 전파하는 자가 없이 어찌 들으리요 보내심을 받지 아니하였으면 어찌 전파하리요 기록된바 아름답도다 좋은 소식을 전하는 자들의 발이여 함과 같으니라"고 선언하였습니다(롬 10:15).

성경에서 강조하는 전도에 근거하여 예정과 선택교리는 폐기되든지 아니면 선택교리에 근거하여 전도는 할 필요가 없는 것입니까? 이에 대한 대답은 한마디로 그럴 수 없다는 것입니다.[9] 하나님께서 주권적인 능력으로 전도자의 도움없이 직접 사람들을 구원하지 아니 하시고 창세전에 예정과 선택된 자를 구원하기 위하여 미국에서 한국으로 또는 한국에서 아프리카로 전도자들이 가도록 예정과 선택하신 이유는 무엇일까요? 이 물음은 솔직히 우리의 논증이나 추론의 영역 밖에 있다고 대답할 수밖에 없을 것입니다. 이런 전제하에 다음 몇 가지를 생각할 수 있습니다. 하나님께서 창세전에 작정하신 구원 역사를 이 세상 역사에서 이루어 가시는 과정 중에 믿음의 사람들을 사용하심을 볼 수 있습니다. 이렇게 하심은 그들이 없이는 구원 역사를 성취할 수 없어서가 아닙니다. 그들을 사용하시는 몇 가지 이유가 있습니다.

:: 전도자를 세우시는 이유

먼저 구원받는 자의 유익을 위해서입니다. 하나님은 전도자를 통하여 하나님의 놀라우신 사랑과 능력을 보여 주시기를 원하십니다. 하나님께서는 사람들의 지식과 의지와 감정을 무시하고 강압적인 방법으로 구원에 대한 진리를 믿게 하시기를 원하지 않으십니다. 강압적인 방법으로 믿음이 강요된 곳에는 감동과 감사가 있을 수 없고 다만 무조건적인 굴종만 있을 따름입니다. 그것은 하나님께서 인간을 창조하신 근본 목적에도 어긋납니다. 하나님은 자발적인 자유로운 선택에 의하여 사람들이 믿기를 원하십니다. 그럴 때에 비로소 하나님께 진정한 찬양을 드릴 수 있을 것입니다. 이와 같은 사실은 하나님께서 구원 역사를 역사 속에 이루어 가시는 과정을 통하여 어떻게 행하셨는지를 살펴보면 알 수 있습니다.

하나님은 구약시대에 이스라엘, 특히 믿음의 사람들을 통하여 구원 역사를 준비하셨습니다. 구원 역사의 준비가 완료되어 그 일을 이루실 작정의 때가 되자 하나님 자신이 사람이 되어 이 땅에 와서 구원 역사를 십자가에서 성취하셨습니다. 예수님께서 부활하신 후 그 예수님을 "나의 주 나의 하나님" 으로 고백한 제자들을 중심하여 복음을 전파하는 사역을 시작하심을 볼 수 있습니다. 이 모든 과정 속에 초자연적인 역사가 없는 것은 아닙니다. 그러한 가운데에서라도 전도자들이 개입되어 구원 역사를 설명함으로 강압적인 것이 아닌 감동과 감격 속에 복음을 받아드리고 그 복음을 위하여 헌신하는 전도자가 일어나도록 하셨습니다.

구원 역사는 그 전도자들을 통하여 '십자가(사랑)의 도' 를 사랑으로 전하게 하셨습니다. 아니 전도자의 사랑으로만 전할 수 있습니다. 그들을 통하여 전해진 십자가의 도를 믿음으로 받아드리는 일이 인간 역사 과정을 통하여 계속되는 가운데 구원 역사는 최종적 완성을 향하여 나아가고 있습니다. 이것이 하나님께서 창세전에 작정하신 것입니다. 그러기에 예정과 선택의 교리도 이 작정 안에 있는 것입니다.

전도자의 입장에서 생각해 보기로 하겠습니다. 그들에게 있어 전도는 고난의 길이요 또한 좁은 길임이 틀림없습니다. 그러나 그 길에 기쁨도 감격도 없겠습니까? 그렇지 않습니다. 마치 등산가가 큰 정상에 오르는 과정 중에 때로는 너무도 힘이 들어 포기할 마음까지 생길지 모릅니다. 그러나 그 정상에 올랐을 때 느끼는 희열은 그 정상에 오른 자만 느낄 수 있는 희열입니다.

전도자가 가지는 기쁨과 감격이 역시 이와 같다고 말한다면 전도자는 맞는 말이라고 대답할까요? 그렇게 대답하지는 않을 것입니다. 도저히 그것과는 비교할 수 없을 것이라고 대답할 것입니다. 전도하는 중에 하나님께서 함께하시는 놀라운 은혜와 기쁨, 한 영혼이 태어나는 신비한 역사는 전도하는 자만이 누릴 수 있는 축복입니다. 그뿐 아니라 전도자에게 주어지는 하늘의 축복은 이루 말할 수 없습니다. 그러기에 사도 바울은 "현재의 고난은 장차 우리에게 나타날 영광과 족히 비교할 수 없도다"라고 하였습니다(롬 8:18).

바울은 복음 사역을 마치고 이 세상을 떠나가는 시점에 "관제와 같이 벌써 내가 부음이 되고 나의 떠날 기약이 가까웠도다 내가 선한 싸움을 싸우고 나의 달려갈 길을 마치고 믿음을 지켰으니 이제 후로는 나를 위하여 의의 면류관이 예비되었으므로 주 곧 의로우신 재판장이 그 날에 내게 줄 것이니 내게만 아니라 주의 나타나심을 사모하는 모든 자에게 니라"고 선언합니다(딤후 4:6~8). 누가 감히 자신의 죽음을 앞두고 감격 속에 이렇게 외칠 수 있단 말입니까? 오직 전도자만 외칠 수 있는 선언입니다. 이렇게 하나님의 예정과 선택은 인간들에게 주시는 놀라운 축복의 신비함이 있는 것입니다. 우리는 하나님께서 창세전에 작정하신 예정과 선택 교리에 대하여 의문과 반감을 가지고 논의할 것이 아닙니다. 다만 이 예정과 선택 교리를 통하여서도 하나님의 은혜와 영광을 찬미하여야 할 것입니다.

이것이 곧 하나님 편에서 볼 때 창세전에 작정한 예정과 선택하신 일을 강압적으로 이루어 가시지 않고 사람들을 통하여 이루어 가시는 이유와 목적이 되는 것입니다. 이 사실을 안 사도 바울은 이스라엘의 선택과 반역과 회복을 말하면서 결론적으로 "깊도다 하나님의 지혜와 지식의 부요함이여 그의 판단은 측량치 못할 것이며 그의 길은 찾지 못할 것이로다 이는 만물이 그에게서 나오고 그로 말미암고 그에게로 돌아감이라. 영광이 그에게 세세에 있으리로다"라고 외치고 있습니다(롬 11:33, 36). 이 점에 대해서는 6절에서 더 자세히 다루기로 하겠습니다.

:: 죄인을 아들 삼으시는 하나님의 마음

바울은 하나님께서 그의 기쁘신 뜻대로 우리를 그리스도로 말미암아 자기 아들이 되도록 예정하셨다고 말합니다. 이 부분을 문자적으로 번역하면 "우리를 그(하나님)를 위하여 그리스도로 말미암아 양자되도록 그의 기쁘신 뜻대로 예정하신 후"에 선택하셨다고 말합니다. '양자'라는 단어는 신약에서 바울만이 사용하였습니다(롬 8:15, 23; 9:4; 갈 4:5; 엡 1:5). 바울은 로마서 9:4에서 이스라엘의 양자됨을 말하고 있습니다. 신약 학자들 사이에서는 바울이 쓴 이 용어 사용의 배경을 로마법에 있다고 말합니다.[10] 그러나 바울은 하나님과 이스라엘의 관계를 아버지와 아들의 관계로 말하고 있는 구약을 인용하고 있습니다. 따라서 구약을 무시하고서는 바울의 이 용어 사용의 풍성함을 이해할 수 없다고 생각됩니다. 이 말은 하나님께서 이스라엘과 언약을 맺으시고 이스라엘을 선택하심에서 찾아야 한다는 것입니다.

이와 연관하여 주목되는 성경 말씀은 하나님께서 모세를 통하여 바로에게 전하라고 하신 말씀입니다. 하나님께서 모세에게 "너는 바로에게 이르기를 여호와의 말씀에 이스라엘은 내 아들 내 장자라 내가 네게 이르기를 내 아들을 놓아서 나를 섬기게 하라 하여도 네가 놓기를 거절하니 내가 네 아들 네 장자를 죽이리라 하셨다 하라"고 명령하셨습니다 (출 4:22~23). 이스라엘은 하나님께서 인간이 아들을 낳는 방식대로 낳은 아들이 아닙니다. 다만 관계를 통하여 아들로 삼으신 것입니다. 그 관계는 하나님께서 이스라엘을 택하여 언약을 맺으심으로 이루어진 관계입니다. 하나님께서 이스라엘의 택하심과 관련하여 로마 사람들이 양자 삼는 조건과 다른 것을 보여주는 말씀이 있습니다.

하나님께서 모세를 통하여 이스라엘 백성에게 "너는 여호와 내 하나님의 성민이라 내 하나님 여호와께서 지상 만민 중에서 너를 자기 기업의 백성으로 택하셨나니 여호와께서 너희를 기뻐하시고 너희를 택하심은 너희가 다른 민족보다 수효가 많은 연고가 아니라 너희는 모든 민족 중에 가장 적으니라 여호와께서 다만 너희를 사랑하심을 인하여 또는 너희 열조에게 하신 말씀을 지키려 하심을 인하여 자기의 권능의 손으로 너희를 인도하여 내시되 너희를 그의 종 되었던 집에서 애굽 왕 바로의 손에서 속량하였나니"는 말씀에서 찾을 수 있습니다(신 7:6~7).

로마 사람들은 양자를 삼을 경우 많은 사람 중에서 여러 면으로 가장 뛰어난 자를 양자로 삼았습니다. 그러나 하나님은 정반대로 가장 뒤 떨어지는 자를 양자로 삼으셨습니다. 그 이유는 무조건적인 사랑과 그 조상에게 하신 맹세를 지키기 위함입니다. 물론 로마인들도 양자로 삼을 때 양자를 삼고자 하는 자를 사랑하는 마음이 있기 때문에 그를 양자로 삼았을 것입니다. 그러나 로마인들은 자신들이 양자로 택한 자가 누가 보아도 사랑할 만한 조건을 갖추고 있어서 양자 삼은 자를 사랑하였을 것입니다.

이와는 정반대로 하나님께서 이스라엘을 양자 삼으심은 누가 보아도 이해할 수 없는 무조건적인 사랑에 근거한 것이 틀림없습니다. 혹자는 하나님께서 양자 삼으심에도 조건이 없는 것이 아니라고 하며 그 조건은 양자 삼을 자들의 조상에게 한 과거의 약속이라고 말할지 모르겠습니다. 그러나 조상에게 하신 약속 역시 무조건적인, 바꿔 말하면 은혜의 약속입니다.

한걸음 더 나아가 현재 양자될 자들의 장점이나 단점이 양자의 조건이 될 수 없습니다. 바울에게 있어서 양자되는 조건은 양자될 자들의 장점이나 단점이 문제가 되지 않습니다. 그것은 '그리스도로 말미암아' 다시 말해서 은혜로만 되는 것이기 때문입니다. 반면에 로마인들이 양자로 삼는 경우 과거에 대한 어떤 조건보다도 현재 양자될 자가 가지고 있는 장점들만이 조건이 되었을 것입니다. 또한 로마인의 경우에는 많은 자 중에 하나를 택하여 양자 삼음으로 그 선택은 개인적인 것입니다.

이에 반하여 이스라엘의 경우는 그 중에 일부를 택하거나 배제하지 않고 전체를 양자 삼으심을 볼 때 하나님의 양자 삼으심은 집단적입니다. 그러면서도 그 집단을 하나로 취급하는 것을 볼 수 있습니다. 이와 같은 면은 바울이 양자라는 용어를 사용하는 경우에서도 찾아볼 수 있습니다. 바울은 양자되는 대상이 복수임에도 불구하고 그들이 양자되었다고 할 때 그 '양자' 되는 것을 항상 단수로만 사용하였습니다. 그것은 양자된 자들 사이에 어떤 신분이나 지위나 특권의 차이나 구별이 없이 모두 동일하게 하나님의 양자가 되었음을 보여준다 하겠습니다. 하나님의 양자 삼으심에는 불공평이나 원망이나 공로가 있을 수 없고 다만 은혜로만 되는 것입니다. 그러므로 거기에는 감사와 감격과 찬송만이 존재할 뿐입니다.

특히 로마법에 따른 양자와 완전히 다른 점은 하나님의 양자된 자는 양자의 영을 받는다는 점입니다(롬 8:15). 로마법에 의한 양자는 법적으로 친 아들과 동일한 자격을 소유하게 됩니다. 물론 양자는 양아버지의 아들답게 살아가도록 노력함으로 그 양아버지의 삶을 어느 정도 닮아갈 수 있을 것입니다. 그러나 바울이 말하는 하나님으로부터 양자된 자는 양자의 영을 받음으로 그의 삶 속에서 일어나는 변화가 로마법에 의하여 양자된 자와는 전혀 차원이 다른 변화를 경험하게 됩니다. 바울은 하나님의 아들, 즉 양자된 자는 하나님의 영의 인도함을 받는다고 말합니다(롬 8:14). 이 하나님의 영은 성령이며, 성령은 우리의 영으로 더불어 우리가 하나님의 자녀인 것을 증거하여 주고 그 영을 받은 자는 하나님을 아바 아버지라고 부르짖게 됩니다(롬 8:14~16).

여기에서 바울이 말하는 양자는 신분과 특권의 변화만 말하는 것이 아니라 하나님 아버지의 성품까지 닮아가는 인격의 변화까지 말하고 있음을 알 수 있습니다. 구약에서는 하나님의 장자된 이스라엘에게는 "내가 거룩하니 너희도 거룩 하라" 고 하십니다(레 11:45 하반절).[11] 이스라엘이 거룩하여야 할 이유는 하나님이 그들을 애굽 땅에서 인도하여 낸 여호와, 즉 언약의 하나님이시기 때문이라 밝히고 있습니다(레

11:5 상반절). 하나님께서 이스라엘을 애굽에서 인도하여 내심과 이스라엘이 하나님의 아들(장자)됨과는 뗄 수 없는 관계이므로 하나님께서 이스라엘에게 거룩함을 요구하는 것은 아버지로서 양아들에게 친아들답게 살라는 명령임이 틀림없습니다.

이 명령에는 거룩하신 하나님 아버지가 그 아들된 이스라엘이 거룩하여짐으로 그들 중에 거하시기 위함이십니다(출 29:42~46). 그런데 이미 우리가 본 대로 신약에서는 하나님의 영을 양자에게 주시어 양자로 하여금 하나님 아버지의 성품을 닮아가도록 하는 능력을 부여하심을 볼 수 있습니다. 그러므로 바울이 하나님과 우리의 관계를 양자 관계로 설명하는 것은 로마법보다는 구약에서 그 배경을 찾아야 할 것입니다.

결론적으로, 하나님의 아들 즉 양자가 되는 것은 전혀 자격이 없는 자에게 무조건적인 사랑으로 아들의 신분을 허락하여 아들이 누릴 수 있는 모든 특권을 누리는 것입니다. 한걸음 더 나아가 하나님의 아들 신분만 허락하시는 것이 아니라 하나님 아버지의 성품을 닮도록 양자의 영을 주어 그의 인도함을 받도록 하는 축복을 누리게 하십니다. 결국 이렇게 하심은 우리가 그 하나님 아버지의 그 아들로서 그 하나님께 영광 돌리며 영원토록 함께 살게 하기 위함입니다. 그러기에 6절이 보여주는 대로 양자된 자들이 그의 은혜의 영광을 찬미하도록 하기 위하여 그리스도로 말미암아 양자되게 하십니다.

:: 케네디 공항에서 느낀 깊은 경험

저는 하나님의 아들이 되는 양자의 신분이 얼마나 영광스러운 것인가를 미국으로 입양하는 아이들과 함께 동행하면서 깨달았습니다. 내가 아이들과 함께 미국 입국 수속을 받은 곳은 알라스카 앵커리지 공항입니다. 입국 수속할 때에 나는 아이들과 내가 신분이 다르다는 것을 깨달았습니다. 비록 아이들은 나와 동일한 핏줄이지만 그들은 이미 미국 시민이 되었습니다. 그러나 나는 여전히 대한민국 국민입니다. 그들은 그들의 신분에 걸맞게 미국 시민권자들과 함께 입국 수속 절차를 마쳤습니다. 그러나 그들을 돌보던 나는 미국 시민권자가 아니기에 그들이 입국한 방법대로 입국 수속을 할 수 없었습니다. 나는 외국인이 입국 절차를 밟는 길게 늘어진 줄 끝에 섰습니다. 그때 마침 미국 시민권자들만 입국 수속을 해주던 이민국 직원이 내가 서 있는 쪽을 향하여 '오라'는 신호를 했습니다.

나는 어떤 모자라는 미국 시민이 우리 줄에 서 있지 않나 해서 주위 사방을 둘러보았습니다. 아무리 살펴보아도 그렇게 보이는 사람은 없었습니다. 그 이민국 직원이 나를 부르는 것 같았습니다. 나는 그에게 엉거주춤한 모습으로 천천히 다가갔습니다. 나는 입국 수속에 대한 두려움이 있었습니다. 만일 이민국 직원이 미국 돈을 얼마나 갖고 있느냐고 묻는다면 어떻게 대답할까 하는 두려움이 있었습니다. 이민국 직원이 돈 이야기를 꺼내 한국으로 되돌아가라고 한다면 한 팀이 되어 동행한 미국 여자 분들이 나를 도와주면 좋겠다는 생각도 해 보았습니다.

이민국 직원은 나에게 아무 말도 묻지 않았습니다. 그 대신 그는 나의 예상과는 영 딴판으로 나에게 "땡큐" 하는 것이었습니다. 나는 영문을 몰라 어리둥절할 수밖에 없었습니다. 아니 이 사람이 나에게 감사하다니! 그 직원의 다음 말은 나를 더욱 놀라게 했습니다. "For your good care of my people." 이 두 말을 합치면 "당신이 우리나라 사람(입양하는 어린 아이들)을 잘 보살펴 주어서 감사합니다" 라는 뜻입니다. 그리고는 미국에서 공부를 잘 마치고 안녕히 돌아가라는 말과 함께 나의 여권에 입국 비자 도장을 쾅 찍어 주었습니다. 나는 하나님께서 이민국 직원이 나를 미국의 국빈으로 대우하도록 하신다는 착각에 빠질 정도로 도와주심을 절감하였습니다. 나는 다시 한 번 하나님의 선하심과 인자하심이 나를 따라다니는 것 같아 눈물을 머금고 하나님께 감사하였습니다.

나의 최종 기착지는 시카고를 거쳐 뉴욕 케네디 공항이었습니다. 나와 함께 한 아이 중에 제일 나이가 많은 아이는 초등학교 일학년을 다니다가 입양되는 신씨라는 성을 가진 여자 아이였습니다. 나는 기회가 있을 때마다 그 아이에게 "너는 한국 사람이다. 한국을 잊지 말아라. 네가 미국에서 잘 되면 너의 모국인 한국을 잊지 말고 도와 달라"는 등 마치 내가 애국자인척 하면서 그 아이에게 세뇌 공작을 했습니다. 그렇게 하다가 비행기가 케네디 공항에 도착한 것은 1977년 1월 28일 새벽 한 시 반이었습니다. 시카고에서 한 시간 반 지체하는 바람에 예정보다 한 시간 반 늦게 도착했습니다.

늦은 밤에 비행기가 케네디 공항에 가까이 오면서 애국자인척 하던 마음은 온데간데없이 사라지고 이 아이들을 빨리 넘겨주고 나의 갈 길을 가야겠다는 생각이 들기 시작하였습니다. 나는 이 아이들을 마중 나왔을 법한 사람들을 이리저리 두리번거려 보았으나 그럴 만한 나이 들어 보이는 사람은 없었습니다. 나는 다시 혹시 입양을 주선하는 기관에서 왔을까 해서 둘러보았으나 표지판을 들고 서 있는 사람도 없었습니다. 나는 속으로 너무 늦어서 아무도 마중 나온 자가 없는가보다는 생각이 나 난감한 생각이 들었습니다. 바로 그 때 한 젊은 부부가 자기 아이들을 데리고 나에게 다가왔습니다. 그들은 나를 한 번 쳐다보고 그 아이를 한 번 쳐다보고 난 뒤 나에게 인사하며 말을 거는 것입니다. 그 젊은 부부는 그 아이의 양부모였고 그들과 함께 한 아이들은 그 아이의 형제 자매들이었습니다.

그들은 자기들의 부모를 그 입양자의 양부모요 자신들은 입양자의 언니와 동생들이라고 말하면서 환영하러 공항에 마중 나왔다고 말할 때 나는 놀라지 않을 수 없었습니다. 나를 더욱 놀라게 한 사실은 집에 갓난아이가 또 있다는 것이었습니다. 너무 춥고 늦어서 데려 올 수 없었다고 했습니다. 그들은 처음 만나는 이 초라한 동양인에게 자기 딸을 무사히 케네디 공항까지 데려다 주어 감사하다고 하면서 자기 딸을 환영하기 위하여 갓난아이를 제외한 온 식구가 다 나왔다는 사실을 자기들을 대신하여 자기 딸에게 전해 달라는 것이었습니다.

그들의 말을 들으면서 나는 눈물을 억제할 수 없었습니다. 동시에 나는 그들에게 죄송스런 생각도 들었고 감사한 마음도 들었습니다. 반면에 나는 처음으로 내 자신이 한국 사람이라는 사실에 대해 무척 부끄러움을 가졌습니다. 나는 조금 전까지만도 입양하는 분들에게 감사하는 마음이 없었습니다. 나는 나이가 많아 자식이 없으므로 그 외로움을 달래기 위해 아이들을 입양한다는 잘못된 편견을 가지고 있었습니다. 나는 사람들이 볼까 봐 돌아서서 눈물을 흘린 다음 다시 돌아서서 눈물을 닦으며 그 입양되는 아이에게 그 젊은 부부가 나에게 부탁한 말을 해 주었습니다.

바로 그 때 이 아이의 눈에서도 소리 없는 눈물이 흘러내리고 있었습니다. 그의 눈물은 내가 우는 모습이 너무 처량해서 같이 울어 주는 것이 아니었습니다. 그의 눈물은 양부모와 형제 자매의 사랑을 피부로 느끼며 그들의 환영에 감격한 눈물이라고 직감할 수 있었습니다. 또한 안도의 눈물이라는 생각도 들었습니다. 비행기를 타고 오면서 그를 바라보면 어느 때는 행복한 것처럼 보였다가 어떤 때는 행복하지 않은 것처럼 보였습니다. 아마 그 아이가 행복하게 보일 때는 미국에 입양되는 것이 좋겠구나 하는 생각이 들어서고, 반대로 행복하지 않겠다는 생각이 들 때는 혹시 팔려가는 게 아닌가 하는 불쌍한 마음이 들어서였을 것입니다.

그러나 그 추운 겨울 늦은 밤에 공항까지 찾아와 환영해 주는 새로운 부모 형제를 만나는 순간 모든 불안과 걱정은 사라지고 안도와 감사가 밀물처럼 밀려오기에 그 소녀는 눈물을 흘리고 있었습니다. 나는 바로 이 순간 우리가 하나님의 아들이 되었다고 바울이 말할 때의 양자라는 개념이 얼마나 놀라운 것인지를 깨닫게 되었습니다. "아, 성경에서 말하는 양자된 자가 누리고 누릴 축복, 감격과 감사가 바로 이거로구나." 나는 더 이상 그 아이를 세뇌하고자 하는 말이나 생각을 떠올리고 싶지 않았습니다. 나는 다만 "양부모님과 함께 잘 살아라"라는 말만 뒤로 남기고 그 아이와 헤어졌습니다.

:: 죄인을 자녀 삼으시는 목적

하나님께서 죄인들을 아들로 삼으시는 목적에 대하여 바울은 6절에서 이렇게 말합니다. "이는 사랑하시는 자 안에서 우리에게 거저 주시는 바 그의 은혜의 영광을 찬미하게 하려는 것이라." 6절은 "이는"이라는 말로 시작합니다. 이 말은 목적을 나타내는 헬라어 전치사 '에이스'

를 번역한 것입니다. 바울은 5절에서 예정의 목적은 믿는 자를 양자 삼는 것이라고 하였습니다. 6절에서는 한 걸음 더 나아가 믿는 자를 아들로 삼으시는 목적에 대하여 말하고 있습니다. 바울은 하나님께서 그리스도 안에서 아들 삼으시는 목적과 이유가 무엇인지를 밝히고 있습니다.

우선, 주목할 바는 "그의 사랑하시는 자 안에서"라는 표현입니다. 이 표현은 하나님께서 예수 그리스도를 사랑하시는 분이라고 말합니다. 이 말은 하나님께서 예수님을 사랑하시지 않아서 예수님을 희생시키고 그 대신에 우리를 아들로 삼으실 그런 계획을 세운 것이 아님을 알 수 있습니다. 하나님께서 예수님을 사랑하신다는 사실은 설명할 필요가 없습니다. 그럼에도 불구하고 이렇게 표현한 것은 하나님께서 우리를 얼마나 사랑하시는지를 강조하기 위함이라고 생각합니다. 마치 하나님께서 예수님을 사랑하시지만 성도들을 예수님보다 더 사랑하시는 것처럼 이해할 수 있는 표현입니다. 사도 바울은 하나님이 예수 그리스도의 희생을 증표로 하여 우리에 대한 자신의 사랑을 확증하신 분이라고 선언하고 있습니다. 하나님께서 성도들을 무한히 사랑하시기 때문에 그리스도께서 성도들을 대신하여 죽도록 하셨습니다.

바울은 로마서 5:8에서 "우리가 아직 죄인 되었을 때에 그리스도께서 우리를 위하여 죽으심으로 하나님께서 우리에 대한 자기의 사랑을 확증하셨느니라"고 선언합니다. 저는 이 구절을 다음과 같이 가정하여 상상해 봅니다. 만일 하나님께서 우리에게 자신의 사랑을 확증하는 방법, 즉 사랑하는 아들을 희생시켜 우리를 사랑하시는 자신의 사랑을 확증하는 그런 방법으로 제가 아내에게 사랑을 확증할 증표를 요구하였다면, 예를 들어 사랑하는 아버지를 희생(살해)하도록 요구하였다고 한다면 필자와 아내는 영원히 부부가 될 수 없었을 것입니다.

그러나 만일 저의 아내가 저의 요구대로 그렇게 하였다면 다른 사람들에게는 비록 저의 아내가 악한 자요 불효자식이요 미친 여자라는 지탄의 대상이 될 수밖에 없을 것입니다. 그러나 필자에게는 나만을 사랑해주는 지상에서 최고의 아내일 것입니다. 그뿐 아니라 저는 이 세상에서 가장 행복한 남자라는 감격 속에서 살아 갈 것이 분명합니다. 그렇다면 로마서 5:8의 바울의 선언은 그 무엇으로도 헤아릴 수 없는 하나님의 사랑에 대한 벅찬 감격의 선언임이 분명합니다. 이러한 감격은 찬송으로 이어질 수밖에 없습니다. 그런데 바울은 그리스도의 희생을 통하여 우리에게 베푸시는 하나님의 사랑이 여기에서 끝나지 않고 있음을 말하고 있습니다.

바울은 예수 그리스도 안에서 거저 주시는 바가 있다고 말합니다. 거저 주시는 바가 무엇입니까? 그것은 그가 주시는 "그의 은혜의 영광"을 의미합니다. 은혜는 모든 축복의 원천입니다. 바울은 여기에서 그리스도 안에서 주어지는 은혜를 말하고 있습니다. 바울은 7절에서 구약에서처럼 죄 용서와 연관하여 은혜를 말합니다.[12] 그러나 6절에서는 그리스도 안에서 하나님의 아들이 되는 신분이 은혜로 된다고 말합니다. 그러므로 '은혜의 영광'에서 말하는 '영광'은 그리스도 안에서 하나님의 양자된 신분을 얻은 자가 누리는 영광을 뜻합니다. 이 영광은 하나님의 영광이 아니라 양자되어 하나님의 아들 된 자들이 누리는 영광입니다. 왜 그렇게 생각할 수밖에 없습니까? 그렇게 해석할 몇 가지 근거가 있습니다.

(1) 영광을 수식하는 은혜라는 말이 이 해석을 지지합니다. 이 말은 자신의 노력이나 공로로 인하여 얻어진 영광이 아니라 은혜로 주어지

는 영광이라는 뜻입니다.

(2) 영광이 은혜로 믿는 우리들에게 주어지는 것을 뜻한다는 해석은 6절 상반절 "우리에게 거저 주시는 바"라는 표현도 이 해석을 지지합니다.

(3) "그의 은혜의 영광"에서 "그의"라는 대명사는 "영광"이라는 말과 관계되었다기보다는 "은혜"라는 말과 연관이 있습니다. 왜냐하면 "그의"라는 헬라어 대명사가 "은혜"라는 단어 다음에 있기 때문입니다.

(4) 헬라어 원문에서 6절과 12절에 나타난 영광에는 관사가 없는 반면에 14절의 "그의 영광"에는 관사가 붙어 있음을 보아 그렇게 말할 수 있습니다. 14절의 "그의 영광"을 원문 그대로 직역하면 "그의 그 영광"이라고 해야 합니다. 이것은 하나님 자신 한 분만이 누리시는 영광을 말한다 하겠습니다. 반면에 6절의 "그의 은혜의 영광"은 "그의 은혜의 그 영광"이라고 직역할 수 없습니다.

여기에서 우리는 사도 바울이 하나님 자신이 누리는 영광과 믿는 우리들이 은혜로 누리는 영광을 구분하여 말하고 있음을 알 수 있습니다. 그러므로 6절 그의 은혜의 영광은 하나님께서 그의 은혜 가운데 믿는 우리들에게 주시는 영광을 말하고 있음이 분명합니다.

결론적으로 바울은 하나님을 믿는 우리가 자신들의 어떠한 노력이나 수고로도 누릴 수 없는 다만 하나님께서 은혜로만 베풀어 주시는 영광을 누리면서 그 하나님을 찬미하는 미래에 이루어질 천국의 장면을 그려 보면서 찬송하고 있음을 상상할 수 있습니다. 물론 믿는 우리가 현재 누리는 은혜의 영광을 부정하는 것은 아닙니다. 믿는 우리는 현재 두 세상을 살고 있기에 은혜의 영광을 지금 누리고 있음을 부정할 수 없습니다. 왜냐하면 현재 믿는 우리는 은혜로 죄 용서함을 받고 양자의 영을 받아 하나님을 아바 아버지라고 부르며 성령의 인도하심을 받으며 살고 있기 때문입니다. 그러나 바울의 고백대로 장차 받을 영광을 무시하는 해석 역시 잘못된 것이 틀림없습니다. 우리의 강조는 현재보다 미래에 더 집중되어야할 것입니다.

:: 첫 유학길에서 얻은 경험

저는 하나님의 은혜의 영광을 찬송하는 자의 심정을 첫 유학길에 나서는 비행기 안에서 경험하고 하나님의 은혜의 영광을 찬송하였습니다. 1974년에 웨스트민스터신학교에서 입학허가서를 받고 2년 반을 지난 우여곡절 끝에 미국에 갈 수 있는 비자를 받았습니다. 비자를 받고 여행사에 알아보았습니다. 사실 그때 내 수중에는 학비는 고사하고 정규 유학생에게 적용되는 할인 요금 티켓을 구입할 돈조차 없었습니다. 무모하게 들릴지 모르지만 그때나 지금이나 변함이 없는 믿음은 하나님께서 허락하신 일은 하나님만 바라보고 나아갈 때 내가 믿는 바로 그 하나님께서 나의 삶에 필요한 최소한의 물질은 공급하신다는 확신입니다. 나에게 중요한 것은 유학할 수 있는 재정이 확보되었느냐 아니냐 하는 문제가 아니었습니다. 중요한 것은 나의 입학이 하나님의 뜻 가운데 된 것이라는 확신이었습니다. 비자를 받기까지 2년의 세월을 보내면서 고비 고비마다 하나님의 인도하심을 체험한 나로서는 재정이 뒷받침되지 않는다고 해서 뒤로 물러설 수는 없었습니다.

사실 비행기 표를 구입할 돈도 없었습니다. 이리저리 알아보다가 결국 친구 전도사의 도움으로 입양하는 아이들을 동행하는 자격으로 미국 가는 비행기를 타게 되었습니다. 지금 생각해 보아도 내가 받은 격려금은 정말로 적었습니다. 미국 가는 비자를 받았다는 감격 때문에 그때는 왜 그렇게들 적게 주었을까 하는 생각조차 못했습니다. 이 일 역시 뒤돌아 볼 때 하나님의 간섭하심이 있었다고 생각합니다.

입양하는 아이들의 동행자였기 때문에 내가 탑승 수속할 때 부칠 수 있는 짐의 무게는 30kg였고 기내에는 조그만 가방 하나로 제한되었습니다. 전날 밤 가져갈 물건을 큰 가방에 넣고 무게를 달아보니 25kg이었습니다. 아침 일찍 나머지 5kg을 더 채우려고 필요한 물품을 구입하여 넣고 달아보니 40kg가 되었습니다. 전날 밤 저울에 달았을 때 이미 30kg이 넘었는데 가방이 큰 관계로 가방 한 부분이 방바닥에 닿은 것도 모르고 아침에 그 부산을 떨었던 것입니다. 다시 빼낼 시간이 없어서 탑승 수속할 때 사정해 보기로 하고 김포공항으로 직행하였습니다.

김포공항에 가서 무게를 달아보니 가방의 무게는 변함없이 40kg이었습니다. 직원이 10kg에 대한 운임 요금인 7만원을 내라고 하였습니다. 그 당시 나로서 7만원은 너무나 큰 액수였습니다. 나는 할 수 없이 사정했습니다. 가난한 유학생을 조금 봐 주라고 간곡하게 부탁하였습니다. "내가 당신 하나 탑승 수속 해주기 위해 여기 나온 사람이 아닙니다. 탑승 수속할 사람들이 기다리고 있으니 돈을 내든지 아니면 비키시오"라고 하였습니다. 그 순간 나도 모르게 동생에게 "야, 아침에 가서 사온 것 다 끄집어내라"고 목소리는 작았으나 단호하게 명령조로 말하였습니다. 나를 마중하기 위하여 공항까지 따라온 아내는 어린 딸을 업고 이런 나를 애처롭게 물끄러미 쳐다만 보고 있었습니다.

:: 저 모르겠습니까

　바로 그 때 "저 모르겠습니까"라는 소리가 내 귀에 들렸습니다. 그 당시 김포공항에서 나를 알 사람이 누가 있겠습니까? 아니 나를 도와줄 사람이 어디 있겠습니까? 나는 그렇게 말하는 사람을 쳐다보지도 않고 '모릅니다'라고 단호히 대꾸하였습니다. 그런데 또 다시 "저를 모르시겠습니까"라는 소리가 내 귀를 울렸습니다. 나는 귀찮다는 듯이 그 사람을 쳐다보았습니다. 천만 뜻밖에도 그는 내가 딱 한 번 만났던 분이었습니다. 바로 얼마 전 수요 저녁예배에서 한 번 뵈었던 분이었습니다. 그분을 만났던 곳은 김포공항 근처 화곡동에 있는 교남교회였습니다. 거기서 시무하는 동기동창 전도사님이 제가 유학 떠나기 직전에 말씀을 전할 수 있는 기회를 주었던 교회였습니다.

　공항에서 나에게 "저를 모르시겠습니까"라고 말한 그분은 그날 저녁 처음 그 교회를 찾았던 분입니다. 그가 교회를 찾아 나온 사연은 예사롭지 않았습니다. 당시 그는 대한항공 직원으로 김포공항에 근무하였습니다. 그에게는 전에 같은 과에서 근무하는 예수 잘 믿는 친구가 있었습니다. 그 친구가 자신의 결혼식 때 성경책을 선물로 주면서 한 말이 생각나서 그날 그 교회를 찾았던 것입니다. 그 친구는 예수를 믿으라는 말과 함께 처음 교회에 나갈 때는 큰 교회보다는 동네에 있는 작은 교회를 다니라고 권면했다고 합니다. 그 수요일 날 미국 간 그 친구 생각이 더 나면서 교회에 가고 싶었다는 것이었습니다. 아내에게 교회 간다는 말도 하지 않고 교회 뒷좌석에 앉아 예배드리게 되었습니다. 사회 보시는 전도사님의 소개를 들으면서 처음 교회 나온 기념으로 미국 유학 가는 나를 공항에서 한 번 도와주기로 마음먹었던 것 같았습니다.

그러나 그가 예배 후 저와 대화는 나눴지만 나를 도와주겠다는 말은 하지 않았습니다.

만일 지금 같았으면 그가 그런 마음을 먹었든 먹지 않았든 기회는 이때다 하고 그에게 부탁했을 것입니다. 그의 이야기를 다 들으면서도 그런 생각을 못한 걸 보니 그 당시만 해도 나는 순진했다고 생각됩니다. 그 직원은 10kg 더 나가는 짐 문제를 해결해 주었습니다. 그런데 나에게는 무게를 달지 않고 기내에 반입할 가방이 하나가 더 있었습니다. 무게를 달지 않는 까닭에 어깨가 무너질 정도로 무거운 것으로 가득 채운 가방이었습니다. 그가 그것도 해결해 주겠다는 하였습니다. 그 순간 "어떻게 이것까지 해결해 주겠다는 말인가"라는 생각들이 들어서 "괜찮습니다. 이것은 제가 들고 가지요." 그러나 그는 웃으면서 도리어 "괜찮습니다. 아이를 보듬고 가려면 힘이 들 것입니다. 제게 맡기십시오."라고 하면서 그 짐까지 처리해 주었습니다. 내가 비행기 시간도 알려 주지 않았는데 그가 어떻게 나의 비행기 시간까지 알았을까? 정말 그가 나를 도와주려고 작정한 것이 분명했습니다.

내 짐 문제를 해결해준 그분에게 감사의 뜻을 제대로 전하기도 전에 그는 내 앞에서 사라졌습니다. 그와 헤어진 뒤 나는 약속된 장소에서 쉽게 나를 기다리는 아이들을 만날 수 있었습니다. 내가 데리고 갈 한 살도 채 안된 아이 둘을 보듬고 비행기에 탑승하기 위하여 출국 심사 입구로 향하였습니다. 내가 출국 신고를 마치고 막 탑승구 쪽으로 가려고 하는 데 뜻밖에도 짐 문제를 해결해 주었던 그분이 나를 또 기다리고 있었습니다. 그분은 나를 기내까지 데려다 주었습니다. 나는 착각에 빠지기 시작했습니다. "아아, 하나님께서 기내에까지 사람을 보내어 나의 미국 유학을 환송해 주다니" 하는 생각이 들어 하나님께 감사드렸습니다.

그분은 나에게 "전도사님, 미국 가서서 공부를 잘 마치시고 꼭 돌아와 한국에서 일하시기를 바랍니다"라고 부탁하였습니다. 나는 마음속으로 그를 실망시키는 자가 되지 않기로 다짐했습니다. 아니 하나님을 실망시켜드리는 자가 되지 않기로 다짐했습니다. 하나님께서 기내에까지 사람을 보내어 나의 미국 유학길을 환송하여 주신다고 생각하니 너무 감격스러웠습니다. 나는 당시 신분이 높은 분들이나 겪을 수 있는 경험을 통해 하나님께서 나의 미국 유학을 허락하여 주시고 나를 존귀한 자로 여기심을 확신하게 되었습니다.

　나는 미국 여자 두 분과 함께 미국으로 입양하는 7명의 한국 아이들을 돕는 일을 하였습니다. 한 미국 여자 분은 비행기를 타자마자 그 아이들과 상관없는 자처럼 행동하였습니다. 반면에 다른 분은 나보다 더 아이들을 잘 돌보았습니다. 나는 감사하는 마음으로 그분을 도와주면서 시간이 나는 대로 비행기 창밖을 통해 지평선 저 너머로 해가 지는 모습을 바라보곤 하였습니다. 그것은 한마디로 장관이었습니다. 거의 1시간 이상 온 천지가 붉게 물든 광경을 바라보면서 하나님의 광대하심을 찬양할 수밖에 없었습니다. 더군다나 그 광대하신 하나님께서 나에게 미국 유학을 시켜주신다는 생각이 들자 모든 것을 잊고 시간가는 줄모른 채 하나님을 찬양하였습니다. 내 눈에서는 감격의 뜨거운 눈물이 흘러내리고 있었습니다.

　하나님께서 죄인들을 구속하여 자녀 삼으신 궁극적 목적은 구속받아 자녀 된 자들이 하나님의 그 영광을 찬미하는 것이 얼마나 놀라운 은혜와 축복임을 깨달았습니다. 나는 한때 찬송하는 것만 없으면 교회 갈만하다는 생각이 들 정도로 찬송하고는 거리가 먼 사람입니다. 나는 무의식적으로 천국에 간 성도들의 주임무가 찬송 부르는 것이라고 하는데 그거 지겨워서 어떻게 살지 할 정도였습니다. 그러나 지금은 천국에서 하나님의 영광을 찬미하는 것이란 마치 하늘에서 비가 내리면 도랑의 물이 자연스럽게 졸졸졸 소리를 내며 흐르듯 천국 백성의 영혼에도 하나님의 사랑과 은혜가 넘쳐나게 되면 목소리 높여 하나님을 찬양하지 않을 수 없음을 알게 되었습니다. 나도 그들 중에 섞여 나를 구속하여 아들 삼아 주신 하나님을 찬미할 그 날을 그리며 오늘도 시시때때로 혼자서 혹은 여럿이 하나님을 찬양하게 되었습니다. 너 찬송 부르는 연습 하지 않으면 너의 천국은 없다고 해서가 아니라 하나님의 영광을 찬미 하는 것이 좋아서 부르게 되었습니다.

고등학교 2학년 때 주님을 만난 직후 그렇게 많이 불렀던 찬송이 미국 가는 비행기 속에서 다시 살아났던 것입니다. 비행기 속이라 크게 부를 수는 없었습니다. 하지만 내 재주로는 더 올릴 수 없을 만큼 내 목소리를 높이 올려 하나님을 찬양해 보기도 하였습니다.

아홉

그리스도 안에서만 구속이 이루어지는 근거

7절 우리가 그리스도 안에서 그의 은혜의 풍성함을 따라 그의 피로 말미암아 구속 곧 죄 사함을 받았으니

이 단원에서 주목되는 것은 그리스도 안에서만 거룩하고 흠이 없는 자가 되는 근거를 말하고 있는 점입니다. 그것은 7절이 보여주는 대로 그리스도의 피로 말미암아 구속, 곧 죄 사함을 받기 때문입니다. 바울은 그리스도의 피가 죄를 사한다고 말합니다. 학자들 중에는 구속과 죄 사함 이 양자를 엄밀하게 구분하기도 합니다. 렌스키(Lenski)는 그 차이를 다음과 같이 설명합니다. "성경은 어느 곳에서도 구속과 죄 사함을 하나의 행위로 취급하지 않는다. 구속과 죄 사함은 두 개의 행위입니다. 구속은 그리스도의 피가 모든 사람의 죄를 속하기 위한 죄 값으로 지불되어질 때 갈보리에서 발생했으며 죄 사함은 하나님께서 죄인이 회개할 때 그 즉시 그의 죄와 죄책을 내어 보내실 때 발생합니다. 죄 사함은 구속에 달려 있는 것입니다."[1] 그러나 본문에서는 구속과 죄 사함을 같은 맥락에서 사용하고 있습니다. 바울은 이 죄 사함이 더 구체적으로 그의 피로 말미암아 되었다고 말합니다. 피로 말미암아 죄 사함

받게 하심은 하나님의 은혜의 풍성하심에 의하여 된 것입니다

:: 하나님의 은혜는 얼마만한가

은혜에 대해서는 2절과 6절에서 이미 살펴보았습니다. 그랜트 오스본(Grant Osborne)이 책임 편집한 에베소서 주석은 은혜를 정의하여 "받을 자격이 없고, 그런 일을 스스로 행할 능력도 없는 우리들을 위해 하나님께서 행하신 일"이라고 정의합니다.[2] 하나님께서 베푸시는 은혜는 "아들인 예수 그리스도를 아끼지 않고 모든 사람을 위하여 십자가에 죽도록 하시고 그 아들과 함께 모든 것을 은사(공짜)로 주시는 하나님의 사랑"입니다(롬 8:32). 이 사랑을 체험하게 될 때 사람들은 종종 "은혜 받았다"고 고백합니다. 바울은 하나님의 은혜를 말합니다(롬 5:15). 하나님께서 베푸시는 은혜는 불쌍히 여기는 것도 아니요 불쌍해서 베푸는 자비나 긍휼이 아닙니다. 이 은혜는 온전히 사랑 때문에 베푸는 은혜입니다. 하나님의 은혜는 우리가 죄인 되었을 때 아들을 십자가에 대신 죽게 하시는 은혜입니다.

그런데 바울은 이 은혜가 풍성하다고 합니다. 바울은 로마서 8:32에서 "자기 아들을 아끼지 아니하시고 우리 모든 사람을 위하여 내어주신 이가 어찌 아들과 함께 모든 것을 은사로 주지 아니하시겠느뇨"라는 의문형으로 강조합니다. 은혜를 받게 되면 기쁨이 넘치게 됩니다. 은혜는 기쁘다는 느낌만으로 끝나는 것이 아닙니다. 은혜는 은혜로만 끝나는 것이 아닙니다. 그러기에 바울은 사랑하는 믿음의 아들 디모데에게 은혜 안에서 강하라고 하였습니다(딤후 2:1). 은혜는 사명과 관계되어 있

기 때문입니다. 그 사명을 감당하게 하기 위하여 은사가 주어집니다. 그 은사가 은혜로 주신 줄 아는 자만이 사명 완수를 위하여 은사를 바르게 사용할 수 있습니다. 은혜로 주신 은사라고 하는 의식이 강하면 강할수록 더 큰 사명과 더 큰 은사를 주십니다. 그러므로 바울은 디모데에게 은혜 안에서 강하라고 부탁합니다.

또한 바울은 은혜를 헛되이 받지 말라고도 권면합니다(고후 6:1). 바울이 두 가지 점과 연관하여 이러한 권면을 하고 있습니다. 첫째는 은혜 안에서 강하라는 말과 같은 의미에서입니다. 물론 은혜 안에서 강하라는 말이 긍정적인 면에서 한 말이라면 은혜를 헛되이 받지 말라는 말은 부정적인 면에서 한 말입니다. 달리 말한다면 은혜 가운데 주신 사명을 감당하기 위하여 주신 풍성한 은사를 잘못 사용하지 말라는 말입니다. 하나님께서 주신 은혜가 풍성하기 때문에 어떠한 어려움 속에서도 주신 사명을 완수할 수 있습니다. 반면에 풍성한 은혜 가운데 주신 은사를 잘못 사용하면 우리에게 주신 사명을 감당하도록 주신 직책이 원수에게 훼방거리가 될 수도 있습니다.

사명과 직책을 감당하기 위하여 주신 은사를 은혜로 아는 자는 은혜를 헛되게 할 수 없습니다. 그런 자는 은혜의 풍성함을 체험하게 됩니다. 바울의 고백처럼 "가난한 자 같으나 많은 사람을 부요케 하고 아무 것도 없는 자 같으나 모든 것을 가진 자로다"는 고백과 함께 은혜의 풍성함을 체험하며 항상 기뻐하는 삶을 살게 됩니다(고후 6: 10). 바울의 다른 고백으로 요약한다면 "나의 나 된 것은 하나님의 은혜로 된 것이니 내게 주신 은혜가 헛되지 아니하여 내가 모든 사도보다 더 많이 수고하였으나 내가 아니요 오직 나와 함께 하신 하나님의 은혜로라"입니다 (고전 15:10).

둘째는 바울이 은혜와 풍성함이라는 두 단어를 때와 관련시켜 사용하고 있습니다. 은혜가 때와 관련되어 있다는 점은 이미 논의하였습니다. 문맥으로 볼 때 여기 은혜의 풍성하심은 믿는 자들의 구속과 죄 사함에 있어서 풍성하심을 말합니다. 이미 언급한 대로 바울이 다메섹에서 부활의 주님을 뵙고도 죽지 않은 것이 은혜의 풍성하심입니다. '풍성'이라는 단어는 바울이 많이 사용하는 단어로 새 언약하에 있는 신약 시대를 특징지어 주는 단어들 중 하나입니다. 바울은 에베소서에서만 풍성이라는 단어를 본 절에서 말하는 은혜의 풍성하심을 제외하고 다섯 번 사용하였습니다(엡 1:18 - 기업의 풍성; 2:4 - 긍휼의 풍성; 2:7 - 은혜의 풍성; 3:8 - 그리스도의 풍성; 3:16 - 영광의 풍성).

바울은 1:18에서는 "성도 안에서 기업의 영광의 풍성이 무엇인가"를 에베소 교인들의 마음의 눈을 밝혀 그들로 깨달아 알게 하여 주시기를 기도합니다. 바울은 여기에서 기업과 영광의 풍성함을 말하고 있습니다. 바울은 하늘의 기업과 하늘에서 볼 수 있는 영광의 풍성을 말하고 있습니다. 비록 이 영광의 풍성함은 최종적으로 하늘에서 완성될 기업과 영광의 풍성함을 의미하지만, 이 기업과 영광의 풍성함이 이미 예수 그리스도로 말미암아 나타나고 성취되었습니다. 사도 요한은 이 영광을 보고 "아버지의 독생자의 영광이요 은혜와 진리가 충만하더라"고 고백하였습니다(요 1:14).

∷ 죄인의 구속은 그리스도의 피로 말미암아

구속은 그리스도의 피로 말미암아 이루어집니다.[3] 구속이 절대적으로 필요하게 된 근본 원인은 범죄입니다. 그러므로 죄 사함은 위에서 말한 모든 것이 동시적으로 이루어집니다. 보통 우리가 말하는 구원은 죄 사함의 결과로 위에서 거론한 모든 것들이 총체적으로 이루어진 것을 의미합니다. 바울은 그리스도의 피로 말미암아 구속, 곧 죄 사함이 이루어짐을 말합니다. 피 흘림과 죄 사함의 관계를 살핀 후 그리스도 안에서 구속, 곧 죄 사함에 대하여서는 조금 후에 구체적으로 살펴보도록 하겠습니다.

히브리서 저자는 히브리서 9:22에서 "피 흘림이 없이는 사함이 없다"고 단언합니다. 왜 피 흘림이 없이는 사함이 없습니까? 그 이유는 "율법을 찾아 거의 모든 물건이 피로서 정결케 되기" 때문이라고 밝힙니다. 율법 안에 왜 피를 흘려야만 정결케 되는 법(조항)이 들어 있을까요? 이에 대한 대답은 "육체의 생명은 피에 있음이라 내가 이 피를 너희에게 주어 단에 뿌려 너희 생명을 위하여 속하게 하였나니 생명이 피에 있으므로 피가 죄를 속하느니라"에 있습니다 (레 17:11).

하나님께서 아담에게 하나님의 명령에 불순종하면 죽는다고 하셨던 것처럼 로마서 6:23은 "죄의 삯은 사망"이라고 선언합니다. 이 말은 죄의 삯은 사망으로만 지불할 수밖에 없다는 말입니다. 달리 말하면 죄를 지은 자는 반드시 죽어야 한다는 말입니다. 그런데 성경은 죽는 것은 생명이 끊어지는 것이라고 합니다. 그 이유는 성경은 생명이 피에 있기 때문이라고 말합니다. 그러므로 생명이 피에 있음으로 피를 흘리는 것은 생명이 끊어지는 것과 같습니다. 다시 말해서 죄의 삯은 피를 흘림으로만 지불된다는 말입니다. 여기에서 제기되는 근본적인 질문은 위의 사실을 인정한다 해도 왜 예수 그리스도께서 피를 흘려야만 죄가 사하여지는가 하는 것입니다. 그것도 꼭 십자가에서 피를 흘려야만 죄가 속하여 지는 것인가에 대한 것입니다.

또 다른 질문은 하나님의 아들이신 예수 그리스도가 십자가에서 피 흘려 죽어야만 인간이 죄에서 해방될 정도로 인간의 죄가 그렇게 심각한 것이냐 하는 질문입니다. 하나님의 아들 예수 그리스도가 십자가에 피 흘려 죽는 방법 외에 다른 방법은 없단 말입니까? 성경은 없다고 단언합니다. 그렇다면 왜 전능하신 하나님께서 자기 아들을 십자가에 죽이는 그 길 밖에 다른 길을 택할 수 없었단 말입니까? 이에 대한 대답은 둘입니다. 하나는 죄는 우리가 생각하는 것처럼 인간에게 있어 그렇게 덜 심각한 문제가 아니라는 것입니다. 또 다른 하나는 우리의 구원이 우리가 생각하는 것처럼 그렇게 덜 귀한 값싼 구원이 아니라는 것입니다.

사람들은 죄악의 심각성을 말할 때, 죄는 전염병과 같다고 말하기도 합니다. 그러나 실제로 죄는 전염병으로 비견할 바가 아닙니다. 전염병은 그 병균이 밖으로부터 들어오는 것입니다. 그러나 인간의 죄는 밖으로부터 들어오는 것이 아니라 인간의 생명체 안에 존재합니다. 죄는 인격을 가진 생명에 붙어 성장합니다. 우리는 소나 돼지나 나무가 죄를 짓는다고 말하지 않습니다. 그런 일은 있을 수 없습니다. 그러나 만일 소가 죄를 지었다고 가정하여 말할 수 있다면, 죄를 지은 소를 도살하면 죄를 멸할 수 있을 것입니다. 그러나 모든 인간이 그 생명체 안에 죄를 가지고 있기 때문에 인간이 한 사람이라도 존재하는 한 죄를 도말할 수 없습니다. 생명과 함께 존재하는 죄를 가지고 인간은 그가 살아 생명이 약동하는 만큼 죄는 약동합니다. 생명의 영향력이 퍼지는 만큼 죄는 퍼져갑니다. 생명체는 성장하는 특징을 가지고 있습니다. 생명에 붙어 있는 죄 역시 성장하기 마련입니다. 인간의 생각 속에 죄가 있습니다. 인간의 모든 영역에서 지각이 움직이는 모든 곳이면 죄는 작동합니다. 때로 죄는 잠재하고 있습니다. 그러나 조건만 맞으면 언제든지 잠재된 죄는 마치 씨앗이 조건만 맞으면 싹이 트듯이 밖으로 나타나 열매를 맺습니다.

:: 죄의 열매를 없앤다 해도

죄의 열매를 없앤다고 해서 죄가 없어지는 것이 아닙니다. 죄는 어떤 일의 잘못된 결과 맺어진 열매가 아닙니다. 아무리 죄의 열매를 다 따버린다 해도 죄를 없앨 수가 없습니다. 그러나 어리석은 인간들은 죄의 열매를 없애고 죄를 온전히 해결하였다고 안심합니다. 또한 열매가 안 보이면 별로 죄책감을 느끼지 않습니다. 그러나 죄의 생명력은 열매 속에 있는 것이 아닙니다. 이는 마치 나무와 열매의 관계와 같습니다. 나무가 살아 있는 한 아무리 나무의 열매를 다 따버린다 해도 다음 해에 그 나무는 여전히 열매를 맺기 마련입니다.

혹자는 죄의 열매가 맺을 때마다 그 열매를 따내버리는 일은 일생동안 계속해야 합니다. 어떤 자들은 그 일을 일생동안 계속하면서 모든 사람들에게 존경을 받으면서 살아갑니다. 죄 문제는 이렇게 해결할 수 있다고 자신 있게 가르치기도 합니다. 그러나 자신의 생명이 다하는 때에야 비로소 죄의 열매를 따버린다고 해서 죄의 심판에서 면할 수 없다는 것을 깨닫고, 자기 자신은 일생동안 모든 사람을 속인 자라는 진솔한 고백을 남기고 이 세상을 하직하기도 합니다. 그럼에도 불구하고 그런 분을 존경하고 따랐던 자들은 그 진솔한 고백을 진솔하게 받지 못하고 그 고백을 어리석게도 미화하기도 합니다.

우리가 잊지 말아야할 중요한 점은 생명에 붙어 있는 죄의 생명력이 죄의 열매를 맺게 한다는 사실입니다. 그러므로 죄의 열매가 맺었느냐 안 맺었느냐 하는 문제가 아닙니다. 문제는 죄가 있느냐 없느냐에 있습니다. 이는 마치 에이즈에 걸린 자에게 그 증세는 문제가 되지 않는 것과 같습니다. 문제는 보균자냐 아니냐에 있습니다. 보균자이면 살았으나 죽은 자나 다름없습니다. 그러므로 죄가 생명에 붙어 있기 때문에 그 생명이 죽기 전에는 죄를 없앨 수 없습니다. 여기에서 죄에 대한 하나님의 준엄한 심판인 사망이 불가피함을 알 수 있고 또한 독생자 예수 그리스도께서 십자가에서 죄인들을 대신 죽으심으로 인간의 죄를 사하도록 작정하신 하나님의 무궁한 사랑을 깨달을 수 있습니다.

하나님께서 독생자를 갈보리 십자가에 세우시는 일은 사랑의 문제입니다. 하나님께서는 독생자 예수 그리스도를 아브라함과 그의 믿음의 후손들을 대신하여 십자가에 세우셨습니다. 하나님께서 아브라함에게 이삭을 번제로 드리라고 하는 것은 하나님의 이 사랑을 예표로 보여주는 사건입니다. 그러기에 사랑하는 독자 이삭을 모리아 산에서 번제로 드리라고 명령하신 것이라고 추론할 수 있습니다.[4]

하나님께서는 구약을 통하여 여러 방면으로 대신 죽는 원리를 믿음의 사람들로 체험케 하시고 그들의 후손으로 예수 그리스도께서 이 땅에 나게 하시고 십자가에서 죽게 하신 것입니다. 이 귀한 진리를 부활하신 예수 그리스도께서 배반하고 도망간 제자들을 찾아오셔서 사랑으로 깨닫게 해 주셨습니다. 오순절 이후 성령이 오셔서 이 진리를 깨닫게 해 주시고 전하게 하셨습니다. 또한 이 진리를 깨달은 자가 이 진리를 전할 때 성령은 듣는 자들에게 역사하셔서 그들로 이 진리를 믿고 구원을 얻게 하셨습니다. 이 진리를 극적으로 깨닫게 된 사람이 바울이라고 생각합니다. 그는 하나님께서 스데반은 돌에 맞아 죽게 하시면서 그를 죽이는 데 앞장섰던 자신을 다메섹 도상에서 그리스도를 대면하였음에도 불구하고 죽지 않는 극적인 체험을 하였습니다. 하나님께서는 이 바울에게 영감을 주어서 이 진리를 기록하여 신약성경에 포함시켜 우리로 이 진리를 깨닫게 하셨습니다.

:: 십자가와 죄 사함

이제 바울서신을 통하여 예수 그리스도의 십자가의 죽으심을 통한 죄 사함을 살펴보겠습니다. 바울은 여러 교회에 보낸 서신들에서 죄 사함5)이라는 용어는 좀처럼 쓰지 않습니다(롬 4:7; 골 1:14; 엡 1:7). 그러나 바울이 이 단어를 드물게 사용한 것은 사실이지만, '그리스도 안에서 죄 사함'은 그리스도의 죽음을 통해 죄 사함이 주어졌다고 말합니다. 로마서 4:25에서 바울은 우리의 죄 때문에 그리스도의 죽음이 필요했다고 말합니다. 다른 곳에서도 바울은 그리스도가 우리를 위하여, 다시 말해 죄인들을 위하여 죽으셨다고 밝히고 있습니다(롬 5:6, 8; 14:15; 고후 5:14; 살전 5:10). 더욱이 고린도전서 15:3에서 바울은 "그리스도께서 성경대로 우리의 죄를 위하여 죽으셨다"라고 하는 중요한 전통을 소개합니다. 많은 학자들은 이 구절이 초기의 기독교 전통에서 유래한 것으로 여기고 있습니다.6) 이것은 그리스도의 죽음이 신자들의 죄를 사하기 위한 것이었다는 분명한 이해가 이미 초대 교회 내에 확립되어 있었다는 사실을 보여주는 것입니다. 따라서 바울이 그리스도의 죽음을 신자들의 죄를 사하는데 효력이 있는 것으로 이해했다고 말하는 것은 정당합니다.

예수님의 죽음에 대한 바울의 이해에서 다음 세 가지 점들이 중요합니다.

첫째로, 바울은 예수님의 죽음이 인류를 대표하는 것임을 설명하기 위해(고전 15:22; 고후 5:14) 성자께서 육신의 모양으로 이 땅에 오셔서 사람과 동일시하셨다는 것을 강조합니다(롬 8:3; 빌 2:7이하; 참조, 딤전 3:16). 로마서 8:3에서 바울은 하나님께서 자신의 아들을 '죄 있는 육신의 모양으로' 보내셨다고 말합니다. 이 죄 있는 육신라는 표현은 예수께서 타락한 인간의 인성을 입으셨다는 뜻입니다.[7] 바울이 '모양으로'라는 단어를 사용한 것과 관련하여 크랜필드(Cranfield)는 "하나님의 아들은 우리와 동일한 타락한 인성을 취하셨으나 그분의 경우에 있어서는 그러한 타락한 인성이 그의 전부는 아니었다 - 그는 이때에도 변함없이 영원한 하나님의 아들이신 것이다"고 말합니다.[8] 윌킨슨(U. Wilckens)은 바울이 그리스도께서 죄인이 되었다는 오해를 피하기 위해 조심스럽게 이 단어를 택했다고 논평합니다.[9]

빌립보서 2:7 이하에서도 비슷한 사상을 찾아볼 수 있습니다. "사람들과 같이 되었고 사람의 모양으로 나타나셨으매." 여기에서 '사람들과 같이'와 '사람의 모양으로'라는 표현들은 예수께서 인간의 본성 그대로 사람이 되셨음을 가리킵니다.[10] 바울은 아담-그리스도의 유비를 통하여 예수 그리스도가 인류의 대표라는 사상을 표현합니다. 그는 아담 안에서 모든 사람이 죽었다고 주장합니다(고전 15:22). 고린도후서 5:14에서 그는 "한 사람이 모든 사람을 대신하여 죽었은즉 모든 사람이 죽은 것이다"라고 말합니다. 이러한 구절들은 바울이 예수의 죽음을 인

류를 위한 대표로서 죽음으로 이해했다는 것을 암시합니다.[11]

바울은 부활과 관련해서도 예수가 신자들의 대표라는 사실을 보여주기 위해서 위와 유사한 유비를 사용합니다. 아담이 인류의 대표로서 첫 사람이라면, 예수는 부활한 자들의 대표로서 두 번째이자 마지막 아담입니다(고전 15:45~49).[12] 바울은 그리스도께서 우리의 죄를 위해 죽으셨기 때문에, 우리들은 예수의 피를 통해서 하나님 앞에 의롭게 될 수 있다는 것을 강조합니다(롬 3:25이하; 5:9).

둘째로, 바울은 예수님의 죽음을 유대주의 전통의 희생 제물, 특히 대속죄일의 희생 제물과 관련한 희생 제사로 이해합니다(레 16).

먼저 로마서 3:25에서 바울은 예수께서 그의 피로 말미암아 '화목 제물' 달리 말하면 '화목의 수단'이 되셨다고 지적합니다. 여기서 '히라스테리온'[13] 이라는 단어는 속죄의 의미를 가지고 사용되었을 것입니다. 칠십인 역에서 이 단어는 '속죄소'라는 뜻의 히브리어 '카포레트'의 번역, 다시 말해 법궤의 뚜껑을 의미하는 것으로 종종 사용되었습니다(예, 출 25:17). 이 단어가 로마서 3:25에서 '속죄'(expiation)의 의미로 사용되었는지 아니면 '화목'(propitiation)의 의미로 사용되었는지에 대해서는 상당한 논란이 있었습니다.[14] 그러나 위에 언급한 두 가지를 양극화시켜 이해할 필요는 없다고 봅니다. 왜냐하면 이 구절은 바울이 로마서 1:18~3:20에서 설명하고 있는 하나님의 진노가 예수 그리스도의 죽음으로 말미암아 돌이켜졌다는 것을 보여줄 뿐 아니라 화목제물의 제공자가 하나님이사라는 사실도 보여주기 때문입니다.

어쨌든지, 바울이 예수 그리스도의 죽음을 죄를 해결하기 위한 제물로 표현했다는 점에는 반론의 여지가 없습니다. 예수의 피와 속죄 간의 밀접한 관계는 바울이 예수님의 죽음을 구약의 제의 전통에서 희생 제사, 특히 대속죄일의 희생 제사(레 16:12~19)와 관련하여 이해했음을 암시합니다. 15) 이러한 생각은 바울이 예수님의 죽음을 대속적인 것으로, 즉 레위기 16 장 20-22절에서와 같이 짐승의 머리 위에 손을 얹는 상징적인 행위를 통해16) 그 짐승이 백성들의 죄를 대신하게 되는 것처럼 이해했다는 사실에 의해서도 지지를 받습니다.

로마서 8:3은 바울이 예수님의 죽음을 속죄를 위한 '희생 제물'로 이해했음을 보여줍니다. 본문에서 바울은 예수 그리스도께서 희생 제물로 보내심을 받은 목적이 "율법의 요구가 우리 안에서 성취되어야 하기 때문"이라고 말합니다. 희생 제물이라는 용어가 속죄 제물을 가리키는 히브리어 '(레)하타트' 17) 에 대응하는 용어로서 칠십인역에서 규칙적으로 사용되었다는 사실을 주목해야 합니다(예, 레 5:6, 7, 11; 16:3, 5, 9; 민 6:16; 7:16; 대하 29:23 이하; 느 10:33; 겔 42:3; 43:19).18) 일부 학자들은 이 용어를 일반적인 의미로 이해하는 것이 바람직하다고 주장합니다.19) 그러나 던(Dunn)이 지적한 바와 같이, 속죄제사에 관한 법률은 희생 제물('페리 하마르티아스')로 보내심을 받은 예수님을 통해 성취된 "율법의 공정한 요구"에 포함된다고 보아야 합니다.20) 왜냐하면 바울에게 있어서 속죄제사에 관한 율법은 그리스도의 죽음을 통하여 성취되었기 때문입니다.

위의 두 구절 외에도 바울이 예수님의 죽음을 희생제사와 관련해서 이해했다는 구절들이 많습니다(롬 5:6~9; 8:32; 고전 5:7; 고후 5:21; 엡 1:7; 2:13; 골 1:20). 고린도전서 5:7에서 바울은 "우리의 유월절 양이신 그리스도께서 희생을 되셨느니라"고 말합니다. 종종 "유월절의 제물은 희생제물도 아니며, 속죄를 위한 수단이나 혹은 죄를 제거하기 위한 수단으로 간주될 수 없다"는 주장이 제기되지만,21) 이미 에스겔 45:18~22

에서 유월절을 속죄와 연결시키고 있다는 사실을 주목하여야 합니다.[22] 이와 같은 사실은 바울이 예수님의 죽음을 유월절 양으로 표현함으로써 그가 예수님의 죽음을 속죄제사와 관련하여 이해했다는 사실을 보여준다고 말할 수 있습니다.[23] 고린도후서 5:21에서 바울은 하나님께서 죄를 알지도 못하신 그리스도로 믿는 자들을 대신하여 죄를 삼으셨다고 말합니다. 믿는 자들의 죄를 위해 죄 없는 자를 죄 있게 만드셨다는 바울의 말은 이사야 53장의 고난의 종을 암시할 뿐 아니라 [24] 백성들의 죄를 제거하기 위해 대속죄일에 드려진 흠 없는 짐승을 연상시킵니다.[25]

셋째로, 바울은 종말론적인 예수 그리스도의 죽음을 통해 죄 사함이 이루어졌다고 이해합니다. 로마서 3:25~26에서 바울은 그리스도의 죽음이 구속 역사의 중심점이라고 지적합니다. 바울은 속죄, 속죄제물 [26] 의 수단으로서 그리스도의 죽음이 현재에 있어서 하나님의 의로우심을 드러내는 것이라고 강조합니다. "전에 지은 죄를 간과하심으로"라는 표현 역시 그리스도의 피로 인한 속죄의 길을 열어놓음으로 하나님의 공의를 드러내는 것과 관련되었다는 것은 의심의 여지가 없습니다. 개역한글판에서 '간과' 라고 번역한 헬라어 '파레신' 의 의미에 대해서는 논란이 있습니다. 쿰멜(Kummel)은 바울이 여기서 '용서' 의 의미로 이 단어를 사용했다고 주장합니다.[27] 그러나 다른 많은 학자들은 '파레신' 이 '용서' 를 의미하지 않는다고 주장합니다.[28]

바렛(Barrett)은 "만일 바울이 단순히 '용서' 만 염두에 두었다면 그가 왜 평범한 단어를 사용하지 않았는지 설명하기가 어렵다. 문제는 왜 하나님께서 십자가에 달리신 그리스도를 통한 구속 행위 가운데서 당신의 의를 드러내셨는가 하는 점이다. 이에 대한 정당한 대답은, 하나님께서 과거에는 사람의 죄를 간과하셨고, 하나님의 의가 증명되기 위해서는 결정적인 행동이 필요하게 되었다는 것이다."고 잘 지적하였습니다.[29]

바울에게는 "그리스도의 피로 인한 속죄"가 전에 지은 죄에 대한 하나님의 간과를 정당화시키는 것으로 이해되었을 것입니다. 달리 말하면, '화목제물 혹은 속죄제물' 로서 그리스도의 죽음이 없다면 구약에서 죄를 속하기 위해 드려진 희생제사는 백성들의 죄 문제를 해결하기에 불충분합니다. 왜냐하면 전에 지은 죄는 속죄제사만으로 사하여진 것이 아니라 다만 하나님의 참으심으로 지나갔기 때문입니다(25절).

그러므로 바울이 그리스도의 죽음을 '히라스테리온' 과 연관시키는 것은 그가 희생제물로서 그리스도의 죽음과 구약시대의 희생제물 사이에 연속성이 있는 것으로 여겼다는 사실을 잘 지적해 준다고 볼 수 있습니다. 왜냐하면 그는 예수님의 죽음을 마지막 속죄제사이면서 동시에 백성의 죄를 속하기 위한 구약의 희생제사의 완성이라고 여겼다고 볼 수 있기 때문입니다.[30] 바울이 로마서 3:21에서 사용한 강조형 "이제는"과 26절에 나타나는 "곧 이때에"라는 구절들도 역시 이러한 주장을 뒷받침합니다.

바울이 때때로 논리적인 대조를 나타내기 위해 "이제는"이라는 단어를 사용하기는 하지만(롬 7:17; 고전 12:18; 13:13), 여기에서는 결정적인 전환점, 즉 "결정적인 새로운 요소들이 과거의 환경을 새롭게 변화시키는, 한 시대로부터 다음 시대로의 전환"(롬 5:9~11; 8:1; 11:30f.; 13:11; 특히 고전 15:20; 엡 2:13에서처럼)을 가져오는 종말론적인 '지금' 을 암시합니다.[31] "곧 이때에"라는 구절은 과거와 현재를 포괄하는 하나님에 의해 정해진 때를 가리킵니다(참조, 롬 8:18; 11:5; 고후 8:8).

여기에서 우리는, 바울이 말한 '히라스테리온'으로서 그리스도의 죽음에 근거한 죄 사함은 종말론적인 것이라고 결론지을 수 있습니다.

:: 대신하여 죽는 원리

이미 구약을 통하여 여러 방면으로 대신 죽는 원리를 체험케 하도록 하였다고 말씀드렸습니다. 왜 하나님은 대신 죽는 원리를 세우셨을까요? 그 근본 이유는 죄란 인간 스스로 해결할 수 없는 심각한 문제이기 때문입니다. 인간의 죄가 심각한 것은 첫째로, 죄는 무슨 잘못된 일의 결과로 얻어지는 열매가 아니라는 점입니다. 죄는 범죄의 결과로 나타나는 모든 것의 원인입니다. 인간에게 있어 죄는 생명에 붙어 있어 인간의 생명이 존재하는 한 죄에서 벗어날 수 없습니다. 따라서 생명이 죄에 대하여 죽어야만 죄에서 벗어날 수 있습니다. 왜냐하면 죄란 죽은 사람에게서는 역사하지 못하기 때문입니다. 그러나 여기에서 문제되는 바는 인간의 죽음이 죄에 대하여 죽는 것이 아니라 죄 때문에 죽는다는 점입니다. 오히려 인간의 죽음은 인간이 죄의 종으로 살았음을 증명하는 것을 보여주는 것입니다. 그러므로 인간이 죽는다 해도 그것이 죄에 대하여 죽는 것이 아니기 때문에 죄와 그 영원한 형벌에서 벗어나는 것이 아닙니다.

인간은 아무도 죄에 대하여 죽음으로 그 형벌에서 벗어날 수 없습니다. 또한 다른 사람의 죄를 대신하여 죽어줌으로 그 사람을 죄에서 벗어나게 해줄 자도 이 세상에는 아무도 없습니다. 그 이유는 이 세상의 모든 사람이 자신의 죄로 인해 죽었기 때문에 어떤 사람도 남의 죄를 해결하기 위하여 대신 죽을 수 있는 자격이 없습니다. 그러므로 인간이 죄에 대하여 죽도록 하기 위하여 죄 없으신 하나님께서 인성을 입고 이 땅에 오셨습니다. 그 뿐 아니라 인간을 대표하여 인간의 죄를 대신하여 죄에 대하여 죽으신 것입니다.

둘째로, 죄에 대한 하나님의 해결책은 우리가 생각하는 정도가 아닙니다. 그것은 죄의 형벌에서 벗어나는 정도가 아닙니다. 그것은 인간이 죄에 대하여 죽고 새 생명으로 다시 살도록 하기 위함입니다. 다른 사람에게 죄와 상관없는 새 생명을 줄 수 있는 자는 이 세상에서는 더 더욱 없습니다. 왜냐하면 인간은 모두 죄인이기 때문입니다. 인간이 죄와 상관없는 새 생명 가운데 살려면 먼저 죄에 대하여 죽어야 합니다. 그런 후에 새 생명으로 다시 부활하여야만 합니다. 그렇게 하시려고 죄 없으신 하나님께서 인성을 입고 이 땅에 오셨습니다. 그뿐 아니라 인간을 대표하여 인간의 죄를 대신하여 죄에 대하여 죽으신 것입니다. 만일 죄가 없는 자가 죽었다면 그는 반드시 살아나야 합니다. 이것이 성경의 가르침입니다. 예수 그리스도는 죄가 없으신 분이십니다. 그러므로 그는 부활하신 것입니다. 따라서 십자가에 대신 죽으시고 다시 사신 예수 그리스도 안에 있는 자는 예수님과 함께 십자가에서 죄에 대하여는 죽고 예수님의 부활과 함께 새 생명으로 살게 됩니다. 이제 이 진리를 더 구체적으로 살펴보겠습니다.

죄의 심각성은 인류를 대표하는 첫 사람 아담이 죄를 지은 이후의 결과를 살펴보면 알 수 있습니다. 이 결과는 아담이 죄를 짓기 이전의 상태, 달리 말하면 타락 이전의 인간의 원형인 아담의 상태와 비교하면 더욱 분명하게 알 수 있습니다. 왜냐하면 아담이 죄를 범함으로 그 원형을 잃어버렸기 때문입니다. 성경은 아담이 하나님의 형상으로 지음을 받았다고 말합니다(창 1:26~27). 또한 여호와 하나님께서 "흙으로 사람을 지으시고 생기를 그 코에 불어 넣으시니 사람이 생령이 된지라"고 말합니다.

:: 왜 하나님은 아담을 하나님의 형상으로 창조하셨는가[32]

여기에서 우리의 관심은 인간이 하나님의 형상으로 지음 받았다는 것이 무엇을 의미합니까? 이 물음 역시 간접적으로 접근하는 것이 편이해서 그렇게 하겠습니다. 성경에 인간을 제외하고 하나님의 형상으로 창조된 피조물이 있다는 기록을 찾아볼 수 없습니다. 그렇다면 하나님께서 자신의 형상대로 인간을 창조하신 목적이 다른 피조물과 다르다는 것을 전제할 수 있습니다. 그 다른 점이 무엇일까요?

첫째로, 위에서 언급한 대로 아담과 하와가 하나님과 교제할 수 있도록 하심입니다.

둘째로, 하나님께서 첫 사람 아담과 그 아내 하와에게 "생육하고 번성하여 땅에 충만하라 땅을 정복하라 바다와 고기와 공중의 새와 땅에 움직이는 모든 생물을 다스리라"(창 1:28)고 명령하셨습니다. 하나님께서 다섯째 날 물고기들과 새들을 창조하신 후 그것들에게 "생육하고 번성하여 여러 바다 물에 충만하라 새들도 땅에 번성하라"(창 1:22)고 비슷한 명령을 하셨습니다. 그러나 하나님께서 이것들에게는 '정복하라'와 '다스리라'는 명령은 하지 않으셨습니다. 또한 이것들을 창조하시기 전에 먼저 창조를 위한 계획을 하셨다는 기록도 없습니다. 반면에 하나님께서 인간을 창조하시기 전에 인간으로 다른 피조물들을 다스리도록 계획하신 후에 인간을 창조하셨습니다(창 1:26~27).

셋째로, 하나님께서 일곱째 날을 복 주사 거룩하게 하셨습니다. 그 이유는 하나님께서 그 창조하시며 만드시던 모든 일을 마치시고 안식하셨기 때문입니다. 또한 하나님의 피조물인 인간은 하나님을 예배하여야만 진정으로 복을 받기 때문입니다. 하나님께서 일곱째 날을 복 주시고 거룩하게 하신 일과 하나님께서 안식하신 일이 아담과 하와가 하나님의 형상대로 지음을 받은 것과 무슨 관계가 있는가는 조금 후에 구체적으로 다루기로 하겠습니다. 위의 세 가지 점들은 아담과 하와가 하나님의 '형상을 따라' 하나님의 '모양대로' 창조되었다는 것에 근거합니다.

하나님께서 아담을 하나님 자신의 형상을 따라 창조하였을 뿐 아니라 생기를 그 코에 불어 넣어 아담으로 생령이 되게 하셨습니다(창 2:7).[33)]

하나님 속에 있는 생명적 특성을 아담으로 갖도록 하신 것은 바로 아담이 다른 피조물들과 다르다는 것을 보여줍니다. 하나님께서 아담을 자기의 형상과 모양대로 창조하심은 근본적으로 아담과 인격적 교제를 하기 위함입니다. 아담이 다른 피조물과 달리 하나님의 명령을 받고 또한 순종함으로 하나님과 교제할 수 있었던 것은 그가 하나님의 형상과 모양으로 창조되었기 때문입니다. 하나님은 교제만을 목적으로 아담을 그렇게 창조하신 것이 아니라 그에게 사명을 주어 하나님을 대신하여 다른 피조물을 섬기게 하셨습니다.

일반적으로 피조물을 다스림(창 2:15)과 에덴 동산을 지키게 하심에 따른 노동(창 2:15)과 그리고 안식(창 2:3)을 하나님께서 아담에게 주신 3대 창조 명령(creation ordinances) 혹은 문화 위임 명령(cultural mandate)이라고 말합니다. 아담이 이 창조 명령을 수행할 수 있는 능력은 그가 하나님의 형상대로 창조되었음에 있습니다. 하나님께서는 능력과 명령만 주신 것이 아니라 그 명령을 수행할 직책까지 주셨다고 해석하기도 합니다. 이러한 해석은 유추적인 것으로 사명을 완수하려면 그 사명을 완수할 수 있는 능력과 더불어 그 사명을 완수할 수 있는 직책(권한)이 주어져야 한다는 점입니다. 성경 속에서 하나님은 선지자와 제사장과 왕을 세워 그들로 하나님의 대신하여 하나님의 영원한 구원 계획을 이루어 가는 일을 섬기게 하였음을 볼 수 있습니다. 아담에게서도 역시 이 세 가지 직책이 주어졌음을 알 수 있습니다. 왕과 선지자와 제사장의 권한과 같은 권한이라고 말할 수 있습니다.

첫째는 아담의 왕적 권한입니다. 아담의 왕적 권한이란 그가 하나님을 대신하여 다른 피조물들을 다스리는 것을 말합니다. 이것은 아담 스스로 독자적인 다스림을 말하는 것이 아닙니다. 하나님께서 피조물을 다스리도록 명하심에 근거한 다스림입니다. 피조물에 대한 아담의 첫 다스림은 "각종 들짐승과 공중의 각종 새들"에게 이름을 지어 주는 것입니다(창 2:19~20). 아담이 각 생물들의 이름을 지어 준 사실을 통하여 하나님께서 아담에게 각종 들짐승과 새들에게 이름을 지어주라고 명하셨든지 아니 하셨든지 간에 아담은 하나님의 마음을 알고 이름을 지어 주었으며 또한 하나님께서 그것을 인정하셨음을 알 수 있습니다. 한마디로 아담은 하나님께서 '에덴 동산을 다스리며 지키게 하라'고 명령하신 그대로 자신에게 주신 사명을 완수하고 있음을 알 수 있습니다(창 2:15).

둘째는 아담의 선지자적 권한입니다. 이미 위에서 언급한 대로 아담은 독자적으로 행동한 것이 아니라 하나님의 명령(말씀)을 받아 그대로 순종한 것입니다. 바로 이것이 선지자가 행하여야할 가장 중요한 본문입니다. 우리는 성경에서 거짓 선지자들을 책망하실 때 그 이유는 그들이 하나님으로부터 계시 받은 것이 없이 평안을 선포하고(렘 8:10~11) 자신들의 심령에 따라 예언하였기 때문입니다(겔 13:3).

셋째는 아담의 제사장적 권한입니다. 아담의 제사장적 권한은 그 근거를 직접 제시하기는 어렵습니다. 그러나 제사장의 근본 사역은 다른 사람들을 대신하여 하나님을 섬김으로 다른 사람들로 하여금 하나님의 복을 받게 한다는 것에 근거합니다(민 6:22~27; 민 8:19). 물론 창세기 1장에서는 아담을 위하여 다른 피조물들에게 복 주심을 볼 수 있습니다(창 1:22, 29~30). 그럼에도 불구하고 이 사실은 뒤집어 말하면 아담을 통하여 다른 피조물이 복을 받게 되었음을 알 수 있습니다. 그러므로 아담을 통하여 다른 피조물이 복을 받게 된 사실에 근거하여 하나님께서 아담에게 제사장적 권한을 주셨다고 해석할 수 있습니다. 위에서 언급한 명령과 수행할 직책은 하나님께서 아담을 하나님의 형상과 모양대로 창조하셨다는 것과 분명 관련이 있습니다.

:: 아담과 하와는 언제 죽었는가

하나님께서 아담과 하와를 하나님의 형상대로 만드시고 위와 같은 사명과 직책을 주시고 하나님께서 아담에게 "선악을 알게 하는 나무의 실과는 먹지 말라 네가 먹는 날에는 정녕 죽으리라"고 말씀하셨습니다(창 2:17). 그러함에도 불구하고 아담은 그의 아내 하와와 함께 하나님의 명령을 어기고 선악을 알게 하는 나무의 실과를 따먹었습니다(창

3:6). 그들은 결국 하나님께서 말씀하신 대로 죽었습니다. 그러나 그들이 실과를 따먹고 바로 죽은 것이 아닙니다. 아담은 가인과 아벨은 물론 130세에 셋을 낳은 후 800년을 지내며 자녀를 낳고 930세를 향수하고 죽었다고 성경은 말합니다(창 5:3).

물론 선악을 알게 하는 나무의 실과를 따먹으면 정녕 죽는다고 하신 말씀은 아담이 그것을 따먹었을 경우 그가 930세까지 살다가 죽을 것만을 의미하는 것은 아닐 것입니다. 우리는 성경이 육적 죽음만 말하지 않고 영적 죽음도 말하고 있음을 압니다. 우리는 이 진리를 바울이 육체적으로 죽음을 당해보지 않고 현재 에베소에 살고 있는 에베소 교인들을 "허물과 죄로 죽었던 자들"이라고 말한 사실에서 잘 알 수 있습니다(엡 2:1).

긴 설명이 필요 없이 아담이 선악을 알게 하는 나무의 실과를 따먹은 즉시 그는 영적으로 이미 죽은 자가 되었고 그 결과 930년 후에 육적인 죽음까지 맛보게 되었음을 알 수 있습니다. 그렇다면 아담이 죄를 범함으로 인하여 영적으로 죽은 결과가 무엇인지에 대하여 관심이 집중됩니다. 이것은 아담이 죄를 범한 이후의 상태를 고찰하면 알 수 있습니다.

첫 번째 한 일은 눈이 밝아 자기들의 몸이 벗은 줄 알고 무화과나무 잎을 엮어 치마를 만들어 입은 것입니다(창 3:7).

두 번째 한 일은 동산에 거니시는 하나님의 음성을 듣고 여호와 하나님의 낯을 피하여 동산 나무 사이에 숨은 것입니다(창 3:8).

세 번째 한 일은 하나님께서 "내가 너더러 먹지 말라 명한 그 나무 실과를 네가 먹었느냐"고 물었을 때 아담은 "하나님께서 주셔서 나와 함께하게 하신 여자 그가 그 나무의 실과를 내게 주므로 내가 먹었나이다"라고 대답한 것입니다(창 3:12).

첫 번째 한 일을 통하여 아담이 죄를 범한 이후 뱀이 말한 대로 그가 하나님처럼 된 것이 아니라 수치감을 갖게 되고 또한 그것을 감추려 하였음을 알 수 있습니다. 아담은 그 수치심을 감추려고 무화과 잎으로 그 수치심을 덮으려는 생각을 하였습니다.[34] 이것은 아담이 죄를 지은 이후에는 먼저 마음으로부터 하나님과도 멀어졌으며 또한 하와와도 떨어졌음을 알 수 있습니다. 마음의 교제의 단절이 시작되었습니다.

아담의 수치심과 그것을 감추려는 시도는 죄를 짓고 난 후 즉각적으로 보인 반응입니다. 왜냐하면 아담이 이전에는 벌거벗었으나 부끄러워하지 않았습니다(창 2:25). 아담이 죄를 짓기 전에는 하나님에게도 하와에게도 수치심이나 숨길 것이 없었습니다. 하나님은 아담과 하와가 벌거벗었으나 부끄러워하지 하도록 창조하셨습니다. 하나님은 아담 따로 하와 따로 만들어 둘이 연합하여 살도록 하지 않으셨습니다. 하나님은 아담을 만드신 것처럼 흙으로 하와를 만드신 후에 둘로 연합하여 살게 하지 않으셨습니다. 하나님은 아담의 갈비뼈를 취하여 하와를 만드셨습니다. 하나님께서 하나를 둘로 나눈 뒤에 또 그 둘을 연합시켜 하나로 살게 하셨습니다.

하나님은 왜 그렇게 복잡한 방법으로 하와를 창조하셨을까요? 그것은 하나님 마음대로 하신 것이라고 대답할 수도 있겠습니다. 그러나 하나님께서 그렇게 하신 결과를 보면서 하나님의 선하신 의도를 깨달을 수 있습니다. 하나님께서 그렇게 하였을 때 아담은 하와를 보고 "이는 내 뼈 중의 뼈요 살 중의 살이라"고 노래하였습니다.

어느 누가 자기 살을 보면서 부끄러워 할 자가 있겠습니까? 자기 뼈를 보면서 부끄러워 할 자가 있겠습니까? 아담의 고백은 올바른 고백입니다. 하나님께서 하와를 흙으로 만들지 않고 아담의 갈비뼈로 만드셨습니다. 그러기에 그들은 둘이지만 하나인 것입니다. 하나처럼 생각하고 하나처럼 행동할 수 있다고 말할 수 있습니다. 아니 하나처럼 행동하게 하도록 하셨습니다. 그렇게 하지 않으면 하나님께서 복잡하게 창조하신 의도대로 사는 것이 아닙니다.

그러나 아담에게 죄가 들어오고 난 뒤부터 아담은, 하나님은 말할 필요도 없고 자기 살로 여겼던 하와와 분리되어 서로 떨어질 수밖에 없었습니다. 물론 아담과 하와는 둘 중의 하나가 죽기 전까지 그들은 함께 살았습니다. 이와 같이 육적으로는 함께 살았으나 그러나 그들은 영적으로는 분리되어 떨어질 수밖에 없었습니다. 그러기에 하나님은 말할 필요도 없고 자기 살로 여겼던 하와에게까지 숨길 수밖에 없는 죄의식이 발동한 것입니다. 하와는 더 이상 아담의 살 중의 살이요 뼈 중의 뼈가 아닌 것입니다. 그들은 더 이상 하나가 아니고 서로 다른 둘이 될 수밖에 없었습니다.

그러기에 서로가 서로에게 숨기고 싶은 죄의식이 생겨 둘이 벌거벗고는 함께 있을 수 없어 무화과 잎으로 서로 숨기게 되었습니다. 그러나 문제는 그렇게 무화과 잎으로 치마를 해서 입는다고 죄와 죄의식을 그런 방식으로는 영원히 숨길 수도 해결할 수도 없다는 것입니다. 아담과 하와가 죄를 지었으나 이 죄에 대한 해결은 그들 자신의 어떤 노력으로는 불가능합니다. 그 해결은 하나님으로만이 가능합니다. 하나님께서 이 죄의 최종적 해결의 예표로 무화과 잎 대신 짐승을 잡아 가죽옷을 입혀 주셨습니다. 이에 대해서는 후에 다루겠습니다.

두 번째 한 일은 동산에 거니시는 하나님의 음성을 듣고 여호와 하나님의 낯을 피하여 동산나무 사이에 숨은 것입니다. 이것은 첫 번째 변화와 무관한 것이 아닙니다. 동시적으로 시작된 변화입니다. 죄를 짓기 전에는 없었던 하나님을 두려워하는 마음입니다. 두려워하는 마음은 행동으로 표출되어 동산 나무 사이에 숨게 되었습니다. 이 두 번째 변화는 하나님에 대한 두려움임이 틀림없습니다. 우리는 이 하나님에 대한 두려움이 사람에 대한 두려움으로 번져 가는 것을 가인의 고백을 통하여 알 수 있습니다. 그가 자기 동생 아벨을 죽이고 난 후 하나님의 저주를 받고 "내가 땅에서 피하며 유리하는 자가 될지라 무릇 나를 만나는 자가 나를 죽이겠나이다"(창 4:14)는 식으로 자기의 두려움을 토로하였습니다.

이 두려움은 범죄로 인한 저주받은 결과임이 분명합니다. 그럼에도 불구하고 이 두려움은 하나님의 긍휼하심을 얻을 수 있는 길이 될 수 있습니다. 왜냐하면 그 두려움은 하나님을 멀리 떠날 수도 있지만 하나님의 긍휼의 부르심에, 하나님의 긍휼 앞에 엎드릴 수 있기 때문입니다. 그러나 만일 죄를 범하였음에도 불구하고 하나님에 대한 두려움이 없다면 그런 자는 분명 오만 방자한 자로 전락하여 하나님의 긍휼하심을 구하지도 아니할 뿐 아니라 하나님의 긍휼을 무시하는 더 큰 죄를 짓게 될 것이 자명하기 때문입니다.

세 번째 한 일은 하나님께서 "내가 너더러 먹지 말라 명한 그 나무 실과를 네가 먹었느냐"고 물었을 때 아담은 "하나님께서 주셔서 나와 함께하게 하신 여자 그가 그 나무의 실과를 내게 주므로 내가 먹었나이다"(창 3:12)라고 대답한 것입니다. 이 사실은 아담이 하와에게 책임을 전가하면서 자신의 책임을 회피하였다는 것을 보여줍니다. 아담은 자신이 지은 죄를 회개하거나 하와의 죄를 대신하여 벌을 받겠다는 생각은 전혀 없는 것을 볼 수 있습니다. 만일 하나님께서 하와를 아담의 머리가 되게 하시고 또한 하나님께서 하와에게 직접 명령한 것을 아담이 하와에게서 전하여 들었다면, 아담이 하와에게 그 책임을 전가할 수도 있을지 모르겠습니다. 그러나 하나님께서 아담을 하와의 머리로 지으시고 또한 그에게 직접 명하셨습니다. 그러므로 그는 "하와가 그 실과를 주었을 때"에 그 실과를 먹어서는 안 됩니다. 도리어 그는 그 실과를 먹으라고 말하는 하와를 책망하여 다스려야 할 책임이 있었습니다.

만일 아담이 하와의 행동으로 말미암아 정말 혼란이 왔다면 그의 머리되신 하나님에게 다시 물었어야 했을 것입니다. 아담의 이러한 변화들에 대하여서는 하와의 처신을 먼저 살핀 후에 종합적으로 결론을 내리도록 하겠습니다. 하와 역시 "뱀이 나를 꾀므로 내가 먹었나이다"고 뱀에게 책임을 전가하며 책임을 회피하는 것을 볼 수 있습니다. 물론 하와는 하나님에게 직접 그 실과를 먹지 말라는 명령을 받지는 않았습니다. 그럼에도 불구하고 뱀이 하와를 유혹할 때 그의 대답은 그가 아담으로부터 선악을 알게 하는 나무 실과를 먹으면 죽는다는 것을 들어 알고 있었음을 보여 줍니다. 뱀이 물었을 때 하와는 "동산 나무의 실과는 우리가 먹을 수 있으나 동산 중앙에 있는 나무의 실과는 하나님의 말씀에 너희는 먹지도 말고 만지지도 말라 너희가 죽을까 하노라 하셨느니라"고 대답하였습니다(창 3:2~3).

:: 하와의 근본적 잘못

뱀이 "하나님께서 참으로 너희더러 동산 중앙에 있는 나무의 실과를 먹지 말라 하더냐"고 물었을 때 하와는 정확한 대답을 하든지 아니면 그의 머리되는 아담으로 대답하게 했어야 합니다. 그러나 하와의 대답 자체를 보면 마음으로부터 하나님의 명령을 잘못 생각하고 있음을 볼 수 있습니다. 그의 잘못은 하나님의 명령에 자신의 생각을 덧붙여 "만지지도 말라 너희가 먹으면 죽을까 하노라"고 대답한 것입니다. 아담과 하와는 하나님께서 동산 중앙에 선악을 알게 하는 나무를 두신 의도를 바로 알지 못하였음이 분명합니다.

그렇다면 하나님께서 동산 중앙에 선악을 알게 하는 나무를 두신 의도는 무엇입니까? 이와 관련하여 제기되는 첫 번째 질문은 선악을 알게 하는 나무 이름 자체에 관한 것입니다. 그 나무가 선을 알게 하는 나무이든지 아니면 악을 알게 하는 나무이든지 둘 중 하나이지 어떻게 선과 악을 동시에 알게 하는 나무인가 하는 것입니다. 예를 든다면 사과나무이든지 아니면 배나무이든지 해야지 어떻게 사과나무인 동시에 배나무가 될 수 있느냐 하는 문제입니다. 물론 과학의 발달로 사과와 배가 동시에 열리는 소위 '사배나무'라는 나무를 생명공학을 이용하여 만들어내는 것은 현대 과학으로는 전혀 불가능한 것이 아니라고 학자들은 주장할 수 있을 것입니다.

왜 한 나무의 실과를 먹음으로 선과 악을 동시에 알도록 하였을까요? 또한 그것이 어떻게 가능할까요? 무슨 특별한 화학 반응을 일으키도록 하여 선한 사람이 먹으면 선을 알도록 하고 악한 사람이 먹으면 동일한 실과를 통하여 악을 알게 되도록 하였단 말입니까? 만일 아담과 하와가 그 실과를 따먹지 아니하였으면 그들은 영원히 선도 악도 알 수 없다는 말입니까? 어찌하여 선악을 알게 하는 나무를 따먹으면 정영 죽어야 합니까? 그 나무 열매를 먹으면 무슨 독이 그 속에 들어 있어서 죽게 된단 말입니까? 왜 하필이면 그런 나무를 동산 중앙에 두어 아담과 하와로 죄를 지어 죽도록 했을까요?

이러한 물음들에 대한 답을 얻기 위하여 우선 성경은 우리에게 선과 악에 대하여 근본적으로 무엇을 말씀하시는지 이해하는 것이 중요합니다. 어느 날 한 청년이 예수님께 나아와 "선생님이여 내가 무슨 선한 일을 하여야 영생을 얻으리이까"(마 19:16)라고 물었습니다. 이에 대하여 예수님께서 "어찌하여 선한 일을 내게 묻느냐 선한 이는 오직 한 분이시니라 네가 생명(영생)에 들어가려면 계명을 지키라"(마 19:17)고 하셨습니다. 그 청년은 선한 일이 무엇이냐고 물었습니다. 그런데 예수님은 그 청년에게 "선한 이는 오직 한 분이시니라"고 대답하셨습니다. 어쩌면 예수님께서 동문서답하시는 분 같아 보일지 모릅니다. 그러나 예수님도 그 청년이 선한 일이 무엇이냐고 자신에게 묻는 것을 아셨습니다. 예수님께서 그 청년에게 계속하여 "네가 생명(영생)에 들어가려면 계명을 지키라"고 하심을 볼 때 예수님께서 절대로 동문서답을 하신 것이 아닙니다.

첫째로, 선한 일은 선한 분에게 나온다는 말씀입니다. 그러므로 무엇이 선이냐 하는 것이 우선이 아니라 누가 선한 분이냐 하는 것이 우선임을 말씀하고 계십니다. 왜냐하면 선한 분이 하라는 것을 하면 선이고 그 하라는 것을 하지 않으면 그것이 곧 악이기 때문입니다. 반대로 하나님께서 하지 말라는 일을 하지 않으면 그것이 곧 선이나 그것을 하면 악이 되기 때문입니다.

둘째로, 선한 분은 한 분이시라는 말씀입니다. 궁극적으로 선한 일이 무엇인지를 정의를 내리고 그 선한 일을 명하실 분은 온 우주에 한 분 하나님 밖에 없다는 말입니다.

셋째로, 모든 계명은 선하다는 점입니다. 왜냐하면 하나님께서 명령

하신 것이기 때문입니다. 여기에서 우리는 선악을 알게 하는 나무와 관련하여 선과 악이 구분되어 있지 않다는 점을 인식하는 것이 중요함을 알 수 있습니다. 한마디로 선악을 알게 하는 나무가 왜 선악을 알게 하는 나무인가 하면 하나님의 명령대로 안 먹으면 그것이 선이요 따먹으면 그것이 곧 악이 되기 때문입니다. 그러므로 선악을 알게 하는 나무의 실과를 따먹으면 그것이 죄가 되는 이유는 그 실과 자체 안에 악이 될 요소, 즉 죄가 될 요소가 있어서가 아니라 하나님께서 그 실과를 따먹지 말라고 명하셨기 때문입니다.

:: 선악과와 아담의 자유 의지와의 함수 관계

왜 하나님은 그 실과를 따먹지 말라고 하셨을까요? 그것도 동산 중앙에 심어 놓고 말입니다. 처다보기 힘이 들면 유혹을 받을 필요도 없었을 것 아니겠습니까? 왜 하나님은 "먹음직도 하고 보암직도 하고 지혜롭게 할 만큼 탐스럽게" 보이는 열매를 맺는 그런 나무를 뻔히 처다볼 수 있는 동산 중앙에 심어 놓고 그 실과를 따먹지 말라고 하셨을까요? 이에 대한 해답은 하나님께서 인간에게 자유 의지를 주신 것과 그 자유 의지를 시험하신 것과 관련하여 생각할 때만 주어집니다. 하나님께서 아담에게 주신 자유 의지와 관련하여 C. S. 루이스 논증을 먼저 소개하겠습니다.

인간은 매 순간 여러 법칙의 지배를 받지만, 그중에서 한 가지 법칙만큼은 거부할 수 있는 자유가 있습니다. 인간은 몸을 가진 존재로서 중력의 지배를 받고 있으며 그것을 거부할 수 없습니다. 인간을 아무 지탱 장치 없이 공중에 던지면, 돌이 땅에 떨어지듯이 떨어지는 것 외에는 다른 선택의 여지가 없습니다. 또한 인간은 하나의 유기체로서 다른 동물들처럼 다양한 생물학적 법칙의 지배를 받고 있으며 그것을 거부할 수 없습니다. 그러나 인간의 본성만이 가지고 있는 고유한 법칙, 동물이나 식물이나 무기체들이 공유하지 않는 법칙만큼은 거부할 수 있습니다. [35)]

루이스는 계속하여 인간 본성만이 가지고 있는 고유한 법칙, 즉 거부할 수 있는 자유 의지를 가진 인간이 할 수 없는 것과 할 수 있는 것에 대하여 다음과 같이 변증합니다.

하나님은 자유 의지를 가진 존재들을 창조하셨습니다. 자유 의지를 가졌다는 것은 옳은 일을 할 수도 있고 그른 일을 할 수도 있다는 뜻입니다. 자유 의지를 가졌으면서도 그릇 행할 가능성은 전혀 없는 존재를 상상하는 이들도 있지만, 저로서는 그런 존재를 상상할 수 없습니다. 선해질 수 있는 자유가 있다면 악해질 수 있는 자유도 있는 법입니다. 악을 가능케 한 것은 이 자유 의지입니다. 그렇다면 하나님은 왜 사람들에게 자유 의지를 주셨을까요? 악을 가능케 하는 것도 자유 의지이지만, 사랑이나 선이나 기쁨에 가치를 부여하는 유일한 것 또한 자유 의지이기 때문입니다. ······하나님께서 가장 고등한 피조물들에게 주고자 하시는 행복은 사랑과 즐거움의 절정에서 자유로우면서도 자발적으로 하나님과 연합하여 이웃과 연합하는 데서 생겨나는 행복으로서, 거기에 비하면 지상에서 남녀가 나누는 가장 황홀한 사랑조차 물탄 우유처럼 싱거울 것입니다. 바로 이런 행복을 누리기 위해 인간은 자유로워야 하는 것입니다. [36)]

바울은 이 사실을 에베소서 1:6과 12절과 14절에서 밝히고 있습니다. 하나님께서 인간에 자유 의지를 주어 창조하실 계획을 하심은 인간 역시 타락한 천사같이 하나님의 명령을 거역할 가능성을 전제한 것입니다. 그런 위험성이 있음에도 불구하고 인간에게 자유 의지를 주심은 인간을 통하여 진정으로 찬양을 받으시는 것은 그밖에 다른 길이 없기 때문입니다. 하나님께서 인간에게 주신 자유 의지는 인간으로 하여금 취사 선택할 수 있는 능력을 갖게 하심입니다.

:: 선택의 동기

그런데 인간이 하나님께서 주신 자유 의지를 통하여 취사 선택할 때는 몇 가지 동기에 따라 움직입니다. 그 중에 하나가 자신에게 유익된다고 생각될 때입니다. 이것 역시 그 일이 유익된 것이 아니라는 것을 알게 되었을 때는 더 이상 계속하지 않습니다. 또한 두려움 때문에 선택하는 경우가 있습니다. 두려움이 동기가 되어 선택한 일은 두려움이 존재하는 한 그 일을 하지만 두려움이 사라지면 더 이상 그 일을 하지 않습니다. 두려움의 종국은 죽음입니다. 그러므로 복종해도 죽음을 벗어날 수 없다고 생각될 때는 선택했던 것을 헌 신발처럼 버리게 됩니다. 막상 죽을 때는 두려움을 주어 그 일에 자신을 드려 헌신하도록 한 자를 저주하고 죽는 경우가 다반사입니다.

다음으로 의무감에 의한 것입니다. 의무감이 동기가 될 때는 의무감이 존재하는 한 선택한 일을 계속합니다. 그러나 의무감에서 벗어나게 될 때 그 일을 계속하지 않게 됩니다. 이와 비슷한 동기가 본능적 사랑에 의한 것입니다. 이 본능적 사랑은 동물의 세계에서도 발견되는 것으로 어떤 의미에서는 자유 의지에 의한 취사 선택하는 것이라고 말할 수 없겠습니다. 인간에게 주신 자유 의지를 통한 최고의 선택은 사랑에 의한 선택입니다. 그 어떠한 것으로도 막을 수 없는 선택입니다.

그러나 혹자는 이 선택 역시 사랑이 식어지면 계속될 수 없는 선택이라고 말할 것입니다. 만일 사랑을 받는 자의 입장에서라면 자신이 사랑을 받을 수 없음에도 불구하고 사랑을 받고 있음을 깨닫는다면, 그 사랑은 영원한 것입니다. 그러기에 인간의 노래 중 최고의 노래가 사랑을 받을 수 없는 자가 영원한 사랑을 받고 그 영원한 사랑에 관해 부르는 노래입니다. 진정한 의미에서 이러한 노래는 인간이 하나님의 사랑을 깨닫고 하나님을 찬양하는 노래입니다. 하나님은 인간이 이 영원한 사랑을 깨닫고 그 사랑을 베푸신 하나님께 올려 드리는 사랑의 노래를 통하여 찬양받으시기를 원하신 것입니다.

이제 아담의 경우를 생각해 보십시다. 하나님께서 아담에게 "선악을 알게 하는 나무의 실과를 먹지 말라 네가 먹는 날에는 정녕 죽으리라"고 하셨습니다. 아담은 하나님께서 주신 자유 의지를 가지고 하나님의 이 명령을 어떤 동기에 의하여 어떤 선택을 하였습니까? 하나님께서 "네가 먹는 날에는 정녕 죽으리라"고 하신 말씀은 아담에게 두려움을 주어 순종하도록 하시기 위함일까요? 아닙니다. 네가 먹는 날에는 내가 너를 죽이겠다는 위협적인 말이 아니라는 것입니다. 하나님은 사실을 사실대로 말씀하신 것입니다. 아니 이 말씀은 위협하는 말씀이 아니라 사랑의 말씀입니다. 왜 그렇게 말할 수밖에 없을까요?

:: 에덴 동산에 선악을 알게 하는 나무가 없었다면

이에 대답으로 선악을 알게 하는 나무가 없었다면 아담과 하와가 죄를 범하지 않았을 것이라고 말할 수 있겠느냐 하는 점을 먼저 살펴보겠습니다. 그는 분명히 죄를 지을 가능성을 갖고 있었습니다. 그 이유는 첫째 에덴 동산 안에는 아담을 유혹하여 죄를 범할 수 있는 외적인 요소, 즉 마귀가 있었기 때문입니다. 둘째 아담에게는 외적인 유혹에 반응하여 유혹을 받아 드릴 수 있는 내적인 요소, 즉 하나님의 형상으로 지음 받은 자유 의지가 있었기 때문입니다.

만일 아무리 죄를 짓도록 유혹하는 외적 요소가 있더라도 그 외적인 유혹을 받아들일 내적 요소를 갖고 있지 않는 존재는 죄를 지을 수가 없습니다. 어떤 사람이 죽은 뒤에도 죄를 지었다는 말을 들어본 적이 있습니까? 또한 사나운 사자가 어린 아이의 목을 물어 죽였다고 해서 그 사자에게 살인죄를 적용합니까? 대답은 한마디로 그럴 수 없다는 것입니다. 그러나 만일 외적 유혹에 대하여 내적인 자유 의지로 선택의 자유를 가진 자가 그런 일을 행하였다면 반드시 정죄당할 수밖에 없습니다.

물론 그 사람이 죽은 뒤에도 세상에는 죄를 짓도록 유혹하는 요소는 너무도 많이 존재함이 틀림없습니다. 그러나 사람이 죽은 뒤에는 자신을 유혹하는 외적 요소에 반응할 내적 요소가 죽었기 때문에 죄를 지을 수 없습니다. 그러므로 선악을 알게 하는 나무를 동산 중앙에 두시고 따먹지 말라고 명령하심은 죄를 짓는지 아니 짓는지를 시험하기 위한 명령이 아니라 오히려 죄를 짓지 않도록 하기 위한 하나님의 사랑의 배려인 것입니다. 하나님께서 그 나무를 동산 중앙에 두심은 아담과 하와가 그 나무를 볼 적마다 하나님의 명령을 기억하며 하나님의 말씀에만 순종하여야 함을 훈련하도록 하기 위함이었음이 틀림없습니다. 선악을 알게 하는 나무가 없었으면 아담과 하와가 죄를 범하지 않았을까요?

그들은 분명코 죄를 지었을 것입니다. 왜냐하면 마귀는 선악을 알게 하는 나무와 상관없이 아담과 하와로 하여금 하나님의 명령을 어기고 자기의 종으로 삼기를 원하고 있었기 때문입니다. 또한 선악을 알게 하는 나무가 없는 상태에 아담과 하와가 죄를 짓고 난 후 하나님께서 아담과 하와에게 왜 그런 죄를 지었느냐고 묻는다면 아담과 하와는 무어라고 대답했겠습니까? 선악을 알게 하는 나무의 실과를 먹음으로 죄를 짓고 난 후 그 책임을 남에게 전가했던 아담과 하와는 이 경우에는 그 책임을 하나님에게 전가하였을지도 모릅니다. 왜 진즉 마귀의 유혹이 있으니 조심하라는 명령을 하지 않았습니까, 이렇게 항변했을 것만 같습니다.

:: 아담의 후예인 우리

우리 역시 마찬가집니다. 그러기에 창세 이후로 인간에게는 언제나 선악과가 존재합니다. 그것은 하나님의 형상으로 지음을 받은 인간이 하나님의 형상으로 지음을 받은 자답게 살도록 하기 위함입니다. 믿는 우리에게는 성경 말씀이 선악과입니다. 우리는 성경 말씀에 근거하여 옛날 아담과 하와를 유혹하고 예수님을 유혹했던 마귀의 유혹을 이길 수 있습니다. 하나님께서 불신자에게도 선악과와 비슷한 것을 주셨습니다. 그것은 옳고 그름에 대한 법칙으로 옛날 사람들은 그것을 자연법(Laws of Nature)이라고 불렀습니다.

이 법은 자연과학에서 말하는 선택의 여지가 없는 자연 법칙을 말하는 것은 아닙니다. 이 법은 인간 본성의 법(Laws of Human Nature)으로 이 법칙은 인간의 마음에 있고 그것을 따를 것인지 말 것인지를 마음으로부터 선택할 수 있는 법칙입니다. 만일 인간에게서 이 인간 본성의 법칙을 빼앗아 버린다면 인간은 더 이상 다른 동물들과 다를 바가 없을 것입니다. 그러므로 성경 말씀이나 인간 본성의 법칙을 주심은 하나님 편에서는 인간에게 베푸신 하나님의 사랑의 표시요 인간 편에서는 하나님께 감사드릴 요소임이 틀림없습니다.

:: 정녕 죽으리라

이제 선악을 알게 하는 나무의 실과를 먹으면 '정녕 죽으리라'는 말씀에 초점을 맞추어 생각해 보겠습니다. 이미 위에서 아담이 선악을 알게 하는 나무의 실과를 따먹은 즉시 그는 영적으로 이미 죽은 자가 되었고 그 결과 930년 후에 육적인 죽음까지 맛보게 되었다고 언급하였습니다. 영적으로 죽었다는 말은 무엇을 말합니까? 죽음은 무엇보다도 관계의 단절을 가져옵니다. 그러므로 우선적으로 영적 죽음은 영적 단절을 의미합니다. 하나님께서 아담에게 선악을 알게 하는 나무의 실과를 먹으면 정녕 죽으리라 하심은 아담이 하나님과 온전한 영적 관계를 계속할 수 없다는 것입니다. 왜냐하면 하나님과 교제할 수 있는 하나님의 형상이 파괴되었기 때문입니다. 아담 안에 있는 하나님의 형상은 아담으로 하나님의 명령을 받고 그 명령을 준행할 수 있는 원동력이기 때문입니다. 따라서 영적 죽음의 결과는 아담이 자신을 창조하신 하나님의 목적을 이룰 수 없는 자가 된 것입니다.

하나님의 목적을 이룰 수 없다는 것이 곧 아담이 죄를 지음으로 스스로 자초한 가장 불행스런 심판입니다. 왜냐하면 아담은 자신의 범죄로 말미암아 하나님을 대신하여 피조 세계를 다스릴 왕적, 선지자적, 제사장적 직책은 물론 하나님과의 교제와 그 하나님을 영화롭게 하는 놀라운 특권마저 잃어버렸기 때문입니다. 이 특권을 잃어버린 자는 특권만 잃어버린 것이 아닙니다. "인간은 하나님을 만나기 전에는 진정으로 행복할 수 없다"고 말한 어거스틴이 고백한 대로 그 어떠한 것으로도 대신할 수 없는 것을 상실한 불행한 자가 된 것입니다. 한 걸음 더 나아가 아담의 영적 죽음은 하나님과의 영적 교제가 단절된 것으로 끝난 것이 아니라 마귀의 종으로 전락하는 결과를 초래하게 되었습니다. 이렇게 된 아담은 에덴 동산에 더 이상 거할 수도 없고 거해서도 안 되는 자가 되었습니다. 그러기에 그는 에덴 동산에서 내쫓김을 당하게 되었습니다.

하나님처럼 될 수 있다는 마귀의 유혹에 하나님의 명령을 거역한 아담은 하나님처럼 된 것이 아니라 마귀의 종이 되었습니다. 마귀의 종이 되는 것이 그래도 하나님의 통치 아래 있는 것보다는 더 행복한 영원한 결과를 얻게 하는 것이라면 아무 문제가 없을 것입니다. 그러나 마귀는 "처음부터 살인한 자요 거짓의 아비가 된 자"입니다(요 8:44). 또한 그는 본래부터 "도적질하고 죽이고 멸망시키는 자"입니다(요 10:10). 마귀는 결국 "불과 유황 못에 던지움을 당할 자"입니다(계 20:10). 마귀의 종 된 자들 역시 마귀와 함께 그곳에 던지움을 당하여 세세토록 밤낮으로 괴로움을 받게 될 것입니다(계 20:10). 아담이 스스로 자초한 심판은 영적 죽음과 육적 죽음과 영원한 죽음을 당하여야 할 심판과 마귀의 종 노릇을 할 수밖에 없는 존재로 전락한 것입니다. 영적으로 죽은 인간은 하나님과의 교제와 하나님의 명령대로 사는 것이 얼마나 큰 축복인지도 모를 뿐 아니라 죄의 결과로 주어지는 심판이 얼마나 무서운 심판인지도 모르고 사는 자입니다.

우리는 아담과 하와가 죄를 범한 결과 육체의 생명이 살아있는 동안 받는 심판의 형벌과 저주를 몇 가지로 구분하여 말하고 있음을 봅니다. 하와에게는 "잉태하는 고통을 크게 더하도록" 하였고 또한 "남편을 사모하고 남편은 너를(하와) 다스릴 것"이라고 하였습니다(창 3:16). 아담에게는 "땅은 너로 인하여 저주를 받고 너는 종신토록 수고하여야 그 소산을 먹으리라" 하셨습니다(창 3:17). 이어서 저주받은 땅은 "네게 가시덤불과 엉겅퀴를 낼 것이라…… 네가 얼굴에 땀이 흘러야 식물을 먹고 필경은 흙으로 돌아갈 것이니라"고 하셨습니다(창 3:18~19). 위에 열거한 사항들은 분명히 아담과 하와가 죄를 범함으로 주어진 형벌입니다. 그러나 이것들은 형벌임과 동시에 하나님의 사랑을 나타내는 징계의 채찍임을 알아야 합니다.

:: 아담에게 주어진 형벌

이 사실을 두 가지 측면에서 말할 수 있겠습니다. 첫째는 만일 위와 같은 형벌이 없이 다만 에덴 동산에서 내쫓김을 당했다면 아담과 하와와 그 후손들이 어떻게 되었을 것인지를 상상해 보면 알 수 있습니다. 그러했을 경우 그들은 에덴의 삶이 그렇게 살 깊도록 축복된 삶으로 여기지 않았을 것입니다. 자신들의 죄의 심각성을 깨닫지 못했을 것입니다. 더욱 하나님에게서 멀리 떠난 삶을 살다가 영원한 형벌을 받고 말았을 것입니다.

둘째는 죄에 대한 형벌을 받는 경우입니다. 그들은 형벌 중에 에덴의 삶이 얼마나 복된 삶이었는지 깊이 깨달았을 것입니다. 자신들이 범한 죄의 심각성도 깨달았을 것입니다. 가능하다면 에덴의 삶으로 돌아가고 싶었을 것입니다. 자신들이 당하는 형벌을 자신의 죄보다 중하다고 생각지 않았을 것입니다. 오히려 자신들이 지은 죄에 비하여 하나님의 형벌은 가볍다고 생각했을 것입니다. 나중에 생각해 보겠지만 육체적인 죽음을 바로 당하지 않게 하신 하나님께서 친히 죄의 진정한 형벌을 해결해 주시기로 약속받은 아담과 하와는 소망 중에 기다리는 자가 되었을 것입니다(창 3:15).

:: 신약에 나오는 탕자의 경우처럼

신약에서 이러한 예는 누가복음 15장에 나오는 탕자의 비유에서 찾아볼 수 있습니다. 탕자의 잘못은 어디에 있었습니까? 그가 아버지를 떠나 먼 나라에 가서 거기서 허랑방탕하여 아버지의 재산을 탕진한 것입니까? 만일 그가 아버지의 재산을 탕진하지 않았다면 그에게는 잘못이 없었단 말입니까? 탕자의 잘못은 분명히 아버지의 품을 떠난 데서부터 시작됩니다. 그렇다면 그가 허랑방탕하여 아버지의 재산을 탕진한 후 그 나라에 크게 흉년이 든 것은 어떻게 이해하여야 할까요? 성경은 "저가 비로소 궁핍한지라"고 말하고 있습니다(눅 15:14). 그러나 그것으로 그의 고통은 끝난 것이 아닙니다. 그가 "돼지 쥐엄 열매로 배를 채우고자 하되 주는 자"가 없었습니다(눅 15:16).

이런 어려움을 당한 뒤에 그가 비로소 자신이 아버지를 떠난 것이 죄인 것을 깨닫고 아버지의 아들 될 자격이 없는 자으로 자각하였습니다 (눅 15:18~19). 분명 탕자는 돌아갈 곳과 그를 사랑하여 기다리는 아버지가 있었기에 그가 당하는 고통은 고통으로 끝나는 불행스런 고통이 아니었습니다. 그가 당한 고통은 그로 하여금 축복의 자리로 인도하는 고통이었습니다. 그의 고통은 축복을 가져다주는 위장된 고통이었습니다. 37) 이와 마찬가지로 아담과 하와에게 주어진 형벌은 형벌로서 끝나는 형벌이 아닙니다. 그들이 받은 형벌은 그들이 타락 전에 에덴에서 하나님과 나누던 교제와 하나님께서 허락하신 원형으로서 자신들을 되찾게 되기를 소원하는 자리로 그들을 인도하는 형벌이라고 생각됩니다.38)

:: 죄의 형벌에 대한 해결책

하나님께서는, 스스로 교만하여 자신의 신분을 버리고 자신이 하나님처럼 되려고 했던 타락한 천사를 통하여 영광 받으실 작정은 거두셨습니다. 그러나 그 타락한 천사의 유혹에 빠져 죄를 범한 아담과 하와를 대표로 하는 인간들을 통하여 영광 받으실 작정은 포기하지 않으셨습니다. 그러기에 하나님께서는 아담과 하와를 위하여서는 죄의 영원한 형벌에서 벗어나는 해결책을 마련하셨습니다. 아담과 하와를 위한 죄의 해결책은 두 가지 면에서 알 수 있습니다.

첫째는 뱀의 유혹을 받아 죄를 지었던 하와와 뱀은 서로 원수가 되고, 뱀의 후손과 여인의 후손이 서로 원수가 되고, 여인의 후손은 발꿈치를 상하게 되고 뱀으로 나타났던 마귀의 머리를 상하게 하시겠다고 약속하셨습니다. 이 약속의 예표로서 하나님께서 아담과 하와를 위하여 가죽 옷을 지어 입히셨습니다(창 3:15, 21). 둘째는 아담과 하와가 죄지은 이후 생명 나무 실과를 따먹고 저주받은 상태로 영원히 살지 못하게끔 그들로 생명 나무에 접근하지 못하게 그 길을 지키게 하셨습니다(창 3:22~23).

하와가 죄를 범한 후 아담과 하와는 마귀와 원수 관계로 존재합니다. 물론 성경은 죄를 짓는 자마다 종의 종이라고 합니다(롬 6:6, 16, 20). 여기 죄의 종이 된 자는 마귀처럼 스스로 자원하여 죄를 짓지는 않습니다. 물론 죄가 생명에 붙어 생명이 계속되는 한 죄를 짓습니다. 그러나 본성으로는 죄를 짓는 것을 원하지 않으면서도 생명 속에 있는 죄의 생명력이 발동하여 죄를 짓는 것입니다. 바울은 이 사실을 "내가 원하는 바 선은 하지 아니하고 도리어 원치 아니하는 바 악은 행하는도다 만일 내가 원치 아니하는 그것을 하면 이를 행하는 자가 내가 아니요 내 속에 거하는 죄니라" (롬 7:19~20)고 선언합니다.

아담과 하와가 죄를 지은 이후 하나님께서 그들로 자원하여 죄를 짓는 것이 좋아서 죄를 짓도록 하지 않게 하셨다는 점입니다. 또한 그들에게서 자유 의지를 완전히 거두어 가심으로 그들이 마귀의 종이 되어 기계적으로 죄를 짓도록 하지 않으셨다는 점입니다. 그러기에 인간이 죄를 범하였을 경우 그것이 잘못된 것인 줄을 알게 될 때, 자신이 지은 죄 때문에 괴로워합니다. 그래서 결국 죄의 종의 신분에서 벗어나고자 하는 마음을 갖게 됩니다. 바로 이것이 하나님께서 인간이 마귀를 물리치고 그리스도 안에서 자신의 죄를 회개하고 하나님께로 나아올 수 있도록 하심입니다.

:: 죄 사함에 대한 근본 해결책

죄 사함에 대한 보다 더 근본적인 하나님의 해결책은 여인의 후손의 발꿈치를 상하게 하도록 하면서까지 뱀으로 나타났던 마귀의 머리를 상하게 하시겠다는 약속하심에 있습니다. 이 약속의 예표로서 하나님께서 아담과 하와를 위하여 가죽 옷을 지어 입히셨습니다(창 3:15, 21). 여기에서 몇 가지 질문들이 제기됩니다. 첫째 질문은 뱀의 머리를 상하게 하는 여인의 후손이 누구냐 하는 것입니다. 비록 이 질문은 가장 중요한 질문이지만 그 대답은 의문의 여지없이 예수 그리스도이시므로 설명이 필요 없습니다.

우리는 성경을 통하여 뱀이 발꿈치를 상하게 하는 반면에 뱀으로 예표 된 마귀의 머리를 상하게 할 여인의 후손은 예수 그리스도이심을 알 수 있습니다. 예수 그리스도께서 발꿈치가 상하심을 받는 것은 십자가에서 피 흘려 죽으심을 의미함을 알고 있습니다. 또한 그리스도께서 뱀으로 예표 된 마귀의 머리를 상하게 하심은 예수 그리스도의 부활로 인한 승리를 의미하고 있음도 알 수 있습니다.

하나님께서 아담에게 하나님의 명령에 불순종하면 죽는다고 하셨습니다(창 2:17). 그러나 아담과 하와가 명령을 불순종하고도 죽지 않았습니다. 물론 영적으로 죽었다는 사실을 부인하는 의미에서 하는 말은 아닙니다. 하나님께서 가죽 옷을 지어 아담과 하와에게 입히신 사실을 볼 때 정작 피를 흘려 죽은 것은 짐승이었음이 틀림없습니다(창 3:21). 여기에서 우리는 다음 사실을 주목할 수 있습니다. 그것은 하나님께서 아담과 하와가 지은 죄 때문에 짐승이 대신 피를 흘리고 대신 죽도록 하셨다는 사실입니다.

:: 언약의 피는 죄 사함에 절대적인 것인가

죄 사함과 언약의 피는 불가분리의 관계가 있습니다. 이를 이해하는 데 가장 중요한 사건은 출애굽기 24장에 기록된 언약식에 관한 것입니다. 출애굽기 24장에는 하나님께서 모세를 통하여 이스라엘과 맺은 언약을 인치는(sealing) 예식이 묘사됩니다. 이 예식에서 언약은 피를 통하여 확증됩니다. 출애굽기 24:6은 희생제물의 피의 절반이 단 위에 뿌려졌음을 보여줍니다. 여기에서 주목해야 할 사실은 나머지 절반의 피가 이스라엘 백성에게 뿌려졌다는 점입니다. 8절은 "모세가 그 피를 취하여 백성에게 뿌려 가로되 이는 여호와께서 이 모든 말씀에 대하여 너희와 세우신 언약의 피니라"고 말합니다. 구약성경에서 제의와 관련하여 백성에게 짐승의 피를 뿌렸다는 기록은 이곳에서만 찾아볼 수 있습니다. 이와 관련하여 두 가지 점이 주목됩니다.

첫째로, 이미 지적한 대로 희생의 피가 단 위에 뿐만 아니라 백성들에게도 뿌려졌다는 점입니다. 이 사실에 대하여 카슈토(U. Cassuto)는 예물로 드려진 피의 절반은 여호와를 대표하고 나머지 절반은 이스라엘을 대표한다고 말합니다. 그는 이러한 해석에 근거하여 이 예식이 언약 당사자인 하나님과 이스라엘의 연합을 예시하며 또한 그들 사이에 일어난 언약 행위의 실행을 상징한다고 해석합니다.[39]

둘째로, 언약의 피가 죄 사함과 관련되어 이해될 수 있습니다. 이 점에 관하여 차일즈(B. S. Childs)의 설명이 주목을 받습니다. 그는 희생의 장소 안에 있는 단에 뿌려진 피는 이 피를 제물로 받으시는 하나님의 자비로우신 사죄를 보여주고 있다고 해석합니다.[40]

니콜슨(E. W. Nicholson) 역시 출애굽기 29:20~21과 레위기 8:22~30

을 근거로 하여 희생제물의 피는 그 피에 접촉되면 거룩함을 가져다준
다고 말합니다.[41]

니콜슨은 출애굽기 19장의 내용과 출애굽기 24장 언약 예식 이후에
이스라엘 장로 70인이 시내산에 올라가서 하나님을 보고 먹고 마셨다
는 기록에 근거하여 출애굽기 24:9~11의 내용은 출애굽기 24:3~8의 언
약 예식이 마침내 이스라엘을 하나님의 거룩한 백성으로서 하나님께로
인도하고 있다는 사실을 암시한다고 주장합니다.[42] 만일 니콜슨의 견
해를 받아들일 수 있다면 이스라엘 총회는 피 뿌림을 통하여 하나님의
거룩한 백성으로 봉헌된 것으로 간주할 수 있습니다. 이 언약 예식을
통하여 이스라엘은 언약 백성, 즉 하나님의 거룩한 백성이 된 것입니
다.[43]

모세는 이스라엘 백성이 하나님의 말씀을 잘 듣고 언약을 지켜 거룩
한 언약 백성이 되도록 백성의 장로들을 불러 하나님께서 자기에게 지
시하신 내용을 전달하였습니다(출 19:7). 장로들과 백성들을 일제히 "여
호와의 명하신 대로 우리가 다 행하리이다" 고 응답하였습니다(출
19:8). 이 사실을 모세가 하나님께 보고 드리자 여호와께서 이스라엘과
언약을 맺기 위하여 시내산에 강림하시겠다고 말씀합니다(출 19:11).

:: 거룩한 하나님과 부정한 백성이 만나려면

여호와께서 이스라엘과 언약을 맺기 위하여 시내산에 강림하시겠다
는 말씀과 더불어 주목되는 것은 하나님께서 곧바로 모세에게 지시하
신 내용입니다. 여호와께서 모세에게 "너는 백성을 위하여 사면으로 지

경을 정하고 이르기를 산을 범하는 자는 정녕 죽임을 당할 것이라 손을 그에게 댐이 없이 그런 자는 돌에 맞아 죽임을 당하거나 살에 쐬어 죽임을 당하리니 짐승이나 사람을 무론하고 살지 못하리라"고 백성에게 전하도록 명령하셨습니다(출 19:12~13; 참조 21~24).

위의 사실은 이스라엘 백성이 하나님을 대면할 수 없는 부정한 자들로 보여줍니다. 달리 말하면 하나님께서 아직 이스라엘 백성을 거룩한 백성으로 간주하지 않으신다는 것을 의미합니다. 그러나 우리는 출애굽기 24:9~11에서 위와는 대조적인 사실을 볼 수 있습니다. 그것은 모세와 아론과 나답과 아비후와 이스라엘 장로 70인이 시내산에 올라가서 하나님을 본 것입니다. 그들이 "이스라엘 하나님을 보니 그 발아래에는 청옥을 편 듯하고 하늘같이 청명하더라 하나님께서 이스라엘의 존귀한 자들에게 손을 대지 아니하셨고 그들은 하나님을 보고 먹고 마셨더라"고 기록합니다. 출애굽기 19장의 내용과 비교하여 볼 때 몇 가지 사실이 주목을 받습니다.

첫째로 이스라엘의 존귀한 자들이 하나님을 보았다는 사실입니다. 그들이 구름 가운데서 하나님을 어림푸시 본 것이 아니라 청명한 가운데서 보았습니다.

둘째는 그들이 하나님을 보았는데도 하나님께서 그들에게 손을 대지 않으셨습니다. 출애굽기 19:11~12에서 하나님이 시내산에 강림하시기 때문에 그 산에 오르거나 사면 지경을 범하는 자는 죽임을 당할 것이라고 하셨습니다. 하나님께서 손을 대지 않았다는 말은 그들이 하나님을 보았음에도 불구하고 하나님께서 그들을 죽이지 않았다는 것을 의미합니다. 또한 하나님과 이스라엘 백성과의 관계가 달라졌음을 보여줍니다. 손을 댐직한 데도 그렇지 않으셨다는 것을 추측할 수 있습니다. 이 점은 다음 사실과 연관하여 볼 때 더욱 그러합니다.

셋째로 그들은 하나님을 보고 먹고 마셨습니다. 19장의 말씀에 따르면 그들은 하나님을 볼 수 없었습니다. 더욱이 그 하나님을 보고 그 앞에서 먹고 마신다는 것은 상상할 수 없습니다. 그렇게 하고서도 죽지 않았다는 것은 있을 수 없는 일입니다. 그러기에 하나님을 보았다는 말이나 손을 대지 않았다는 말이나 보고 먹고 마셨다는 말은 의미심장한 말입니다.

:: 부정한 자가 거룩한 자 앞에서 먹고 마실 수 있는 길은

도대체 이스라엘 백성들이 무엇을 어떻게 하였기에 하나님의 마음이 그토록 봄볕에 눈 녹듯이 하나님을 본 자는 죽을 수밖에 없는 데도 죽지 않고 그 앞에서 먹고 마실 수 있었습니까? 우리는 출애굽기 19장에서 나를 보고 살 자가 없다는 말씀과 이스라엘 백성이 하나님을 보고도 죽지 않고 그 앞에서 먹고 마신 출애굽기 24:9~11의 사건 사이에 있는 20장과 24:8에서 서로 상반된 정황을 뒷받침할 어떤 분수령이 되는 근거를 찾을 수 있습니다. 그것은 무엇입니까? 그것은 출애굽기 24:4~8이 보여주는 언약식뿐입니다. 왜냐하면 우리는 출애굽기 20장과 24:3 사이에서 이스라엘 백성이 하나님을 보고도 죽지 않고 그 앞에서 먹고 마실 만한 어떤 다른 근거를 찾을 수 없기 때문입니다.

이미 지적한 대로 이 언약식의 핵심 내용은 백성에게 뿌려진 '언약의 피' 입니다. 그렇다면 하나님께서 백성에게 뿌려진 언약의 피를 통하여 이스라엘 백성을 거룩하게 하셨든지 아니면 그 언약의 피를 근거로 이스라엘 백성을 거룩한 백성으로 간주하였다고 말할 수밖에 없습니다. 이와 관련하여 언약의 피가 속죄의 피로 해석되어 왔고 예수님께서 최후의 성만찬에서 포도주(잔)가 "죄 사함을 얻게 하려고 많은 사람을 위하여 흘리는 바 나의 피 곧 언약의 피니라(마 26:28)"고 하신 점을 주목할 만합니다. 어떤 학자들은 언약의 피가 속죄의 피로 해석되는 탈굼(Onkelos, Yerushalmi 1)을 지적합니다.[44] 그닐카(Gnilka)는 출애굽기 24:8의 언약의 피를 죄 사함과 연관시키는 점에는 반대하면서도 탈굼 Onkelos와 Yerushalmi 1에서 이러한 속죄의 요소를 찾을 수 있다는 점을 인정합니다.[45]

그러므로 출애굽기 24:8의 언약의 피는 하나님의 백성들로 하여금 그들의 죄에서 깨끗함을 받게 하는 언약의 피로 이해될 수 있습니다. 예수님께서 최후의 성만찬에서 포도주(잔)를 제자들에게 주시면서 "죄 사함을 얻게 하려고 많은 사람을 위하여 흘리는 바 나의 피 곧 언약의 피니라"고 하신 말씀 중에 "나의 피 곧 언약의 피"는 출애굽기 24:8의 "너희와 세우신 언약의 피"라는 표현과 연관시켜 말씀하고 있음을 알 수 있습니다. 이러한 해석은 다음과 같은 사실이 더욱 뒷받침합니다.

그것은 예수님께서 포도주(잔)을 제자들에게 주신 후에 "내가 포도나무에서 난 것을 이제부터 내 아버지의 나라에서 새 것으로 너희와 함께 마시는 날까지 마시지 아니하리라"고 하신 말씀에서 찾을 수 있습니다. 이 말씀은 예수님께서 하나님 앞에서 제자들과 함께 먹고 마시는 것을 내다보는 묘사입니다. 우리는 모세가 언약식을 거행한 후 이스라엘의 존귀한 자들이 하나님 앞에서 먹고 마셨다는 것을 보았습니다. 모세가 언약의 피를 백성에게 뿌림으로 이스라엘의 존귀한 자들이 하나님 앞에서 먹고 마실 수 있었던 같이 예수님의 피, 즉 언약의 피를 예표하는 포도주를 마신 제자들은 하나님 앞에서 먹고 마실 수 있음을 보여줍니다. 더욱이 예수님께서 그 날을 고대하고 계심도 알 수 있습니다.

출애굽기 24장에 언약식을 거행한 이후에 모세와 아론 나답과 아비후와 이스라엘 70인 장로들이 시내산에 올라가 청명한 가운데 하나님을 보고 먹고 마셨지만 하나님께서 손을 대지 아니 하심으로 죽지 않았습니다(출 24:9). 우리는 그들이 죽지 않은 것은 언약의 피에 근거한 것임을 고찰하였습니다. 그러나 이 일 후에 모세가 하나님께 "주의 영광을 내게 보이소서!"라고 했을 때(출 33:18), "네가 내 얼굴을 보지 못하리니 나를 보고 살 자가 없음이니라"고 하셨습니다(출 33:20).

출애굽기 24장에서는 하나님을 청명한 가운데 보고 먹고 마셨던 모세가 출애굽기 33장에서는 하나님의 얼굴을 대면할 수 없었던 이유는 무엇입니까? 이에 대한 유일한 대답은 출애굽기 24:9~11의 내용은 이 사건 이후부터는 어느 때나 이스라엘 백성이 하나님을 대면하는 것이 가능하지 않다는 것을 보여주는 사건임이 분명합니다. 이 사건이야말로 장차 예수님께서 자신의 피로서 세우실 새 언약의 성취를 예표로 보여주는 사건입니다. 이 부분은 다음 장에서 더 자세히 살펴보도록 하겠습니다.

:: 대신 죽는 원리를 체험한 자가 누구인가

아버지 대신 아들이

구약에서 대속이라고 말할 수는 없으나 자신의 죄 때문에 다른 사람이 대신 죽는 것을 처절하게 체험한 자가 있다면 그 사람은 두말할 필

없이 다윗입니다. 다윗은 두 번이나 그런 경험을 한 사람입니다. 첫 번째는 우리아의 아내 밧세바와 간음한 사건입니다. 다윗은 나단 선지자의 지적을 통하여 자신의 죄를 깨닫고 하나님 앞에서 회개하고 죄의 용서함을 받았습니다. 그럼에도 불구하고 그의 범죄가 하나님의 원수로 크게 훼방거리를 얻게 하여 아들이 대신 죽는 형벌을 받았습니다(삼하 12:13~22). 나단이 다윗에게 말한 대로 우리아가 낳은 아이가 심히 앓게 되었습니다. 그 때에 다윗은 "그 아이를 위하여 하나님께 간구하되 금식하고 안에 들어가서 밤새도록 땅에 엎드렸으니 그 집의 늙은 자들이 곁에 이르러 다윗을 일으키려 하되 왕이 듣지 아니하고 저희로 더불어 먹지도 아니하"였습니다(삼하 12:16~17). 그러나 나단이 예언한 대로 그 아이는 이레 만에 죽었습니다.

그 이레 동안 다윗이 어떤 기도를 드렸는지는 기록에 나와 있지 않지만 신하들이 아이의 죽은 것을 다윗에게 두려워 고하지 않은 사실을 통하여 다윗이 얼마나 애절하게 그 자식을 위하여 기도하였는지를 알 수 있습니다. 그 기도의 내용은 없지만 어렵지 않게 추측해 볼 수 있습니다. 다윗은 나단을 통하여 아이가 죽을 것을 통보받았으나 그는 앓고 있는 자식을 살려 달라고 기도하였을 것입니다(삼하 12:22). 물론 자신의 죄를 통회하였을 것입니다. 단지 이 두 가지만 기도드렸겠습니까? 그는 자신의 죄 때문에 그 아이가 앓고 있다는 것을 알았습니다. 또한 그 아이가 죽을 것이라는 것도 알았습니다.

그렇다면 아버지로서 다윗은 어떤 기도를 하나님께 드렸겠습니까? 그는 분명히 자신이 죄를 지었으므로 그 형벌을 자신이 받고 그 아이를 살려 달라고 처절하게 기도하였을 것입니다. 그러나 그 아들은 죽었습니다. 결국 다윗의 죄 때문에 자신의 친 아들이 죽은 것입니다. 그는 신하들이 서로 수군거리는 것을 보고 그 아들이 죽은 것을 알았습니다. 이 사실을 알고 난 후 다윗은 "땅에서 일어나 몸을 씻고 기름을 바르고 의복을 갈아입고 여호와의 전에 들어가서 경배하고 궁으로 돌아와서 명하여 음식을 그 앞에 베풀게 하고 먹"었습니다(삼하 12:20). 분명히 다윗은 자신의 죄 때문에 그 아들이 죽었다고 알았을 것입니다. 그러므로 다윗은 아들의 죽음을 통하여 대신 죽는 원리를 처절하게 체험한 자가 되었다고 말할 수 있습니다.

왕 대신에 백성이

두 번째 사건은 다윗이 교만하여 인구 조사를 통하여 죄를 범한 사건입니다(대상 21장). 역대상 21:1은 다윗이 죄를 범하는 배경을 말하고 있습니다. 그것은 사단이 일어나 다윗을 격동하여 이스라엘을 계수하게 하였습니다. 하나님께서 이 일로 이스라엘을 치시므로 다윗은 하나님께 큰 죄를 범하였다고 고백하고 사죄를 구하였습니다(대상 21:8). 결국 다윗의 범죄로 인하여 이스라엘 백성 중에 죽은 자가 7만 명에 이르게 되었습니다(대상 21:14). 그후에 다윗은 여호와의 사자가 칼을 빼어 손에 들고 예루살렘 편을 가리키고 있는 것을 보았습니다.

이 광경을 본 다윗은 장로들과 더불어 굵은 베를 입고 얼굴을 땅에 대고 하나님께 아뢰되 "명하여 백성을 계수하게 한 자가 내가 아니니이까 범죄하고 악을 행한 자는 곧 내니이다 이 양 무리는 무엇을 행하였나이까 청컨대 나의 하나님 여호와여 주의 손으로 나와 내 아비의 집을 치시고 주의 백성에게 재앙을 내리지 마옵소서"라고 간구하였습니다(대상 21:16~17). 그러나 다윗은 그의 간구대로 죽지 않았습니다. 여기에서 다윗은 다시 한번 더 귀한 사실을 깨달았을 것입니다. 그것은 다윗 자신의 범죄로 인하여 7만이 넘는 사람이 죽었다는 점입니다. 이 사실을 누구보다 잘 알고 있는 자는 다윗입니다. 다윗은 다시 한번 다른 사람의 죄를 대신하여 죽게 하는 법을 하나님께서 세우신 것으로 처절하게 체험하였을 것입니다.

여기에서 우리는 성경에서 보여주는 또 하나 놀라운 원리를 볼 수 있습니다. 그것은 한 사람의 죄는 그 한 사람으로 끝나는 것이 아니라 수많은 사람들이 대신 형벌을 당한다는 사실입니다. 죄는 분명히 다윗이 지었습니다. 그러나 죽은 것은 다윗의 고백대로 그도 아니요 그의 자손도 아니었습니다. 그 죄와는 아무 상관도 없는 무고한 백성들이었습니다. 하나님께서 그렇게 무고한 백성들을 죽일 수 있느냐고 반문할 수도 있습니다. 그러나 하나님은 죄가 없는 자기 아들을 죄인들을 대신하여 죽게 하시는 분이심을 안다면 이런 반문은 올바른 물음이라고 할 수 없습니다. 도리어 하나님께서 무고한 자들로 한 사람의 죄를 대신하여 형벌을 받게 하실 때에는 무슨 의미가 있겠지 하고 그 의미를 찾으려고 하는 것이 바른 태도일 것입니다. 한 사람의 죄로 7만 명도 더 죽일 수 있다면 그 반대 또한 성립됩니다. 의로운 한 사람의 죽음은 7만 명도 더되는 죄인들의 죽음과도 맞먹는다는 사실입니다.

우리는 성경이 아담의 범죄와 예수 그리스도의 십자가의 죽음으로 인한 대속의 원리를 이 사건을 통하여서도 깨닫게 됩니다. 죄 사함과 관련하여 우리에게 주목되는 사실은 대신 죽는 원리를 깨달은 다윗을 통하여 성전 터와 성전 건축을 위한 준비를 하도록 하신 하나님의 섭리입니다. 더욱 우리에게 흥미로운 사실은 다윗이 마련한 성전 터가 아브라함이 이삭을 제물로 바치려 했던 바로 모리아산이라는 점입니다. 역대하 3:1은 "솔로몬이 예루살렘 모리아산에 여호와의 전 건축하기를 시작하니 그 곳은 여호와께서 그 아비 다윗에게 나타나신 곳이요 여부스 오르난의 타작마당에 다윗이 정한 곳이라"고 말합니다.

나단의 예언대로 다윗의 아들인 솔로몬은 아브라함이 이삭을 제물로 바치려 했던 예루살렘 모리아산, 오르난의 타작마당 즉 다윗이 오르난에게 값을 주고 정한 곳에 성전을 건축하였습니다(대하 3:1; 7:11). 역대하 3:1은 아무데나 좋은 땅을 골라 성전을 지은 것이 아니라 역사적 의미가 있는 곳에 세워졌음을 강조합니다. 더욱이 하나님께서 예루살렘을 멸하러 사자를 보내시고 그 사자가 멸하려 할 때 "여호와께서 보시고 재앙 내림을 뉘우치시고 이제는 네 손을 거두라 하시니"라고 하였습니다(대상 21:15). 문맥을 통하여 하나님께서 보신 것은 여호와의 사자가 여부스 사람 오르난의 타작마당에 선 것입니다(대상 21:15).

하나님은 왜 사자가 오르난의 타작마당에 선 것을 보고 뉘우치셨겠습니까? 이 물음에 대한 답은 역대하 3:1에서 찾을 수 있습니다. 오르난의 타작마당이 아브라함 시대에는 모리아산이었기 때문입니다. 하나님은 오르난의 타작마당을 보면서 옛날 아브라함이 이삭을 바치려고 했던 광경을 보신 것입니다. 동시에 굵은 베를 입고 얼굴을 땅에 대고 "주의 손으로 나와 내 아비의 집을 치시고 주의 백성에게 재앙을 내리지 마옵소서"라고 간구하는 다윗을 보았을 것입니다(대상 21:17). 다윗은 누구입니까? 그는 다름 아닌 아브라함의 14대 후손입니다. 다윗은 자신의 죄 때문에 아들이 대신 죽는 아픔을 처절하게 경험했습니다. 이처럼 아브라함도 비슷한 아픔을 체험한 것으로 추론되는 사건인 이삭을 번제로 드리려 했던 모리아산 사건 역시 같은 맥락에서 이해될 수 있습니다.

하나님께서는 구약을 통하여 여러 방면으로 대신 죽는 원리를 믿음의 사람들로 체험케 하시고 그들의 후손으로 예수 그리스도께서 이 땅에 나시게 하시고 십자가에서 죽게 하신 것입니다. 이 귀한 진리를 부활하신 예수 그리스도께서 배반하고 도망간 제자들을 찾아오셔서 사랑으로 깨닫게 해 주셨습니다. 오순절 이후 성령이 오셔서 이 진리를 깨닫게 하여 주시고 전하게 하셨습니다. 또한 이 진리를 깨달은 자가 이 진리를 전할 때 성령은 듣는 자들에게 역사하셔서 그들로 이 진리를 믿고 구원을 얻게 하셨습니다. 이 진리를 극적으로 깨닫게 된 자가 바울입니다. 하나님께서는 스데반은 돌에 맞아 죽게 하시면서 그를 죽이는 데 앞장섰던 바울은 다메섹 도상에서 그리스도를 대면하였음에도 죽지 않는 극적인 체험을 하였습니다. 하나님께서는 이 바울에게 영감을 주어서 이 진리를 기록하여 신약성경에 포함시켜 우리로 이 진리를 깨닫게 하셨습니다.

열
때가 찬 하나님의 경륜

8-12절 이는 그가 모든 지혜와 총명으로 우리에게 넘치게 하사 그 뜻의 비밀을 우리에게 알리셨으니 곧 그 기쁘심을 따라 그리스도 안에서 때가 찬 경륜을 위하여 예정하신 것이니 하늘에 있는 것이나 땅에 있는 것이 다 그리스도 안에서 통일되게 하려 하심이라 모든 일을 그 마음의 원대로 역사하시는 자의 뜻을 따라 우리가 예정을 입어 그 안에서 기업이 되었으니 이는 그리스도 안에서 전부터 바라던 우리로 그의 영광의 찬송이 되게 하려 하심이라.

바울은 7절에서 그리스도의 피로 죄 사함을 받게 되었다고 밝히면서 8절에서 하나님께서 이 죄 사함의 진리를 모든 지혜와 총명으로 알려 주셨다고 합니다. 또한 9절에서는 이것을 하나님의 기쁘신 뜻의 비밀이라고 말합니다. 8절과 9절 상반절이 보여주는 바는 하나님께서 그 비밀을 알려주지 않았다면 인간은 그 어느 누구도 이 비밀을 알 수 없다고 강조합니다. 이렇게 하심은 그리스도 안에서 때가 찬 경륜을 이루기 위하여 예정하신 것이라고 합니다.

또한 바울은 10절에서 그렇게 하심은 하늘에 있는 것이나 땅에 있는 것이 다 그리스도 안에서 통일되게 하려 하심이라고 말합니다. 11절은 믿는 자가 그리스도 안에서 만물을 마음대로 다스리시는 전능하신 하나님의 영원한 기쁘신 뜻에 의하여 하나님의 기업 곧 분깃으로 택함을 받았다고 말합니다. 12절은 예수 그리스도 안에서 구속하신 목적을 말하고 있습니다. 그 목적은 그리스도 안에서 전부터 소망하던 자들이 하나님의 영광의 찬송이 되게 하심입니다.

:: 모든 지혜와 총명으로 충만케 하시는 이유

8절 초두의 '이는' [1] 은 헬라어 원문에서는 여성 소유격 단수 관계대명사입니다. 이 관계대명사의 선행사는 7절의 '그의 은혜' 입니다. 따라서 '이는' 은 소유격 관계대명사이지만 8절은 관계절이므로 이 관계대명사는 실제로는 목적격 역할을 합니다.[2] 그러므로 바울은 하나님께서 믿는 자에게 주신 은혜를 '지혜와 총명' 으로 넘치게 하신다고 말합니다. 바꿔 말하면 하나님께서 은혜를 주실 때에 지혜와 총명도 함께 넘치게 주신다는 것입니다. 헬라어에서는 보통 지혜와 총명을 구분하여 사용합니다. 지혜가 일반적인 지적 이해 및 판단 능력과 관련이 있다면 총명은 그 지혜가 실제적으로 적용되는 행위와 관련되어 사용됩니다. 지혜는 바른 것을 판단할 수 있는 지적 능력을 말할 때 사용하는 단어라면 총명은 그 판단한 것을 행할 수 있는 지능적 행위를 말할 때 사용되는 단어입니다. 8절에서는 두 단어가 거의 동의어로서 중언법 (重言法)으로 사용되었다고 하는 주장도 있습니다.[3]

그러나 바울이 하나님께서 믿는 자에게 지혜를 주셨다고 말할 때는 믿는 자에게 지적 능력만 갖게 하려고 주시는 것을 뜻하지 않습니다. 바울은 그 지혜가 실제 삶에서 진리를 선택하는 행위와 연관되는 것을 전제한 지혜입니다. 따라서 바울이 지혜와 총명을 함께 사용한 것은 중언법으로 이해하기보다는 믿는 자가 실제의 삶에서 바른 선택을 할 수 있는 지혜(지적능력)와 그것에 근거한 바른 행위를 결정할 총명(지적 행위)을 말하는 것으로 구분하여 이해하여야 할 것입니다.

바울은 지혜 자체에 대해서도 구분하여 사용하고 있음을 볼 수 있습니다. 그 중에 하나는 세상의 지혜이고(고전 1:20~22) 또 다른 하나는 하나님의 지혜입니다(롬 11:33; 고전 1:21, 24). 이미 언급한 대로 지혜는 일반적인 지적 이해와 판단 능력을 의미합니다. 이 세상에서 지혜라는 단어는 주로 비교를 나타내는 경우에 사용됩니다. 어떤 자가 지혜가 있다고 말할 때는 그가 남보다 지적 이해와 판단 능력이 뛰어나다는 것을 의미합니다. 이 세상의 지혜를 가진 자는 지적 이해를 통하여 매사를 선택합니다.

:: 이 세상 지혜의 기준

이 세상 지혜의 관점에서 볼 때 지혜로운 선택의 기준은 무엇입니까? 그것은 무엇이 옳은 것이라기보다는 무엇이 나에게 손해가 되지 않고 유익이 되는지가 지혜로운 선택의 기준인 것이 다반사입니다. 이 세상은 남에게 손해가 되더라도 나에게 유익이 되는 것을 선택했을 때 그를 향하여 지혜로운 사람이라고 말하는 경우가 많습니다. 바울은 이런 세상의 지혜를 가진 자에 대하여 그들은 "스스로 지혜 있다 하나 우준하게 되어 썩어지지 아니하는 하나님의 영광을 썩어질 사람과 금수와 버러지 형상의 우상으로 바꾸는" 자들이라고 지적합니다(롬 1:22~23). 그러기에 바울은 "스스로 지혜 있는 체하지 말라"고 권고합니다(롬 12:16).

한걸음 더 나아가 바울은 이 세상의 지혜로는 하나님의 지혜를 알 수 없다고 말합니다(고전 1:21). 그 이유는 이 세상의 지혜의 관점에서 볼 때 하나님의 지혜는 미련하게 보이기 때문입니다. 그러나 하나님의 지혜는 절대로 미련한 것이 아닙니다. 다만 그렇게 보일 뿐입니다. 그렇지 않다는 점을 강조하기 위하여 "하나님의 미련한 것이 사람보다 지혜 있"다고 말합니다(고전 1:25).

이 세상의 지혜의 관점에서 볼 때 하나님의 지혜가 미련하게 보이는 이유는 무엇입니까? 그것은 세상의 지혜는 나를 희생시키며 사랑하는 데 사용되는 지혜가 아니기 때문입니다. 손해 볼 이유나 가치가 없는 것을 위하여 자신을 희생시키는 것은 세상의 지혜로 볼 때 분명히 미련한 짓을 하는 것입니다. 저의 이러한 견해는 너무 극단적인 주장이라고 말할지 모르겠습니다. 물론 이 세상에서 선한 희생적인 일을 행하는 자가 없다는 말이 아닙니다. 제가 말하려는 바는 이 세상에서 행해지는 선한 희생적인 일은 그만한 가치가 있다는 생각 속에 행해지거나 아니면 그 희생적인 일의 동기나 배경 속에는 자신의 의나 보람이 들어 있다는 것입니다.

:: 하나님의 지혜를 미련한 것으로 보는 이유

그렇다면 하나님의 지혜는 무엇입니까? 바울은 그리스도가 하나님의 지혜요 하나님의 능력이라고 말합니다(고전 1:24). 하나님의 지혜를 얻는 길은 그리스도를 믿는 일입니다. 그리스도를 믿는다는 것은 그리스도의 십자가의 죽으심과 부활을 믿는 것을 의미합니다. 그런데 이 세상의 지혜로 볼 때 '십자가의 도'는 미련한 것일 뿐입니다(고전 1:18). 왜 그렇게 생각할 수밖에 없습니까? 세상 지혜의 관점에서 볼 때 죄인들을 구원하기 위하여 죄 없으신 하나님의 아들이 십자가에서 저주의 죽음을 죽었다는 것은 사실일 수도 없고 만일 그것이 사실이라면 지혜로운 일이 아니라 미련한 짓 중에 최고로 미련한 짓이기 때문입니다. 아니 세상의 지혜로는 상상도 할 수 없는 미련한 짓이기 때문입니다. 더군다나 그런 미련한 짓을 믿는다는 것은 그보다 더 미련한 짓이 없을 것이기 때문입니다.

그렇다면 하나님의 지혜를 얻는 길, 다시 말하여 어떻게 십자가의 도를 믿게 될 수 있습니까? 하나님의 지혜를 얻는 첫걸음은 이 세상의 지혜의 관점에서 매사를 보는 것이 도리어 미련한 것임을 깨달아 알 때입니다. 하나님의 지혜를 얻으려면 먼저 이 세상의 지혜가 미련하다는 것을 알아야 합니다. 그러면 어떻게 이 세상의 지혜가 미련하다는 것을 알 수 있겠습니까? 감사하게도 하나님께서 이 세상의 지혜를 미련케 하셨습니다(고전 1:20). 또한 "하나님의 미련한 것이 사람보다 지혜 있고 하나님의 약한 것이 사람보다 강" 합니다(고전 1:25). 이 세상 사람들의 눈으로 보면 미련한 방법인 전도를 통하여 사람들이 어리석게 보이는 십자가의 도를 믿게 하심이 그 증거입니다. 부르심을 받은 자는 십자가를 통하여 하나님의 사랑을 깨닫고 미련하게 보이는 하나님의 지혜를 믿음으로 받아들이면서 이 세상 지혜가 미련하다는 것을 깨닫게 됩니다.

:: 미련한 자가 지혜로운 자가 되는 역설

그러기에 바울은 "이 세상의 지혜는 하나님께 미련한 것"(고전 3:19) 이므로 "이 세상에서 지혜 있는 줄로 생각하거든 미련한 자가 되어라 그리하여야 지혜로운 자가 되어라"고 말합니다(고전 3:18). 여기에서 "미련한 자가 되어라"는 말은 지혜가 없어서 미련하다기보다는 세상의 관점에서 볼 때 미련하게 살아가는 것을 의미합니다. 이런 미련한 자가 지혜로운 자가 되게 하는 지혜는 하나님의 지혜를 받았기 때문입니다. 그런데 실제로 하나님의 지혜를 받도록 부르심을 받은 자는 어떤 자들 입니까? 바울은 그 부르심을 입은 자들은 "육체를 따라 지혜 있는 자가 많지 아니하며 능한 자가 많지 아니하며 문벌 좋은 자가 많지 아니하" 다고 하였습니다(고전 1:26). 이렇게 하심은 "아무 육체라도 하나님 앞 에서 자랑하지 못하게 하려 하심"입니다(고전 1:29).

이 말씀의 의미는 이 세상의 지혜로 살아가는 자뿐 아니라 하나님의 지혜를 받아 살아가는 자도 하나님 앞에서 자랑하지 못하게 하심입니 다. 하나님께서는 지혜를 주시되 풍성하게 주시기를 원하십니다. 세상 지혜가 많은 자의 경우에는 하나님의 지혜를 풍성하게 주실 때 그것을 하나님의 은혜로 알고 그 지혜로 하나님께 영광을 돌리기보다는 자신 의 지혜로움을 자랑하는데 사용할 위험성이 항상 있습니다. 그러기에 바울은 고린도 교인들에게 하나님의 은혜를 받아 헛되게 하지 말라고 하였습니다(고후 6:1). 또한 그는 사랑하는 믿음의 아들 디모데에게 "은 혜 속에서 강하"라고 하였습니다(딤후 2:1). 자신이 미천한 자인 것을 알고 그렇게 고백하는 자에게 하나님께서 지혜와 총명을 넘치게 하실 때 그가 진정으로 하나님께 영광을 돌리게 됩니다.

이제 마지막으로 모든 지혜와 총명을 주심에서 '모든'이라는 말의 의미를 고찰하면서 끝내도록 하겠습니다. 여기 '모든'이라는 말은 "그리스도가 하나님의 능력이요 하나님의 지혜"라는 말씀과 연결시켜 생각할 수 있습니다. 구약 시대 사람들이나 예수님의 십자가의 죽으심과 부활 그리고 성령 강림인 오순절 이전의 사람들보다는 그 이후의 사람들에게 예수님께서 우리의 주와 그리스도가 되신다는 모든 것이 계시되었습니다. 따라서 하나님께서 우리에게 예수님께서 주와 그리스도가 되시는 모든 것을 알게 하셨습니다. 그러므로 하나님의 지혜요 하나님의 능력이신 그리스도에 대하여 모든 것을 넘치게 받은 우리는 그리스도를 아는 자답게 그리스도인으로서 삶을 살아야 합니다. 또한 그렇게 살 수 있습니다. 그런 삶은 세상의 관점에서 보면 지혜로운 삶을 살아가는 것이 아닙니다. 하나님의 지혜를 받으면 받을수록 세상의 지혜로 살아가는 자처럼 살아가지도 않을 뿐 아니라 살아갈 수도 없습니다.

하나님의 지혜를 받은 자는 그리스도처럼 사랑 가운데 고난과 희생의 삶을 살아야 합니다. 아니 그런 삶을 살 수 있게 됩니다. 그 이유는 하나님께서 주신 지혜로 우리가 그리스도의 모든 것을 알게 될 때 그것은 지적인 지식으로 끝나는 것이 아니라 그리스도인으로서 삶을 살 수 있는 능력을 힘입게 되기 때문입니다. 그리스도를 믿는 우리가 지혜와 총명을 넘치게 받으면 받을수록 그리스도와 그의 몸 된 교회를 위하여 어떤 고난과 희생도 감수하며 살 수 있는 능력을 덧입게 됩니다. 하나님께서는 우리로 이런 자들이 되게 하시려고 지혜와 총명을 넘치게 주십니다. 바울은 모든 지혜와 총명으로 넘치게 하심은 그(하나님의) 뜻의 비밀을 알게 하기 위함이라고 9절에서 그 목적을 밝히고 있습니다.

:: 하나님의 경륜이 알려진 비밀인 이유는

바울은 8절에서 하나님께서 지혜와 총명을 넘치게 주셨다고 말하였습니다. 그는 이제 9절에서 하나님께서 그렇게 하신 목적은 믿는 우리로 하여금 하나님의 뜻의 비밀을 알게 하시기 위함이라고 밝힙니다. 비밀을 알려주신 것은 그리스도 안에서 때가 찬 경륜을 위한 것입니다. 바울이 여기에서 말하는 비밀은 알려진 비밀입니다(엡 3:3). 바울은 이 비밀을 그리스도의 비밀이라고 말하였습니다(엡 3:4). 또한 이 비밀은 하나님 속에 감추었던 비밀(엡 3:9), 복음의 비밀이라고 말합니다(엡 5:32). 바울이 말하는 비밀은 단순히 바울 당시 일반적으로 신비종교의 제사 의식(cultic rite)을 통하여 신으로부터 주어지는 미래에 이루어질 운명에 대한 비밀스런 지식이나 가르침을 말하는 것이 아닙니다.

여기에서 바울이 말하는 비밀을 요약하여 말한다면 하나님께서 창세 전에 그리스도 안에서 그의 피로 믿는 우리를 구속하여 하나님 앞에 거룩하고 흠이 없는 아들로 삼으시도록 예정하실 뿐 아니라 그것을 예수 그리스도께서 이루실 때까지 감추어 두시도록 예정하신 것을 의미합니다. 그런데 바울은 하나님께서 이제 이 비밀을 믿는 우리에게 알려주셨다고 말합니다. 우리에게 알려주시는 것도 그의 기쁘심을 따라 예정하신 것이라고 바울은 말합니다.[4]

구약성경에서 사용된 비밀(히브리어로 '라즈')이라는 단어는 페르시아어에 기원을 둔 아람어입니다. 이 단어는 아람어로 기록된 다니엘서에 나타납니다(단 2:18, 19, 27, 28, 29, 30, 47; 4:6).[5] 다니엘은 느부갓네살 왕의 꿈이 감춰진 의미를 풀어내야 할 해석이 필요한 '라즈'라고 말하였습니다. 비밀의 계시자(단 2:28이하)이신 하나님은 다니엘에게 그것들을 풀어주셔서 그 의미를 알게 하셨습니다. 이 비밀은 앞으로 일어날 사건에 관한 것입니다. 그리고 쿰란 공동체에서는 이 단어를 사용하여 자신들을 다른 유대인들과 구별하였습니다.

쿰란 공동체의 주장은 하나님께서 선지자를 통하여 말씀하실 때 말세에 일어날 일을 비밀로 하셨다고 주장합니다. 그런데 이 비밀이 그들 공동체의 지도자인 "의의 선생"(The Teacher of Righteousness)에게 알려 주셨다고 주장합니다. 쿰란 공동체의 하박국 주석 7장 5절에 따르면, "하나님께서는 하박국에게 마지막 세대에 일어날 일들을 기록하라고 말씀하셨습니다. 그러나 하나님께서는 언제 종말이 올지에 대해서는 그에게 알리시지 않았습니다. 그러나 하나님께서는 당신의 종들과 선지자들의 말씀 가운데 있는 모든 비밀들을 '의의 선생'에게 알리셨습니다"라고 말합니다. 쿰란 공동체 문서에 사용된 "비밀들"이라는 말은 창조와 종말(시작과 끝), 그리고 그 사이에 있는 사건들(구원과 심판)에 관한 하나님의 사역들과 관계됩니다.[6] 이 공동체는 또한 선지자들의 책에도 비밀들이 존재한다고 믿었습니다.[7] 여기에서 중요한 사실은 그들이 하나님의 말씀의 모든 비밀들이 마지막 날(시간의 충만한 때 - '게마르 하카즈'), 다시 말해 하나님께서 하박국에게는 알리시지 않은 때와 밀접한 관련이 있다고 생각했다는 점입니다.

이에 비추어 얼핏 보면 비밀에 대한 바울의 해석과 쿰란 공동체의 주장은 공통점이 있는 것처럼 보입니다. 물론 바울에게 있어서 비밀이란 앞으로 일어날 일에 대한 것이 아니라 이미 이루어져서 알려진 것을 의미합니다. 그러나 바울과 쿰란 공동체의 주장은 판이하게 다른 점이 더 많습니다.

첫째로, 쿰란 공동체는 이미 말한 대로 이 비밀이 '의의 선생'에게만 알려졌다고 주장합니다. 이에 반하여 바울은 이 비밀이 우리, 즉 초대교회 전체에게 알려주셨다고 강조합니다.

둘째로, 쿰란 공동체는 그 공동체의 창시자라고 할 수 있는 '의의 선생'에게 하나님께서 이 비밀을 알려주셨다고 주장하는 반면에 바울은 예수 그리스도와 그 사역이 그 비밀 자체라고 강조합니다.

셋째로, 쿰란 공동체는 선지자들의 책에도 비밀이 존재한다고 주장하는 반면에 바울은 이 비밀은 율법과 선지자들의 증거를 받은 것이라고 강조합니다(참조, 롬 3:21).

요약하면, 바울은 이 비밀을 예수 그리스도의 구원 사역이라고 말합니다. 하나님은 구약시대에 모세와 선지자들을 통하여 이 구원 사역을 약속하셨습니다. 그러므로 선지자들의 책에 비밀이 있는 것이 아니라 이 약속에 대한 증거가 책에 있는 것입니다. 바울은 구약성경을 통하여 약속된 이 비밀, 즉 그리스도의 구원 사역은 그리스도를 통하여 이루어지기 때문에 그리스도 안에서 때가 찬 경륜이라고 말합니다.

:: 하나님의 경륜은 언제 성취되는가

신약성경에서 시간을 말할 때 사용하는 몇 가지 서로 다른 단어들이 있습니다. 그런 단어들 중 본문에서는 '카이로스'라는 단어가 사용되었습니다. 신약성경에서 이 단어는 주로 약속된 것이 어느 기간을 지나 성취되는 시점을 뜻하는 경우에 사용됩니다. 그러므로 이 단어는 약속과 성취의 관점에서 바라보아야 올바른 해석을 할 수 있습니다. 헬라어 본문에서 사용된 '찬'이라는 단어는 형용사입니다. 이 형용사가 신약 다른 곳에서는 '충만한' 것을 묘사할 때 사용되었습니다. 그 예 가운데 하나인 요한복음 1:16은 "우리가 다 그의 충만한 데서 받으니 은혜 위에 은혜러라" 라고 말씀합니다.

그런데 이 형용사의 동사형은 어떤 그릇 안에 무엇을 가득 채우는 동작할 나타낼 때 사용됩니다. 예를 들면 사도행전 2:2에서 "하늘로부터 급하고 강한 바람 같은 소리가 … 온 집에 가득하" 였다고 표현하는데 이 경우에 그 동사가 사용되었습니다. 사도행전 2:28에서 "나로 기쁨이 충만하게 하시리로다" 라는 표현에서 '충만하게 하다' 라는 동사가 바로 그 단어입니다. 신약성경에서 이 단어가 주로 사용된 다른 용례를 보면 약속된 것이 성취되었을 경우 그 성취된 사실을 말할 때 이 단어가 사용되었습니다. 마태복음 1:22을 보면 "주께서 선지자로 하신 말씀을 이루려 하심이니" 라고 하였는데 이 "이루다" 라는 동사가 바로 그 단어입니다.

이 단어의 그 두 가지 의미를 요한계시록 6:11에서 동시에 볼 수 있습니다. "각각 저희에게 흰 두루마리를 주시며 가라사대 … 저희 동무 종들과 형제들도 자기처럼 죽임을 받아 그 수가 차기까지 하라" 라는 말씀에서 "그 수가 차기까지 하라" 라는 표현은 그 수가 정해졌다는 말입니다. 그 정한 수에서 하나라도 부족하면 그것은 수가 찬 것이 아닙니다. 그러므로 그 수가 차기까지는 그 일을 중단할 수 없습니다. 그러나 만일 그 수가 차게 되면 그 수를 채우는 일은 끝이 납니다. 그 일은 완성됩니다. 그 일이 완성되면 다른 일을 시작할 수 있게 됩니다. 요한계시록 6:10과 연결하여 문맥적으로 살펴보면 그 수가 차게 될 때 다른 일, 곧 심판이 시작될 것이라고 말합니다.

:: 때가 찬 경륜

'때가 찼다'라는 말의 의미에 대하여 좀 길게 설명한 이유는 하나님의 경륜의 중요성을 고찰하기 위한 목적 때문입니다. 경륜이라는 단어 자체의 뜻은 계획을 의미합니다. 여기에서 말하는 경륜은 이미 언급한 대로 하나님의 경륜입니다. 하나님의 경륜은 하나님의 구원 계획을 의미합니다. 하나님께서 이 구원 계획을 예정하셨다는 말은 이 구원을 이루시기 전에 미리 계획하셨다는 뜻입니다. 그런데 이 예정, 즉 미리 계획하신 시기는 창세전이라고 말합니다. 하나님께서 창세전에 타락한 인간의 구원을 미리 계획하셨다는 것입니다. 그러므로 이 예정은 역사 이전에 일어난 것입니다. 그런데 이 예정이 그리스도 안에서 때가 찬 경륜을 위하여 된 것이라고 합니다. 여기에서 '때'라는 말은 약속된 것이 역사 속에서 성취될 시기를 뜻합니다.

따라서 이 예정은 역사 속에서 이루어집니다. 인간의 타락이 역사 속에서 일어난 것이라면 타락한 인간의 구원 역시 역사 속에서 이루어져야만 합니다. 그래야만 진정한 구원이 일어납니다. 그런데 "때가 찬 경륜"이라는 말은 역사 속에서 이 예정이 아무 때나 성취되는 것이 아니라 성취될 적당한 시기가 되어야 성취된다는 것을 의미합니다. "그리스도 안에서"라는 말은 하나님의 경륜을 성취할 적당한 때가 그리스도와 관련이 있다는 사실은 지시합니다. 예수 그리스도가 인간을 구원하시기에 가장 적당한 때에 이 세상에 오셨다는 것입니다.

역사 속에서 인간의 타락은 아담과 하와의 범죄로 일어났습니다. 그러나 예수 그리스도께서 하나님의 경륜을 이루기 위하여 아담이 타락한 직후 이 세상에 오지 않았습니다. 물론 아브라함이나 다윗 때도 아니었습니다. 예수 그리스도께서는 "때가 찬 경륜"을 위하여 오랫동안 기다렸다가 이 역사 세계에 오셨습니다. 로마와 헤롯이 유대를 통치할 때에야 비로소 이 땅에 오셨습니다. 그렇다면 로마와 헤롯이 유대 땅을 지배하던 그 때가 예수님께서 이 세상에 오셔서 인간을 구원하기에 가장 적당한 시기라는 말이 됩니다. 다시 말하면 로마와 헤롯이 유대 땅을 통치하던 그 때에 하나님께서 예정하신 경륜을 이루시려고 작정하셨다는 것입니다.

이와 관련하여 다만 한 가지 점에만 우리의 관심을 집중하기로 하겠습니다. 그것은 하나님께서 예정하신 것을 어떻게 이루시는가에 대한 것입니다. 하나님께서 우리를 아들 삼으시는 것을 예정하실 때 어느 누구와도 의논하지 않으셨습니다. 하나님께서 그 일을 이루시는데 인간의 어떤 도움도 필요치 아니하십니다. 그러나 그 예정하신 것을 이루심에서 있어서는 피조물 인간에게 계시를 통하여 약속하셨습니다. 한걸음 더 나아가 피조물 인간을 언약 백성으로 삼아 그 약속을 성취하는 일에 동참시키기도 하셨습니다. 그 이유는 하나님께서 인간을 복되게 하시기 위하여 그 예정하신 것을 이루시는 일에 언약 백성을 참여시키신 것입니다. 우리는 구약성경을 통하여 하나님의 약속이 구체적으로 언약 관계를 통하여 이루어짐을 봅니다. 우리는 하나님께서 언약을 통하여 복을 약속하심도 볼 수 있습니다. 또한 하나님은 그 약속이 이루어질 때까지 가만히 기다리고만 계시는 분이 아니십니다. 하나님은 그 약속의 성취를 위하여 준비하여 나가시는 하나님이십니다. 출애굽기 2:23~25은 다음과 같이 말합니다. "여러 해 후에 애굽 왕은 죽었고 이스라엘 자손은 고역으로 인하여 부르짖는 소리가 하나님께 상달한지라 하나님께서 그 고통 소리를 들으시고 아브라함과 이삭과 야곱에게 세운 그 언약을 기억하사 이스라엘 자손을 권념하셨더라." 여기서 24절을 잘못 해석하면 하나님께서 언약을 맺으신 후에 오랜 세월이 지남으로 그 언약을 잊고 계시다가 이스라엘 백성들이 부르짖는 소리를 듣고 과거에 맺었던 언약을 다시 기억하신 것처럼 잘못 생각할 수 있습니다. 그러나 성경을 자세히 살펴보면 그런 해석은 가당치도 않습니다.

:: 언약을 이루시는 최적의 시점

하나님은 언약을 한번 맺으시면 결코 그 언약을 잊으시는 하나님이 아니십니다. 도리어 하나님은 언약을 이루시기 위하여 준비하시는 하나님이십니다. 하나님은 약속하신 언약을 이루시기 위하여 무엇을 하십니까? 하나님은 그 언약을 이루기 위하여 하수인으로 사용할 믿음의 사람을 미리 준비하십니다. 믿음의 사람을 훈련시키는 훈련장도 준비하십니다. 그 하수인들 중에는 아브라함과 이삭과 야곱이 있었습니다. 그들의 훈련장은 가나안 땅이었습니다. 요셉 역시 하나님의 언약을 이루는데 사용된 하수인입니다. 그의 훈련장은 가나안과 애굽 땅이었습니다.

모세의 훈련장은 애굽과 미디안 광야이었습니다. 하나님께서 이스라엘 백성이 부르짖는 소리를 듣고 언약을 기억하시고 애굽 땅에서 이스라엘 백성을 인도할 지도자를 찾다가 없어서 별수 없이 미디안 땅에까지 가서 모세를 부른 것이 아님은 분명합니다. 하나님은 적어도 80년 후를 생각하시며 80년 전에 모세를 준비해 두신 것이 분명합니다. 아니 그 어머니 요게벳까지 계산에 넣는다면 80년도 훨씬 넘는 시기부터 준비하신 것이 분명합니다.   앤디 스탠리는 자신의 책인 『비저니어링』에서 "좋은 생각 그러나 나쁜 타이밍"을 말하면서 그 대표적인 예로 모세를 들고 있습니다. "이스라엘 사람들을 이집트의 노예 상태에서 해방시키려는 그의 비전은 옳았다고 생각할 수 있으나 그 타이밍과 방법은 정말 아찔했습니다. 그는 계속하여 한 번에 한 명씩 이집트 사람을 죽여서 이스라엘 백성을 구출하는데 얼마의 시간이 걸릴지 모세가 앉아서 계산해 보았는지 의문입니다. 잘해도 몇 평생이 걸릴 것입니다. 그래서 하나님은 무엇을 하셨는가? 하나님은 모세를 시나이 대학으로 보내셨다. 거기서 그는 4년간 공부한 것이 아니라 한 학년을 10년씩 40년 동안 공부했습니다. 물론 봄 방학도 없었다. 하나님께서 그에게 계획하신 비전을 갖기까지 모세는 40년이나 걸렸다.[8]

하나님은 언약을 잊으시는 분이 아니십니다. 그 반대로 언약 백성이 그 언약을 잊습니다. 하나님은 언약을 이루실 준비를 마치시면 고난을 통하여 언약 백성으로 하여금 그 잊고 있는 언약을 기억나게 하십니다. 하나님은 그들로 고난 중에 그 언약을 이루어 주실 것을 구하게 하십니다. 그런 후에 하나님은 그 언약을 이루시기 위하여 자기 언약 백성을 찾아오십니다. 만일 지금까지 설명한 것이 성경의 가르침과 일치한다면, 예수 그리스도가 이 땅에 오심은 하나님께서 죄 사함의 언약을 이루시기 위한 때가 찬 최적의 시점임이 분명합니다.

:: 하나님의 사전에 없는 것

저는 나이가 사십이 넘어서도 학위 공부가 끝나지 않았습니다. 그럼에도 불구하고 저는 조급한 생각이 들기보다는 나는 행복한 사람이라는 생각을 갖고 살았습니다. 그것은 공부 외에는 다른 아무 염려도 하지 않아도 되었기 때문입니다. 그 나이가 되도록 아침부터 밤늦게까지 도서관에 앉아 내가 그렇게도 하고 싶은 공부를 하다보니 그런 생각을 갖게 되었습니다. 그런데 어느 날 밤늦게 도서관에서 집으로 돌아가는 길에 갑자기 서글픈 생각이 들었습니다. 이 늦은 나이에 학위를 마친다 해도 나 같은 자를 불러줄 신학교가 어디 있겠느냐는 생각이 들었기 때문입니다. 물론 그런 생각이 들었던 순간에 내가 학위를 받은 것도 아니고 학위를 받는다는 보장이 있는 것도 아니었습니다.

서글픈 생각이 드는 바로 그 순간 하나님께서 필자에게 "너는 내 사전에 무엇이 없는지 아느냐" 라고 물으시는 것 같았습니다. 순간적으로 "나폴레옹의 사전에 불가능이라는 단어가 없다는 것을 중학교 때에 배워서 알고 있지만 하나님의 사전에 무엇이 없는지 제가 어떻게 압니까, 사전을 보여주셨습니까, 가르쳐 주셨습니까"라는 반문들이 뇌리에 떠올랐습니다. 바로 그때 동시에 그 답도 떠올랐습니다. "Not too early, not too late." 영국에서 학위 공부를 하고 있을 때였으므로 그 답도 영어로 된 것이었습니다. "지나치게 빠른 것도 없고 지나치게 늦은 것도 없다."

도대체 이 말의 뜻이 무엇일까 하는 생각이 든 동시에 그 의미는 다음과 같이 풀이되었습니다. "네가 서른에 학위를 받아 귀국한다고 치자. 너는 빠르다고 생각하겠지. 한국에 가면 너는 뜨는 별이 되어 여기저기 불려 다니겠지. 그렇게 분주하게 여기저기 불려 다니다가 일년도 채 안되어 불의의 사고로 세상을 떠나게 된다면 그것도 네게 빠른 것이냐. 네가 학위를 빨리 받은 그것이 네게 무슨 유익이 되겠느냐. 반대로 네가 마흔다섯에 학위를 받고 귀국하여 삼십년을 가르친다면 그 나이에 학위 받은 것이 늦었다고 말할 수 있겠느냐. 너의 선생님을 생각하여 보라. 그가 여든셋까지 신학교에서 가르치다가 부르심을 받지 않았느냐. 네가 너의 선생님만큼 산다고 가정해 보자. 네가 마흔다섯부터 삼십년을 가르친다면 일흔다섯까지 가르치는 것이 되는데 나머지 팔년을 무슨 일 하다가 오려느냐."

그 순간 저는 "오 하나님, 빠른 것도 늦은 것도 없도록 하시는 하나님 감사합니다"라고 고백할 수밖에 없었습니다. 하나님에게 "아차, 너무 빨랐는데 아니면 아차, 너무 늦었는데"라고 후회하실 그런 일은 절대로 없을 것입니다. 만일 우리가 하나님의 사전에는 "지나치게 빠른 것도 없고 지나치게 늦은 것"도 없다는 사실을 믿어 알게 된다면, 우리는 나이가 많든지 적든지 막론하고 때가 차기까지 준비시키고 기다리게 하시는 하나님을 찬양할 수밖에 없을 것입니다. 그러나 때가 차면 다시 말해서 준비가 완료되시면 일분일초도 못 기다리시는 분이 하나님이십니다. 앤디 스탠리의 말을 빌면 우리를 향하신 하나님의 생각은 항상 좋은 생각뿐임이 자명합니다. 그뿐 아니라 우리를 향하신 하나님의 타이밍 역시 항상 좋은 타이밍입니다.[9]

하나님은 인생이 아니시므로 절대로 좋은 생각을 나쁜 타이밍에 맞추어 시작하시는 분일 수 없습니다. 하나님에게 나쁜 생각과 나쁜 타이밍은 더군다나 있을 수 없습니다. 하나님은 좋은 타이밍을 위하여 우리를 준비시키시며 기다리십니다. 주님의 시간에 주님의 뜻을 이루시기 위하여 우리를 준비시키신다는 것을 알고 바울처럼 주님의 시간에 주님의 뜻이 이루어질 것을 확신하고 좋은 길 얻기를 위하여 구하여야 하겠습니다(롬 1:10).[10]

:: 만물을 하나 되게 하는 자

바울은 10절에서 "하늘에 있는 것이나 땅에 있는 것이 다 그리스도 안에서 통일되게 하려 하심이라"고 말합니다. "하늘에 있는 것이나 땅에 있는 것이 다"라는 말은 만물을 의미합니다. 헬라어는 우주를 '코스모스'라는 단어로 표현하는 반면 히브리어에서는 헬라어처럼 우주라는 한 단어로, 즉 추상적으로 표현하지 않습니다. 히브리어에서는 우주를 하늘과 땅으로 표현합니다. 만일 바울이 여기에서 만물을 일반적인 의미가 아닌 특별한 의미에서 의도적으로 둘, 즉 '하늘에 있는 것'과 '땅에 있는 것'으로 구분하였다면 다음과 같이 생각할 수 있습니다. 바울이 '하늘에 있는 것'들은 영적 실재들로서 천사나 악한 영들을 의미하였을 것입니다(왕하 6:17; 욥 1:6; 눅 2:13; 마 26:53; 엡 6:12). 반면에 '땅에 있는 것'들이란 인간들뿐 아니라 땅 위에 존재하는 것은 물론 땅과 관계된 모든 것을 지칭하였을 것입니다.

본문에서 바울이 강조하는 바는 '다'라는 단어입니다. 바울은 그리스도 안에서 모든 만물의 하나 됨을 강조하고 있습니다. 달리 말하면 바울은 하늘과 땅에 있는 모든 만물이 그리스도를 중심으로 다시 조정될 것이라고 말합니다. 바울은 그리스도 안에서 만물이 통일된다는 사실을 빌립보 2:5~11에서 예수 그리스도께서 십자가에 죽기까지 복종하심으로 인한 낮아지심 및 그 결과 높아지심과 연관하여 말하고 있습니다. "이러므로(십자가에 죽으심) 하나님께서 그를(예수) 지극히 높여 모든 이름 위에 뛰어난 이름을 주사 하늘에 있는 자들과 땅에 있는 자들과 땅 아래 있는 자들로 모든 무릎을 예수의 이름에 꿇게 하시고 모든 입으로 예수 그리스도를 주라 시인하여 하나님 아버지께 영광을 돌리게 하셨느니라"(빌 2:9~11).

본문에서 "통일되다"로 번역된 헬라어 동사인 '아나케파라이사스다이'는 부정과거 수동태 부정사로 그 의미를 놓고 크게 세 가지 해석이 있습니다. 첫째는 머리라는 명사와 연관지어 "다시 머리에 연결된다"는 의미로 해석합니다. 이 해석은 에베소서 1:22인 "그를 만물 위에 머리로 주셨다"는 말씀과 맥을 같이 합니다. 둘째 해석은 합계 또는 요약을 의미하는 헬라어 명사와 연결하여 "요약되다"라는 의미라는 것입니다. 이 해석은 이 헬라어 단어가 본문 이외에 신약성경에서 한 번 더 사용된 예로 이웃과 관련된 여러 계명들이 네 이웃을 네 자신처럼 사랑하라 하신 그 말씀 가운데 다 들어 있습니다(요약된다)라는 로마서 13:9의 지지를 받고 있습니다. 셋째 해석은 함께 모인다는 의미로 첫째 해석과 크게 다를 바가 없습니다.

이 세 가지 해석은 서로 배타적이 아니라고 생각됩니다. 따라서 이 세 해석을 모두 적용하여 본문을 해석할 수 있습니다. "하늘에 있는 것이나 땅에 있는 것이 다 그리스도 안에서 통일되게 하려 하심이라"는 구절의 의미를 첫째와 셋째 해석을 동시에 적용하면 그 의미는 만물이 그리스도를 머리로 하여 다시 모여져 회복될 것을 내다보는 것입니다. 이는 마치 온 몸의 지체가 머리의 명령에 순종하듯이 구속의 결과로 만물이 그리스도 안에서 하나 되어 하나님의 뜻에 순종하여 만물 본연의 창조 목적대로 하나님께 영광돌림을 말하고 있습니다.

세 가지 해석을 동시에 적용하여 해석한 내용이 곧 하나님의 영원한 구원 계획의 최종적인 성취요 요약적인 결론인 것입니다. 달리 말하면 만물이 죄 사함을 입고 본연의 창조 목적대로 하나님께 영광을 돌리는 일은 그리스도 안에서 최종적으로 성취되었다는 것을 뜻합니다.

:: 만물을 마음대로 움직이는 자

바울은 하나님을 전부터 바라던 이 일을 이루시기 위하여 그의 뜻에 따라 모든 것을 마음대로 역사하시는 분으로 소개합니다. 하나님은 그의 뜻을 이루기 위하여 하늘에 있는 것이나 땅에 있는 것을 막론하고 필요하시면 모든 만물을 동원하시는 분입니다. 과거에 동원하신 하나님은 현재에도 동원하실 뿐 아니라 미래에도 동원하실 것입니다. 바울은 하나님의 뜻을 행하신 자신의 사역 속에서 이러한 하나님을 체험하고 이러한 체험적 고백적 선언을 하고 있습니다. 우리는 사도행전에서 제자들이 "과연 헤롯과 본디오 빌라도는 이방인과 이스라엘 백성과 합동하여 하나님의 기름 부으신 거룩한 종 예수를 거스려 하나님의 권능과 뜻대로 이루려고 예정하신 그것을 행하려고 이곳에 모였나이다"라고 고백하는 것을 볼 수 있습니다(행 4:27~28). 하나님은 로마에 있는 이방인 빌라도를 하나님의 구원 역사를 이루게끔 예루살렘 총독으로 부임하게 하셨습니다. 하나님은 자신의 예정하신 일을 위하여 만물을 동원하시는 분이십니다.

저는 때때로 하나님께서 만물을 나를 위하여 움직이신다고 고백합니다. 이 고백은 교리적인 고백이라기보다 체험적인 고백입니다. 때때로 저의 고백을 듣는 자들이 마치 "하나님은 너만을 위해서 만물을 움직이는 분으로 착각하지 마. 하나님은 나를 위해서도 움직이셔"라는 표정을 짓는 모습을 봅니다. 반면에 "하나님께서 만물을 너만을 위하여 움직이시면 나는 어떡하고" 말하는 것처럼 표정 짓는 모습을 보기도 합니다. 그럴 때면 "야, 이 사람아, 하나님께서 왜 하나님이셔. 하나님은 나를 위하여 세상을 움직이기도 하시지만 너를 위해서도 움직이시기 때문에 하나님이시지. 그것을 알고 모르는 건 네 책임이야. 그런데 네가 하나님의 뜻에 어긋나는 일을 할 때는 만물을 동원하여 그 일을 막으셔. 그게 하나님이 너를 위하여 만물을 동원하시는 것이지. 알고 모르는 건 네 책임이야"라고 말해 주고 싶습니다.

저는 때때로 신학생들에게 하나님께서 나를 위하여 여러분들을 여기저기서 불러 이 신학교에 입학하도록 하심과 동시에 여러분들의 신학 공부를 위하여 나를 이 신학교에 불러주신 것이라고 하면 어떤 학생들은 아멘으로 화답합니다. 아멘 소리가 적으면 이미 위에서 언급한 대로 로마의 빌라도와 유대의 헤롯이 겉으로 보기에는 예수를 거스르는 것 같지만 하나님께서 예정하신 그것을 행하려 모였다고 사도들이 고백하고 있는 사도행전 4:27~28을 소개합니다. 바울이 10절에서 말한 대로 하나님께서 하늘에 있는 것이나 땅에 있는 것이 다 그리스도 안에서 통일되게 하려 하시는 일에 우리를 준비시켜 사용하시는 일에 너무 빠른 것도 없고 지나치게 늦은 것도 없습니다. 마치 온 몸의 지체가 머리의 명령에 순종하듯이 구속의 결과로 모든 만물도 그리스도 안에서 하나 되어 하나님의 뜻에 순종하므로 만물 본연의 창조 목적대로 하나님께 영광 돌리게 됩니다.

저는 또 다시 하나님은 그의 뜻을 이루기 위하여 필요하시다면 모든 만물을 동원하시는 분으로 유학길을 통하여 특별히 경험하였습니다. 미국 떠나기 직전에 아이들을 데리고 갈 미국 여자 분들과 만나 예비 교육을 받는 기회가 있었습니다. 미국 여자 분 중에 한 분이 참석하였습니다. 별다른 교육은 없었습니다. 그 여자 분 역시 참석하지 않아도 무방하였습니다. 그 여자 분과 대화를 나누는 중에 케네디 공항에 마중 나올 사람이 있느냐고 물었습니다. 내가 없다고 하였더니 도착이 밤 12

시나 되고 그 즉시 필라델피아로 가는 교통편이 없는 관계로 아무리 싼 여관에서 하룻밤을 묵는다고 해도 25불은 든다고 하였습니다. 그분은 이어서 만일 내가 원하기만 한다면 자기와 함께 자기 집에 가서 하루 저녁 자고 갈 수 있다고 하였습니다. 그 말을 듣는 순간 신학교 다닐 때 목회 상담학을 가르치셨던 목사님이 들려주셨던 경험담이 생각났습니다.

그 목사님이 미국 유학 중에 하루는 한 미국인 친구가 차를 가지고 와서 원하면 주겠다는 것이었습니다. 그 목사님은 차가 필요했으나 그 친구가 자기의 마음을 떠 보려고 그러는 것 같기도 하고 또 체면도 허락하지 않아서 "노 땡큐"라고 대답하였다는 것입니다. 그런데 그 다음 날 한국인 친구가 그 차를 몰고 학교에 나타난 것입니다. 어떻게 된 거냐고 물었더니 그 미국인 친구가 차가 필요하면 주겠다고 해서 "땡큐" 했더니 그냥 주어서 타고 왔다는 것이었습니다. 그 목사님께서 자신의 경험담을 이야기 하면서 다음과 같은 설명을 덧 붙이셨습니다.

어떤 사람이 다른 사람들에게 무엇을 주겠다고 하면 동양 사람과 서양 사람의 반응이 다르다는 것입니다. 대부분의 동양 사람은 무엇을 받으려면 공을 들여야 한다는 생각이 머리에 박혀 이구동성으로 "공짜로" 주겠느냐고 반문한다는 것입니다. 그러나 서양 사람들은 기독교 영향을 받아 은혜가 무엇인지를 알기 때문에 "진짜냐"고 묻는다는 것입니다. 그 목사님은 계속해서 "만일 여러분이 미국에 갈 경우 나 같은 사람이 되지 말고 필요한 것을 누가 공짜로 주겠다고 하면 땡큐만 하시오"라고 하였습니다.

처음 만난 그 여자 분이 나에게 호의를 베풀려고 그런 말을 할 때 그 교수님의 말씀이 생각나서 땡큐라고 하였습니다. 나는 그들이 뉴욕 가까이에 살고 있는 줄만 알았습니다. 그런데 그들이 사는 곳은 고속도로만 3시간 정도 달리는 곳이었습니다. 그곳은 예일 대학이 있는 뉴헤븐 (New Haven)을 한참 지나서 있는 뉴런던(New London)이었습니다. 나는 그 분 집에서 그 날 밤을 묵었습니다. 아침을 먹고 난 뒤 그 여자 분은 나에게 자기 식구들이 사흘 후에 수도 워싱턴을 가는데 만일 내가 원한다면 필라델피아에 소재한 웨스트민스터 신학교까지 데려다 주겠다고 제안하였습니다. 또 다시 나는 하나님께 감사드리며 그 분에게 땡큐라는 말을 할 수밖에 없었습니다. 저는 하나님께서 제가 미국 가는 것을 돕기 위하여 이름도 모르는 대한항공 직원뿐 아니라 미국에서조차 사람을 동원해 주셨다는 착각 아닌 착각에 빠져드는 자신을 억제할 수 없었습니다. 11절의 "그 안에서 기업이 되었으니"라는 말씀은 14절을 다루면서 그때 살펴보겠습니다.

:: 하나님의 영광의 찬송이 된 자들

12절 초두의 '이는' 역시 6절의 '이는' 처럼 목적을 나타내는 전치사 '에이스'를 번역한 것입니다. 12절에서 바울은 믿는 우리가 그리스도 안에서 기업이 된 목적을 설명합니다. 그것은 그리스도 안에서 전부터 바라던 우리로 그의 영광의 찬송이 되게 하기 위함입니다. 먼저 여기에서 말하는 영광의 의미를 문맥을 통하여 생각해 보겠습니다. 이미 본문 6절을 해석하면서 은혜의 영광이라는 말 중에 영광이라는 단어가 하나님의 영광을 말하는 것이 아니라고 밝힌 바 있습니다. 12절에서 말하는 그의 영광의 찬송이라는 표현에 나오는 영광이라는 단어 역시 하나님 자신의 영광을 말하지 않음이 분명합니다. 여기에서 강조하는 것은 그리스도 안에서 구속받은 우리가 하나님의 영광이 된다는 것입니다. 바울은 한 걸음 더 나아가 그리스도 안에서 우리를 구속하심은 우리가 그리스도 안에서 하나님의 영광의 찬송이 되게 하실 목적으로 예정되었다고 말합니다.

바울은 빌립보서 4:1에서 빌립보 교인들을 향하여 "나의 사랑하고 사모하는 형제들 나의 기쁨이요 면류관인 사랑하는 자들아"라고 부르고 있습니다. 바울이 빌립보 교인들을 바울의 기쁨이요 면류관이라고 말할 수 있다면 바울 자신은 더 더욱 빌립보 교인들의 기쁨이요 면류관이라고 말할 수 있습니다. 그럼에도 불구하고 바울은 내가 너희의 기쁨이요 면류관이라고 하지 않고 반대로 말하고 있습니다. 바울이 빌립보 성도와 자신의 관계를 위와 같이 표현한 것을 감안하여 볼 때 바울이 하나님과 구속받은 우리의 관계를 말하면서 우리가 하나님의 영광의 찬송이 된다고 말할 수 있음을 알 수 있습니다.

그럼에도 불구하고 우리가 어떻게 하나님의 영광의 찬송의 존재가 될 수 있겠느냐는 생각을 떨쳐버릴 수 없습니다. 이에 대하여 바울은 그것은 우연이나 우리의 선택에 의한 것이 아니라 하나님께서 그리스도 안에서 바라던 일이라고 합니다. 말하자면 우리의 무엇 때문이 아니라 온전히 그의 기쁘신 뜻에 따른 것이라고 선언합니다. 구속받은 우리가 하나님의 영광 찬송의 존재가 될 수 있는 것은 본래 하나님의 계획 속에 없는 일인데 어느 날 갑자기 하나님께서 정하신 일이 아니라 전부터 바라던 예정된 일이라고 합니다.

사도 바울은 우리가 그의 영광의 찬송이 되도록 하시기 위한 하나님의 열심을 한마디로 "모든 일을 그 마음의 원대로 역사하시는 자의 뜻을 따라 예정되었습니다"고 말합니다. 예정에 대해서는 이미 설명한 바 있습니다. 예정된 것은 약속된 것으로 그것의 성취가 없으면 그 예정이나 약속은 아무 의미가 없습니다. 예정이란 하나님께서 미리 계획하셨다는 것을 말합니다. 이 예정과 더불어 기억하여야 할 또 하나의 중요한 점은 삼위일체 하나님은 모든 일을 즉흥적으로 행하시는 분이 아니시라는 점입니다. 하나님은 계획하신 것을 이루시기 위하여 준비하시는 분이십니다. 그 준비가 끝나고 약속하실 때가 차매 성자 하나님께서 이 세상에 오셔서 십자가에서 성부 하나님께서 계획하시고 준비하신 일을 이루셨습니다. 성자 하나님께서 이 일을 이루신 다음에는 믿고 안 믿는 것은 인간에게 책임이 있다고 전가하시고 성부 하나님이 계신 곳으로 훌쩍 떠나 버리신 것이 아니라 우리에게 성령 하나님을 보내셨습니다.

성령 하나님은 우리로 하여금 성부 하나님과 성자 하나님의 사랑을 깨달아 믿고 그 하나님을 '아바 아버지'로 고백하게 하십니다. 이 놀라운 일을 기계에서 상품을 대량 생산으로 찍어 내듯이 하시지 않고 자녀를 낳으시듯이 하십니다. 하나님께서는 자녀가 태어나기를 기다리시는 분이십니다. 하나님은, 사랑하는 아들 예수 그리스도를 십자가에 희생시켜 성취하신 이 놀라운 사랑을 죄인들이 받아들이지 않으면 회개하고 아버지의 품으로 돌아올 때까지 기다리시는 분이십니다. 이 놀라운 하나님의 사랑과 은혜를 베드로 사도는 하나님께는 "하루가 천년 같고 천년이 하루 같"다고 하였습니다(벧후 3:8). 하나님께서는 아버지의 품을 떠난 탕자가 돌아오기를 고대하며 기다리는 아버지의 심정으로 죄인들이 그리스도 안으로 돌아오기를 기다리십니다. 그뿐 아닙니다. 잃은 양을 찾으시는 목자의 심정으로 찾으십니다. 또한 하나님께서는 이 일을 이루시기 위하여 사용할 사람을 미리 준비시키십니다. 준비가 끝나면 그 준비된 자를 보내시는 하나님이십니다.

하나님의 자녀는 이런 하나님의 놀라운 사랑과 은혜의 과정을 거쳐 태어나게 됩니다. 이 놀라운 진리를 깨달은 바울은 하나님의 자녀에게서 그리스도의 형상이 이루기까지 '해산하는 수고'를 한다고 고백합니다(갈 4:19). 이렇게 낳은 하나님의 자녀야말로 하나님의 걸작품 중 걸작품입니다. 하나님의 자녀가 된 걸작품인 우리가 그의 영광이 되는 것은 우리 편에서는 헤아릴 수 없는 은혜이지만 하나님 편에서는 당연한 것입니다. 하나님 아버지의 사랑과 그리스도의 희생과 성령의 역사로 하나님의 자녀가 된 우리야말로 하나님의 찬송이 됩니다. 이런 일을 어떻게 이해할 수 있겠습니까? 인간의 사고로는 도저히 헤아릴 수 없는 일입니다. 다만 "하나님의 은혜로다"라고 고백할 뿐 달리 설명할 길이 없습니다. 이런 벅찬 감격에 겨워 '찬송하리로다'라고 찬양하는 바울을 그려봅니다.

열하나
성령 하나님의 구원 사역

13-14절 그 안에서 **너희도 진리의 말씀 곧 너희의 구원의 복음을 듣고 그 안에서 또한 믿어 약속의 성령의 인치심을 받았으니 이는 우리의 기업에 보증이 되사 그 얻으신 것을 구속하시고 그의 영광을 찬미하게 하려 하심이라.**

이 두 구절은 우리의 구속을 위한 성령 하나님의 사역을 말하고 있습니다. 이 단락에서 바울은 우리의 구원과 관련하여 크게 세 가지를 설명합니다. 그것은 복음을 듣고 믿게 하심과 약속의 성령으로 인치심 그리고 기업에 보증이 되심입니다. 여기에서 주목할 바는 이 세 가지가 동시적으로 일어난다는 점입니다. 그러나 그 내용을 살펴보기 위하여 구분하여 생각하도록 하겠습니다.

:: 바울이 전한 복음

복음이라는 단어는 헬라어 '유앙겔리온'을 번역한 말입니다. 헬라인들이나 로마인들은 이 단어를 새로운 황제가 즉위하였다는 것을 알리거나 적군과의 싸움에서 승리했다는 소식을 전할 때 사용하였습니다.

따라서 이 단어는 단수로 사용되지 않고 복수 '유앙겔리아' 로 사용하였습니다. 말하자면 그들에게는 복된 소식인 유앙겔리온은 하나가 아니라 여럿이 될 수 있음을 보여줍니다. 히브리어로 기록된 구약을 헬라어로 번역한 칠십인역에서도 유앙겔리온의 복수인 유앙겔리아라는 단어가 사용되었습니다. 칠십인역에서 히브리어 성경의 '베쇼라' 1) 를 '유앙겔리아' 로 번역하였습니다(삼하 4:10; 18:20, 22, 25, 27; 왕하 7:9).

그러나 신약성경에서 이 단어는 복수로는 사용되지 않고 단수 '유앙겔리온' 으로만 사용되었습니다. 초대 교회에서는 이 단어를 예수 그리스도(복음서 여러 기록들)와 그의 사건, 즉 예수 그리스도의 죽음과 부활과 관련하여서만 사용하였습니다(고전 15:1이하). 신약에서는 복수 '유앙겔리아' 를 사용하지 않고 단수 '유앙겔리온' 만 사용한 것은 복음은 단 하나뿐임을 초대 교회가 확신하였다는 증거입니다. 그것은 예수 그리스도의 십자가의 죽음과 부활만이 복음이라는 것입니다. 이것 외에는 그 어떤 것도 절대적이고 영원한 복음이 될 수 없다고 그들은 확신한 것입니다. 이 복음은 황제의 등극의 소식이나 전쟁에서 승리의 소식과 비견할 수 없는 것으로 그들은 믿고 또한 체험하며 살았던 것입니다.

바울이 전한 구원의 복음은 잠시 어느 때만 구원의 복음이었고 시간이 지나가자 구원의 복음이 아닌 그런 것이 아니었습니다. 바울이 전한 복음은 1세기 사람들에게는 복음이었으나 21세기 사람들에게는 복음이 아닌 상황에 지배를 받는 그런 복음이 아닙니다. 바울이 전한 구원의 복음은 영원히 변치 않는 영원한 구원의 복음입니다. 바울이 전한 복음은 빈부귀천 남녀노소를 막론하고 또 인종 차별도 없이 누구에게

나 필요한 절대적인 복음입니다. 바울이 전한 복음은 누구에게는 복음이지만 다른 사람에게는 복음이 아닌 그런 상대적인 복음이 아닙니다. 마치 소금 장수에게는 햇빛이 복음이나 바로 그것이 우산 장수에게는 복음이 될 수 없는 것과 같은 그런 복음이 아닙니다. 바울이 전한 복음은 인간의 어느 한 부분만을 위한 복음이 아닙니다. 경제 문제는 해결할 수 있으나 건강 문제는 해결할 수 없는 그런 복음이 아닙니다. 바울이 전한 복음은 총체적인 복음입니다.

그렇다면 바울이 전한 복음이란 도대체 무엇입니까? 여기에서는 복음에 대하여 자세히 고찰할 수 없고 다만 12절에서 언급한 구원의 복음을 중심으로 간단히 살피려고 합니다.

바울은 그 안에서 진리의 말씀, 곧 구원의 복음을 듣고 그 안에서 믿는다고 강조합니다. 그 안에서는 12절이 보여주는 대로 그리스도 안에서를 말합니다. 그 안에서, 즉 그리스도 안에서 듣는 내용은 진리의 말씀 곧 구원의 복음입니다. 이 말은 그리스도와 관련된 말씀이 진리요 구원에 관한 복된 소식이라는 말입니다. 바울은 복음을 본문에서 구원의 복음이라고 말한 이외에도(엡 1:13), 하나님의 복음(롬 1:1; 살전 2:2), 아들의 복음(롬 1:9), 그리스도의 복음(롬 15:19; 고후 2:12; 9:13; 10:16; 갈 1:7; 빌 1:27; 살전 3:2), 나의 복음(롬 16:25; 딤후 2:8; 몬 1:13), 영광의 복음(고후 4:4), 평안의 복음(엡 6:15), 우리 복음(살후 2:14), 하나님의 은혜의 복음(행 20:24) 그리고 하나님의 영광의 복음(딤전 1:11) 등으로 표현하였습니다.

이 모든 표현을 종합하여 말한다면 복음의 핵심은 예수 그리스도이십니다. 아니 복음은 예수 그리스도이십니다. 예수 그리스도의 죽음과 부활이 곧 복음입니다. 초대 교회에서는 이 단어를 예수 그리스도(복음서 여러 기록들)와 그의 사건, 즉 예수 그리스도의 죽음과 부활과 관련하여서만 사용하였습니다(고전 15:1이하). 그리스도의 죽음이 복음인 것은 예수 그리스도께서 우리 죄를 위하여 성경대로 죽었기 때문입니다. 예수님께서 죽으신지 삼일 만에 다시 살아나심으로 부활의 첫 열매가 되셨기 때문입니다. 예수 그리스도는 지금도 살아계셔서 우리를 위하여 간구하시는 분이시기 때문입니다. 이뿐 아니라 자기 백성을 불러 모아 영원한 천국에서 함께 사시도록 하기 위하여 다시 오실 분이시기 때문입니다.

예수님께서 성경대로 죽었다는 것은, 즉 구약의 예언과 약속대로 죽었다는 것을 말합니다. 이 말씀이 보여주는 것은 예수님께서 우연히 또한 불의의 사고나 불가항력적으로 죽은 것이 아님을 초대 교인들이 믿었다는 증거입니다. 그리스도의 죽음은 우리의 죄 문제를 해결해 주는 구원 사건이라는 것입니다. 이 죄 문제의 해결에 대한 소식이 죄인들에게 복음이 되는 것은 죄인들로서는 영원히 어떤 방법으로든 해결할 수 없는 문제가 그리스도의 죽음으로 말미암아 영원히 해결되었기 때문입니다. 이 문제는 해결하면 편리하고 해결되지 않으면 조금 불편한 그런 정도의 문제가 아닙니다. 이 문제는 영원히 사느냐 죽느냐를 판가름하는 문제입니다. 죄의 본성을 심각하게 깨닫는 자만이 그리스도의 십자가의 죽음이 죄인에게 참된 복음임을 절실하게 깨닫습니다.

그럼에도 불구하고 복음을 이렇게만 아는 것은 복음의 일부만 아는 것입니다. 복음은 그리스도께서 우리 죄를 위하여 죽으셨을 뿐 아니라 죽은 자 가운데서 다시 살아나셨다는 사실입니다. 예수 그리스도의 부활은 생명이 없는 상태에서 생명을 일으킨 사건입니다. 예수 그리스도의 부활이 그 사실을 믿는 자에게 복음이 되는 이유는 무엇입니까? 그 이유는 예수 그리스도의 부활은 그 사실을 믿는 자와 그리스도의 부활 생명과 연결시키는 것을 가능케 하는 사건이기 때문입니다. 초대 교회가 예수 그리스도의 부활을 강조한 이유는 초대 교인들이 그들 안에 부활의 그리스도가 산다는 것을 믿었기 때문입니다.

이 사실을 한마디로 보여주는 말씀은 "내가 그리스도와 함께 십자가에 못 박혔나니 그런즉 이제는 내가 산 것이 아니요 오직 내 안에 그리스도께서 사신 것이라 이제 내가 육체 가운데 사는 것은 나를 사랑하사 나를 위하여 자기 몸을 버리신 하나님의 아들을 믿는 믿음 안에서 사는 것이라" 는 바울의 신앙 고백입니다(갈 2:20). 이것은 예수님께서 십자가에 죽으시고 부활하시기 전에 "내가 너희 안에 있겠다" 는 약속의 말씀의 성취입니다(요 17:23, 26; 고후 13:5). 이것이 가능한 것은 부활의 주님을 믿는 것도 성령의 역사이며 그 사실을 믿는 자 안에 그리스도의 영이신 성령이 사시기 때문입니다(롬 8:9~11).

:: 바울이 전한 총체적 복음

바울이 총체적 복음을 전하였다는 것은 그가 복음의 능력과 영광과 축복을 동시에 강조하고 있다는 것을 의미합니다. 바울은 복음에는 능력이 있다고 강조하여 말합니다(롬 1:16). 복음에는 영광의 광체가 있다고 말합니다(고후 4:4). 바울은 자신이 전한 복음으로 그리스도의 영광을 얻게 한다고 말합니다(살후 2:4).

바울은 복음이 복과 긴밀한 관계가 있다고 말합니다. 바울은 그 근거로 하나님께서 아브라함에게 복음을 전한 것은 아브라함을 통하여 이방인으로 복을 받게 하기 위함이라고 말합니다. 바울은 이방인이 복음을 듣고 믿음으로 말미암아 받는 복은 "복음으로 말미암아 그리스도 예수 안에서 함께 후사가 되고 함께 지체가 되고 함께 약속에 참여한 자가 됨"이라고 말합니다(갈 3:6).

복음이라는 말 자체가 복된 소식이라는 의미를 내포하듯이 복음서에서는 복음이 축복이 되는 사실을 특별히 강조하고 있습니다. 복음이 전파될 때 질병에서 고침 받는 치유의 역사가 있음을 보아서 알 수 있습니다(마 4:23; 9:35; 11:5; 눅 4:18; 7:22; 9:6). 또한 예수님께서 복음을 전파하는 일을 위하여(막 10:29~30) "집이나 형제나 자매나 어미나 아비나 자식이나 전토를 버린 자는 금세에 있어 집과 형제와 자매와 모친과 자식과 전토를 백배나 받되 핍박을 겸하여 받고 내세에 영생을 받지 못할 자가 없느니라"고 하셨습니다(막 10:29).

우리는 성경이 강조하고 있는 복음의 능력과 복음의 영광과 복음의 축복을 총체적으로 이해하고 믿을 때만 성경이 말하는 복음이 진정한 복된 소식이 되어 우리의 삶 속에 복음이 능력과 영광과 축복이 됩니다. 또한 우리가 복음을 받은 자답게 복음을 누리며 살 뿐 아니라 복음을 영화롭게 할 수 있습니다. 복음을 총체적으로 깨달은 자는 복된 삶을 살게 될 뿐 아니라 이 복된 소식을 전파하지 않을 수 없습니다. 그러기에 바울은 자신이 "복음을 전하지 아니하면 내게 화가 있을 것임이로라"고 고백하였습니다(고전 9:16). 바울은 말뿐 아니라 "예루살렘으로부터 두루 행하여 일루리곤까지 그리스도의 복음을 편만하게 전하였노라"고 고백합니다(롬 15:19).

:: 바울이 전한 복음 외에 다른 복음이 있는가

바울은 자신이 전한 복음 이외에는 다른 복음이 없다고 단정합니다. 바울은 한걸음 더 나아가 그가 전한 복음 외에 다른 복음을 전하면 저주를 받게 될 것이라고 경고하고 있습니다(갈 1:6~9). 이와 같이 바울은 복음만 위하여 복음만 의지하여 산 자가 틀림없습니다(행 20:24). 복음을 전하려고 하는 바울의 결심은 "나의 달려갈 길과 주 예수께 받은 사명 곧 하나님의 은혜의 복음 증거하는 일을 마치려 함에는 나의 생명을 조금도 귀한 것으로 여기지 아니하노라"(행 20:24)는 선언 속에 잘 나타나 있습니다. 그는 복음 전함으로 인하여 고난당하는 것을 은혜로 생각하였습니다(고전 15:1, 9~10). 바울은 그가 다메섹에서 죽임을 당하지 않은 것은 주님의 무조건적인 사랑일 뿐 아니라 복음을 위하여 반포자와 사도와 교사로 세움 받기 위함으로 이 모든 것이 하나님의 은혜인 것을 고백합니다(딤후 1:10).

바울 자신은 복음의 일꾼이 되었다고 말합니다(골 1:23). 일꾼 자신은 맡은 일에만 충실하면 됩니다. 다른 데 관심을 기울이지 말고 오직 맡은 일에만 충실하여야 합니다. 그러기에 바울은 에베소 교인들에게 "나(바울)를 위하여 구할 것은 내게 말씀을 주사 나로 입을 벌려 복음의 비밀을 담대히 알리게" 하도록 기도를 부탁합니다(엡 6:19; 골 4:3). 그뿐 아니라 디모데에게는 "네가 우리 주의 증거와 또는 주를 위하여 갇힌 자 된 나를 부끄러워 말고 오직 하나님의 능력을 좇아 복음과 함께 고난을 받으라"고 권하였습니다(딤후 1:8). 바울은 주께서 "복음 전하는 자들이 복음으로 말미암아 살리라 명하셨느니라"고 합니다(고전 9:14). 바울의 이 말씀에는 삶을 통하여 복음을 증거하여야 함을 강조하고 있음을 알 수 있습니다.

왜 복음이 삶에서 증거되어야 합니까? 그것은 복음에는 능력이 있고 영광이 있고 축복이 있기 때문입니다. 그러기에 복음이 복음을 듣는 자에게 시청각적으로 전파될 때 복음이 복음 되고 또한 복음을 영화롭게 하는 것입니다. 그렇다면 복음을 시청각적으로 전하는 최상의 길은 무엇이겠습니까? 그것을 말할 것도 없이 복음이 복음인 것을 삶으로 보여 주는 길입니다.

저는 복음학교를 통하여 총체적 복음을 강의하는 김용의 선교사가 전하는 말에 충격을 받았습니다.[2] 그가 몽골에서 복음학교를 진행하면서 "나를 전적으로 움직일 수 없는 복음은 복음이 아닙니다. 나를 전적으로 움직일 수 없는 믿음은 믿음이 아닙니다. 99%를 헌신하면서 나는 복음대로 산다고 말하는 것은 복음대로 사는 것이 아닙니다. 왜냐하면 나머지 1%에 나를 움직일 수 있는 모든 것이 집중되어 있기 때문입니다. 바울은 "하나님의 은혜의 복음을 증거하는 일을 마치려 함에는 나의 생명을 조금도 귀한 것으로 여지지 아니하노라"고 하지 않았던가요?

실제 상황에서 복음을 위하여 생명을 바칠 수 있다고 믿습니까? 만일 그렇다면 복음을 위하여 생명을 바칠 수 있다고 믿는 그런 사람이 어떻게 자기의 옛 자아 하나 버리지 못하고 그 자아를 조금만 건드리면 상처 입고 시기하고 질투하며 믿는 사람들끼리 원수가 되어 살 수 있단 말입니까?

:: 복음이면 다냐

김 선교사는 계속해서 다음과 같이 외쳤습니다. "복음이면 다냐 하고 물으면 그래 다다 어쩔래, 라고 대답할 수 있겠습니까? 복음이면 다다. 할 수 있는 것은 하나님이 '나는 너 하나로 만족합니다. 네가 다다. 나는 너 하나를 위하여 예수 그리스도가 십자가에 죽게 했노라'고 하시기 때문입니다. 복음이면 다다라고 대답할 수 없는 복음이 과연 어떻게 절대적이고 영원한 복음이 될 수 있겠습니까? 어떻게 그 복음을 위하여 목숨을 바칠 수 있단 말입니까?

복음이면 다 해놓고 실제로는 복음만으로는 안 된다고 하면서 그런 '다'가 아닌 조각난 복음을 전하고 있지는 않습니까? 어찌 그런 복음을 절대적인 복음인 것처럼 전할 수 있겠습니까? 나에게 복음이 아닌 것은 아무리 목이 터져라 소리쳐도 그것이 다른 사람에게 복음이 될 수 없습니다. '하나님, 나 탈진했습니다. 더 이상 나에게 헌신을 요구하지 마십시오.'라고 하면서 어떻게 복음을 전하는 자라고 말할 수 있단 말입니까? 하늘에 속한 사람이라고 자처하면서 이 세상 것에 그렇게 집착하여 살 수 있단 말입니까?'

김 선교사가 이처럼 외치고 나자 식사 시간이 되었습니다. 그 식사 자리에서 몽골교회 젊은 지도자인 한 목사님이 김 선교사에게 "지금 목사님이 전하는 복음은 바울이 전하는 복음과 동일한 복음입니까? 아니면 다른 복음입니까"라고 물었습니다. 김 선교사는 "어찌 바울이 전하는 복음이 따로 있고 내가 전하는 복음이 따로 있을 수 있겠습니까"라고 대답하였습니다. 그 현지 지도자는 "김 선교사님, 김 선교사님은 방금 전에 우리에게 설명한 복음 그대로 사십니까"라고 다시 물었습니다.

김 선교사는 "살다마다요. 사는 대로 전하지 어떻게 살지도 않는 것을 다른 사람에게 그렇게 살라고 전할 수 있겠습니까? 형제는 바울이 스스로 말한 것을 책임지려고 말한 대로 살려고 기를 쓰고 살았다고 생각하십니까? 아니면 자신이 그렇게 살아보니 복음에는 능력이 있고 축복이 있고 복음은 영광스럽다는 것을 체험하고 '복음으로 살아라'고 권면한다고 생각하십니까"라고 물었습니다.

그 젊은 목사는 "그 동안 저는 한국 신학교에서 복음에 대하여 배웠고 또한 몽골에 돌아와서 복음에 대하여 가르쳤습니다. 그런데 김 선교사님의 말씀이 사실이라면 나는 바울이 전했던 복음을 전혀 알지 못하는 자임이 틀림없습니다. 이제 복음을 모르는 자로서 총제적 복음을 바로 알아 복음을 영화롭게 하는 삶을 살고 싶습니다"라고 진지하게 고백하였습니다. 바울이 전하는 복음을 아니 성경이 말하는 복음을 알지 못하였다는 몽골 현지교회의 지도자의 이 진솔한 고백을 들으면서 저는 그가 부러웠습니다. 하나님께서 몽골교회의 밝은 내일을 위하여 복음의 일꾼을 세우려 하심이라고 생각되었습니다. 그의 고백은 동시에 그렇게 믿지도 않고 살지도 않는 나의 복음이 아닌 복음을 전하는 필자 자신을 고발하는 말로 들렸습니다.

나의 복음이 된 그런 복음을 전하는 것이 아니라 복음에 대하여 전하는 나 자신을 바라보면서 그런 필자에 의해서 전해진 복음이 듣는 자에게 어떻게 복음이 될 수 있을까 하는 생각을 하지 않을 수 없었습니다. 김용의 선교사의 말을 듣지 않은 상태에서 복음이란 무엇인가라는 물음을 받았다면 저는 여전히 나의 삶을 총체적으로 주장하지도 않고 또한 나의 삶의 전부가 아닌 조각난 복음에 대하여 열을 올리며 설명하였을 것입니다. 물론 제가 지금까지 알고 있는 복음은 전적으로 복음이 아니었다는 말은 아닙니다. 저는 이제부터 구원의 복음이요 하나님의 복음이요 그리스도의 복음일 뿐 아니라 바울의 복음이요 나의 복음이 되도록 깨닫고 그렇게 살기를 소원하는 그런 복음을 소개하기를 원합니다.

위에서 언급한 대로 복음의 내용은 복잡하고 어려운 것이 아닙니다. 복음을 전하는 자가 특별한 능력이 있어야만 되는 것도 아닙니다. 누가 전해도 상관없습니다. 그러나 중요한 사실은 복음을 총체적인 복음으로 체험하고 전하느냐 전하지 못하느냐에 따라 복음이 복음으로 전해지기도 하고 그렇지 않기도 합니다. 복음은 영원히 사느냐 죽느냐 하는 문제입니다. 복음을 듣고 순종하면 생명입니다. 못 들으면 영원한 죽음입니다. 복음을 들어도 믿음으로 순종하지 않으면 죽음입니다. 복음이 어렵고 복잡한 것이 아닐 뿐 아니라 듣고 믿기만 하면 영원한 영생을 얻게 됩니다.

:: 복음을 복음 되게 하라

하나님의 말씀에 목숨을 걸 수 있는 믿음으로 반응할 때에만 하나님의 말씀은 말씀답게 역사하며 복음이 복음답게 역사합니다. 우리는 믿는다는 말을 너무 쉽게 하고 있습니다. 그러기에 믿음의 결과를 기대하지도 아니할 뿐 아니라 믿음의 결과가 없는 것을 지극히 당연한 것으로 여깁니다. 과연 자신이 믿는다고 말한 것에 참으로 목숨 걸 자신이 있습니까? 성경은 "너희가 믿음에 있는가 너희 자신을 시험하고 너희 자신을 확증하라"고 합니다(고후 13:5). 사실 나를 움직일 수 없는 믿음은 그때부터는 믿음이 아닙니다. 입으로는 믿는다고 자신 있게 말하면서도 그 믿는 일에 목숨을 걸어야 할 경우에는 믿지 않는 것은 믿음이 아닙니다. 이런 사실을 설명하는 좋은 예가 있습니다. 세계순회선교단 소식지에 실린 "그날이 오기까지"라는 글이 있습니다.

세계적인 줄타기 선수인 찰스 브론돈(Charles Brondon)이 나이아가라 폭포 위에 천 피트나 되는 줄을 걸어놓고 줄타기를 하였습니다. 그가 폭포 위를 건너는 장관을 보려고 수많은 사람이 모여들었습니다. 사람들은 숨을 죽이고 바라보다가 그가 줄을 타고 캐나다 쪽으로 건너자 일제히 탄성을 질렀습니다. 폭포를 건넌 브론돈은 자기 어깨에 한 사람을 태우고 되돌아가겠다는 제안을 하였습니다. 그 말을 들은 사람들은 찰스, 찰스, 하면서 거의 비명에 가까운 환호성을 질렀다. 그 환호성은 모두 찰스의 제안을 믿는다는 의미에서 지른 환호성입니다. 환호성이 조금 줄어들자 브론돈은 "여러분 제가 한 사람을 업고 되돌아 갈 수 있다고 믿으십니까"라고 재차 물었습니다.

그러자 거기에 있는 모든 사람들이 깊은 신뢰심을 갖고 그에게 갈채를 보냈습니다. 그러자 그는 "저를 믿으신다면 두려워 마십시오. 그렇다면 여러분 중에 누구든지 나오셔서 제 등에 업히실 분이 안계십니까." 순간 청중은 물을 끼얹은 듯 조용해졌고 아무도 나서지 않았습니다. 결국 그는 친구인 콜코드(Colcord)에게 의뢰했고 그는 흔쾌히 응했습니다. 물론 그는 친구를 등에 업고 줄을 무사히 건넜습니다. 이 사건을 소개하면서 소식지는 다음과 같이 말합니다.

"믿어준다거나 믿어보는 것은 참된 믿음과는 다른 것입니다. 분명한 믿음은 가치관과 삶의 태도를 바꾸게 하고 인생을 거는 선택을 요구합니다. 의지적인 결정은 믿음의 결과입니다. 그러나 거짓 믿음은 지적

동의도 하고 감동을 받기는 하여도 결코 자신의 운명을 맡기는 전적인 신뢰는 하지 않습니다. 그래서 믿음은 감정의 문제라기보다 의지의 문제입니다. 이는 믿을 만한 한 인격적인 대상을 향해 내적인 자세가 바뀌는 것을 뜻합니다. 믿는 자는 성령을 통해 자녀 됨을 보증하신다고 말씀하셨습니다. 당신은 성령의 확신케 하심을 따라 하나님을 아바 아버지라 부를 수 있는 새로운 신분을 가지셨습니까?'

성경에서 믿음의 사람을 말하라고 하면 두말할 필요 없이 믿음의 조상 아브라함을 들 것입니다. 아브라함의 믿음은 다음의 말씀에서 엿볼 수 있습니다. "그의 믿은 바 하나님은 죽은 자를 살리시며 없는 것을 있는 것같이 부르시는 이시니라 아브라함이 바랄 수 없는 중에 바라고 믿었으니 이는 네 후손이 이 같으리라 하신 말씀대로 많은 민족의 조상이 되게 하려 하심을 인함이라"(롬 4:17~18). 이 말씀은 아브라함이 창조의 하나님을 믿었을 뿐 아니라 부활의 하나님을 믿었음을 의미합니다.

아브라함처럼 진정 이러한 창조의 하나님을 믿는 신앙을 가진 이라면 무엇이 없어도 염려하지 않습니다. 왜냐하면 어제는 없었던 무엇이나 상황을 오늘이나 내일 하나님께서 창조하실 수 있다고 믿기 때문입니다. 만일 믿었는데 그런 일이 안 일어났다면 그 때는 어떻게 되는 것입니까? 그것은 하나님이 창조의 하나님이 아니어서가 아니라 그런 일이 일어나지 않는 것이 하나님의 뜻일 뿐 아니라 그렇게 되기를 바라는 자에게도 유익이 되기 때문입니다.

아브라함과 같은 믿음을 가진 이는 죽는 것도 두렵지 않을 것입니다. 왜냐하면 오늘은 죽었으나 내일은 살아나기 때문입니다. 저녁에 잠을 자면서 두려움 가운데 잠자리에 눕는 자는 없을 것입니다. 그 이유는 내일 아침 분명히 눈을 비비고 일어날 것이기 때문입니다. 그러나 만일 지금 잠들면 영원히 일어날 수 없다고 의사가 말했다면 기를 쓰고 자지 않으려 할 것입니다. 똑같은 잠인데도 이렇게 다르듯이 똑 같은 죽음이나 부활을 믿느냐 안 믿느냐에 따라 다른 반응을 보일 것입니다. 그렇다면 부활을 믿는다면서 죽음을 두려워 죽음 앞에서 벌벌 떨고 있다면 그것은 부활을 믿지 않는다고 말할 수밖에 없습니다.

아브라함이 창조와 부활의 믿음을 가진 것처럼 엘리사 역시 동일한 믿음을 가졌다고 말할 수 있겠습니다. 물론 믿음이 크고 작은 것은 차이는 있을 것입니다. 저는 부활의 신앙을 품고 살아갑니다. 그런데 제가 길을 가는데 나를 아는 사람이 갑자기 내 등을 치면서 아는 척하면 나는 깜짝 놀랄 것입니다. 그것은 부활의 신앙이 없어서가 아니라 부활의 신앙은 생래적으로 내 속에 있는 것이 아니기 때문입니다. 그러나 곧바로 그 놀람에서 벗어날 것입니다. 마찬가지로 죽음이 내 앞에 다가오는 것을 아는 순간은 두려워 할 것입니다.

그러나 부활의 신앙을 가진 사람은 곧바로 그 죽음의 두려움에서 벗어날 것입니다. 벗어나는 정도와 시간은 사람에 따라, 상황과 처지에 따라 다를 것입니다. 문제는 믿지 않으면서 믿는다고 생각하는 것입니다. 그러나 믿음이 없으면서 영원히 믿는 척할 수는 없습니다. 생명을 걸어야 할 순간에는 그런 믿음은 자신의 생명을 걸 수 있도록 자신을 움직일 수 없기 때문입니다. 물론 믿으면서도 어느 순간과 어떤 상황에서는 믿지 않는 자처럼 행동할 수 있습니다. 그러나 영원히 믿음 없는 자처럼 행동할 수 없습니다. 결국 때가 되면 자신의 믿음의 연약함을 회개하고 믿음의 결단을 내리기 때문입니다.

우리는 어떻게 절대적인 믿음을 가질 수 있는지에 대하여 바울은 로마서 10:17에서 잘 설명하였습니다. 믿음은 들음에서 나며 들음은 그리스도의 말씀으로 말미암습니다. 그렇다면 우리가 그리스도의 말씀만 듣는다고 이 믿음이 생긴다는 것입니까? 성경은 그렇다고 말합니다. 그 이유는 순전한 마음으로 그리스도의 말씀을 들을 때 성령이 역사하시기 때문입니다. 우리는 사도행전을 통하여 그리스도가 진리이시며 구원의 복음이 되심을 듣고 믿는 일에 성령이 역사하심을 알 수 있습니다. 사도들은 성령에 충만하여 십자가에 달린 예수를 그리스도라고 증거하였습니다. 빌립 집사 역시 성령에 이끌림을 받아 에디오피아 여왕의 내시 간다게에게 가서 예수를 가르쳐 복음을 전하였습니다(행 8:5).

베드로 사도는 자신이 욥바 시몬의 집에 있을 때에 성령이 내게 명하사 아무 의심 말고 함께 가라는 말씀에 순종하여 가이사랴에 있는 고넬료에게 가서 말씀을 전하게 되었다고 유대에 있는 사도들과 형제들에게 말하였습니다. 그뿐 아니라 그가 고넬료의 집에 가서 말을 시작할 때 고넬료와 그와 함께 한 자들에게 성령이 임하였다고 증거하였습니다. 그가 말한 내용은 예수가 그리스도이시라는 것입니다. 여기에서 우리는 성령에 이끌림을 받은 자가 예수를 그리스도시라고 전할 때 그 말을 듣는 자가 믿게 되고 약속의 성령을 받게 되는 예를 볼 수 있습니다. 그러므로 듣는 일도 믿는 일도 성령의 역사이심을 알 수 있습니다.

복음에는 능력이 있고 영광이 있고 축복이 있다는 것은 복음은 사랑 가운데 계획되었고 완성되었고 전파되어 사랑 가운데서 누리기 때문입니다. 이 사랑은 무조건적인 사랑입니다. 용서의 사랑입니다. 이 용서의 사랑은 용서받아야 할 자가 애절하게 용서를 구하기 때문에 마지못해서 하는 피동적인 용서가 아닙니다. 용서해주어야 할 자가 용서의 근거를 마련하고 제발 용서해 줄 터이니 내 용서를 받아만 달라고 하는 용서입니다. 세상에 어찌 이런 용서가 있단 말입니까? 그러나 하나님의 이 용서를 조금이나마 깨달은 이지선은 그의 책 『오늘도 행복합니다』에서 불의의 사고로 자신의 과거 모습을 완전히 뭉개져버리게 한 분, 지옥의 고통을 맛보도록 한 원인을 제공한 그분을 용서하면서 다음과 같이 고백합니다.

> 용서하는 마음은 용서를 받아야 하는 마음보다 행복합니다. 용서는 나를 위해 하는 것입니다. 큰 사람이 작은 사람에게 할 수 있는 것이 용서입니다. 내가 행복하고 큰 사람이기에 할 수 있는 것이 용서입니다. 그래서 용서는 특권입니다. 용서할 수 있다는 것 자체가 얼마나 감사한 일인지 모릅니다. 모두가 하나님께 받은 사랑과 용서하심대로 우리에게 죄 지은 자를 용서할 수 있는 특권을 행사하는 사람이 되었으면 좋겠습니다.[3]

그리스도의 복음이 진정한 복음인 것은 자신의 두 아들을 죽인 자를 향해 원한을 품고 한평생을 살아가야 할 인생이 오히려 그 살인자를 용서할 수 있게 되었기 때문입니다. 게다가 그 용서의 힘은 용서하는 것은 좋으나 자신의 오빠를 죽인 자를 오빠라고 부를 수는 없으니 제발 양아들은 삼지 말아달라는 딸의 애절한 부탁에도 불구하고 두 아들을 죽인 자를 양아들로 삼을 수 있었다는 데 있습니다. 그리스도의 복음이 진정 영광스런 축복의 복음인 것은 두 아들이 애매하게 총에 맞아 죽었음에도 불구하고 그들이 복음을 위하여 살다가 복음을 위하여 순교한 것을 생각하며 진정으로 하나님께 감사할 수 있게 하는 힘이 있기 때문입니다.[4]

아아, 능력의 이 복음, 아아, 영광의 이 복음, 아아, 축복의 이 복음! 복음을 믿는다 하고 이 복음을 전하며 산다고 자부하는 나로 말미암아 영광스런 능력의 복음이 얼마나 멸시를 받았던가? 나에게 복음이 되지 못한 복음을 전하면서 이것이 당신에게 절대적으로 영원히 필요한 복음이라고 외쳐대고 있는 사기꾼인 나. 복음이면 다냐고 물었을 때, 그래 복음이면 다다. 어쩔래, 라고 대답할 수 없으면서 복음을 믿으라고 열을 올렸던 나. 나 자신을 움직일 수 없고 가치관 하나 바꾸지 못하는 나의 복음이 무슨 복음이란 말입니까? 이런 나의 복음에 대하여 사도 바울은 단호하게 이렇게 말씀할 것입니다. "그것은 내가 전한 복음이 아니다. 초대 교회가 믿고 전한 복음이 아니다. 그것은 다른 복음이다. 회개하고 나와 초대 교회가 믿었고 살았고 전했던 복음을 전하지 않으면 저주를 받을 것이다"라고 경고할 것입니다.

:: 성령은 어떤 분이신가

바울은 13절에서 너희가 구원의 복음을 듣고 (그리스도 안에서) 믿는 그 순간 곧 약속의 성령으로 인치심을 받게 된다고 합니다. 바울은 성령을 약속의 성령이라고 말하고 있습니다. 바울이 성령을 약속의 성령이라고 말하는 것은 성령이 구약을 통하여 약속되었는데 이제 그 약속에 대한 성취로 오신 것을 강조하기 위하여 약속의 성령이라고 말하고 있습니다. 바울은 갈라디아 3:14에서 "이는 그리스도 예수 안에서 아브라함의 복이 이방인에게 미치게 하고 또 우리로 하여금 믿음으로 말미암아 성령의 약속을 받게 하려 함이니라"고 말합니다(갈 3:14). 이렇게 그는 성령의 약속을 말하였습니다. 바울은 성령을 성령의 약속이라 하심은 성령이 오시면 은혜와 은사를 통하여 미리 약속된 놀라운 구원 역사를 이루는 일을 하시기 때문입니다. 성령은 약속의 성령이십니다. 첫째로, 약속의 성령은 오셔서 그리스도 안에서 아브라함의 복이 이방인에게 미치게 한다고 바울은 말합니다. 14절 초두의 '이는' 이라는 접속사로써 이 약속이 그리스도 안에서 주어지는 이유를 13절에서 설명하고 있습니다. 그것은 "그리스도께서 우리를 위하여 저주를 받은바 되사 율법의 저주에서 우리를 속량하셨으니 기록된바 나무에 달린 자마다 저주 아래 있는 자라 하였음이라" 입니다. 13절에서 강조하는 바는 그리스도께서 우리를 위하여 저주를 받았다는 점입니다. 그리스도께서 율법의 저주를 받으신 이유는 둘째로, 믿음으로 말미암아 약속의 성령을 받게 하기 위함이라고 사도 바울은 밝히고 있습니다.

여기에서 추론적으로 알 수 있는 사실은 이방인이 약속의 성령을 받게 되면 그것이 곧 아브라함의 복이 이방인에게 미치게 하시겠다는 하나님의 약속의 성취에 대한 증거라는 점입니다. 먼저 아브라함의 복이 이방인에게 미치는 것에 대하여 살펴보겠습니다. 아브라함의 복이 이방인에게 미치는 것은 오래 전에 아브라함에게 주신 약속입니다(창 12:3). 그런데 바울은 아브라함의 복이 이방인에게 미치는 것과 그리스도께서 저주의 죽음을 죽는 것이 서로 상관이 있다고 말하고 있습니다(갈 3:13~14). 이것은 이해하기 어려운 말입니다. 이것은 하나님의 신비요 비밀에 속합니다. 어찌하든지 간에 성경은 이 두 가지가 관련되어 있다고 말합니다.

바울만 이것을 말한 것이 아니라 예수님도 이 사실을 말씀하고 있습니다. 예수님께서 포도원 비유를 말씀하신 후 결론적으로 "그러므로 너희에게 이르노니 하나님의 나라를 너희는 빼앗기고 그 나라의 열매 맺는 백성이 받으리라"고 하셨습니다(마 21:43; 참조, 막 12:10~11). 예수님의 이 말씀은 불신앙의 유대인을 겨냥한 예언임이 분명합니다. 동시에 비록 이방인이라 하더라도 복음을 받아들이는 자에게는 축복됨을 예언하고 있음이 분명합니다.

:: 성령의 약속은 언제 성취되었는가

이 예언의 말씀이 오순절에 성취되었다는 것을 다음과 같은 사실을 통하여 알 수 있습니다. 사도 베드로는 사도행전 2:36에서 "그런즉 이스라엘 온 집은 알지니 너희가 십자가에 못 박은 이 예수를 하나님께서 주와 그리스도가 되게 하셨느니라"고 선언합니다. 물론 유대인들은 자신들이 예수님을 십자가에 죽인 사실을 부인할 수 없습니다. 그러나 그들은 예수님의 부활을 믿지 않는 자들입니다. 그렇다면 베드로가 예수님의 부활을 믿지 않는 자들에게 이렇게 담대하게 하나님께서 예수님을 주와 그리스도가 되게 하셨다고 말할 수 있는 근거는 무엇입니까? 그것은 두말할 필요 없이 오순절 날의 성령 강림 사건이 그 근거입니다. 유대인들이 예수님의 부활은 부인할 수 있습니다. 그러나 오순절 날에 일어난 성령의 역사는 부인할 수 없습니다. 사도 베드로는 이 놀라운 성령의 역사가 예수 그리스도의 십자가의 죽으심과 부활로 말미암아 된 것이라고 역설합니다.

사도 베드로는 먼저 "너희가 법 없는 자들의 손을 빌어 (나사렛 예수를) 못 박아 죽였으나(행 2:23) …… 이 예수를 하나님께서 살리셨고 우리가 다 이 일에 증인이로다"고 외칩니다(행 2:32). 그는 이어서 사도행전 2:33에서 오순절 날에 일어난 현상의 진원이 하늘이라고 이렇게 밝힙니다. "하나님께서 오른손으로 예수를 높이시매 그가 약속하신 성령을 아버지께 받아서 너희 보고 듣는 이것을 부어 주셨느니라." 그런 다음 예수님께서 주와 그리스도가 되셨다고 선언합니다. 베드로의 이러한 설교에 대한 유대인들의 반응에 대하여 사도행전 2:38은 이렇게 전하고 있습니다. 그들이 베드로의 이 말을 듣고 마음에 찔려 베드로와 다른 사도들에게 묻기를 "형제들아 우리가 어찌할꼬"라고 했습니다. 유대인들의 이러한 물음은 그들이 베드로의 설교 내용을 인정하는 것이 틀림없습니다. 그러므로 오순절의 성령 강림은 예수님을 십자가에 죽인 자들에게는 심판과 저주라는 사실을 부인할 수 없습니다.

다음으로 오순절의 성령 강림이 아브라함에게 약속한 이방인의 축복에 대한 약속의 성취라고 말할 수 있습니다. 우선 생각할 점은 베드로가 사도행전 2:38에서 성령 강림을 약속된 선물이라고 말한 사실입니다. 그리고 "성령의 약속은 너희와 너희 자녀와 모든 먼데 사람 곧 주 우리 하나님께서 얼마든지 부르시는 자들에게 하신 것이라"고 베드로는 증언합니다(행 2:39). 이 증언은 "그리스도 안에서 아브라함의 복이 이방인에게 미치게 하고 또 우리로 하여금 믿음으로 말미암아 성령의 약속을 받게 하려 함이니라"고 한 갈라디아 3:14의 지지를 받고 있습니다. 오순절의 성령 강림과 함께 나타난 현상을 살펴보면 이와 같은 이해가 정당한 것임을 알 수 있습니다.

여기에서 우리가 간과해서는 안 될 것은 오순절 날에 베드로와 함께 한 120여명의 성령 체험은 베드로의 설교를 듣는 청중들의 체험과 같지 않다는 점입니다. 청중들에 관한 한 그들이 듣고 본 바는 단지 방언과 방언하는 자들뿐이었습니다. 그들은 분명히 "급하고 강한 소리 같은 바람"과 "불의 혀같이 갈라지는 것이 각 사람 위에 임한" 것은 듣거나 보지 못하였을 것입니다. 이러한 자들에게 오순절 날의 성령 강림은 요엘 선지자의 예언의 성취라고 하였습니다. 그렇다면 유대인들에게 어떻게 방언으로 말하는 것을 가지고 요엘의 예언 성취라고 말할 수 있었겠습니까? 물론 우리가 간과하지 말아야 할 사항은 베드로의 말을 듣는 자들이 적어도 예수님께서 제자들에게 너희가 몇 날이 못 되어 성령으로 세례를 받으리라고 한 약속에 대해서는 알지 못하는 자들이라는 점입니다.

:: 약속의 성령이 임하신 증거

따라서 오순절은 요엘서 예언의 성취일 뿐 아니라 세례 요한의 예언과 예수님의 약속 성취임이 틀림없습니다. 베드로가 단지 요엘 선지자의 예언만 인용한 것은 그의 말을 듣는 대상이 예수님을 따라 다니던 제자들이 아닌 자들로 그들은 구약의 예언만 알고 있는 자들이었기 때문일 것입니다. 어찌하든지 간에 요엘의 예언 내용 중에는 방언에 대한 언급이 없음을 우리는 다 알고 있습니다. 그렇다면 성령을 부어 주시겠다는 요엘의 예언 속에는 방언이 언급되지 않았음도 불구하고 왜 오순절에 방언 은사를 특별히 주셨으며 또한 베드로는 요엘 본문에 방언이 언급되지 않았음에도 불구하고 오순절 날에 일어났던 방언을 요엘 선지자의 예언 성취의 증거라고 주장하였는지에 대한 의문이 제기됩니다.

이에 대하여 오순절의 방언은 하나님의 약속에 대한 성취의 표적으로서 한편으론 이스라엘의 불신앙에 대한 심판이요 다른 편으론 하나님께서 믿음으로 열매 맺는 모든 민족을 자기 백성으로 삼겠다는 축복의 표적이라는 로버트슨(Robertson)의 주장은 주목할 만합니다.[5] 그는 베드로가 오순절은 요엘 선지자의 예언 성취라고 하면서 인용한 본문에는 방언이 약속되지 않았음에도 불구하고 방언이 언약 성취에 대한 저주와 축복의 표적이 되는 근거로 먼저 신명기 28:49을 제시합니다. 모세는 신명기 28:49에서 이스라엘 백성이 하나님의 언약의 말씀을 불순종할 때 그들을 심판하시되 그들이 알지 못하는 언어를 가진 백성을 통하여 심판하실 것이라고 예언하였습니다. "곧 여호와께서 원방에서 땅 끝에서 독수리의 날음같이 너를 치러 오게 하시리니 이는 네가 그 언어를 알지 못하는 민족이"다(신 28:49). 하나님은 모세를 통하여 이스라엘 백성이 하나님의 말씀을 순종치 않을 경우 이스라엘 백성이 알아듣지 못하는 언어를 가진 자들의 침략을 받아 그들의 지배를 받게 되리라고 예언하셨습니다.

여기에서 주목할 바는 이스라엘의 불신앙에 대한 심판의 표시로서 강조하고 있는 것이 그들을 침입하는 자들의 언어를 이스라엘 백성이 알아들을 수 없다는 사실입니다. 이 점이 심판의 표적이 되는 근거는 신명기 28:47~48이 보여줍니다. 47절은 이스라엘 백성이 모든 것이 풍족하여도 기쁨과 즐거운 마음으로 하나님을 섬기지 않았다는 사실을 지적합니다. 48절은 그렇기 때문에 하나님께서 그들로 하여금 주리고 목마르고 헐벗고 핍절한 중에 그들을 치게 하실 대적을 섬기도록 하시겠다고 예언하십니다. 한마디로 알아들을 수 있는 언어로 말함에도 불구하고 이스라엘은 그들이 알아듣지 못하는 언어를 가진 자들을 섬기는 심판을 받게 하겠다는 예언의 말씀입니다.

위와 비슷한 심판의 예언은 이사야 28:11과 예레미야 5:15에서도 볼 수 있습니다. 위의 세 본문은 하나님께서 이스라엘과 맺은 언약에 대한 이스라엘의 불순종의 결과로 그들이 알아듣지 못하는 언어를 말하는 자들을 이스라엘에 보내어 그들을 다스리게 하는 저주를 받게 될 것이라는 예언입니다. 달리 말하면 마음이 완악하여 자비하신 하나님께서 알아듣는 언어로 말씀해도 그것이 어렵다는 핑계를 대고 불순종하는 이스라엘에게 알지 못하는 언어를 말하는 자들을 보내어 그들에게 명령하도록 하겠다는 것입니다. 그것이 이스라엘에게 저주가 되는 이유는 알아듣지 못하는 말로 하는 명령을 어떤 방법으로든지 지킬 수밖에 없기 때문입니다. 그렇게 하지 않을 경우는 죽임을 당하게 되기 때문입니다.

이제 방언은 하나님께서 믿음으로 열매 맺는 모든 민족을 자기 백성으로 삼겠다는 축복의 표적이라는 로버트슨의 논증을 중심으로 하여 살펴보겠습니다. 이미 앞에서 언급한 대로 오순절을 지키기 위하여 예루살렘에 모여든 사람들에 관한 한 방언은 성령이 임하셨다는 주요한 증거임이 틀림없습니다. 이와 관련하여 주목되는 점은 그들이 방언을 듣고 "우리가 우리 각 사람의 난 곳 방언으로 듣게 되는 것이 어찌된 일이냐"고 말한 사실입니다. 사도들의 방언을 들은 자들이 세계에 흩어져 사는 유대인이었든지 아니면 이방인이었든지 불문하고 그들은 자신들이 살고 있는 지방의 언어로 방언을 들었다는 것입니다. 이러한 사실에 근거하여 로버트슨은 오순절 날에 성령 강림의 증거로 방언 은사를 주신 목적을 다음과 같이 해석합니다.

오순절의 방언은 그의(하나님의) 왕국을 이스라엘에게서 취하여 모든 민족의 사람들에게 주심을 보여줍니다. 방언의 은사를 주신 뜻은 분명합니다. 하나님께서 더 이상 한 언어를 말하심으로 한 민족에게 자신을 국한시키시지 않으시겠다는 것입니다. 더 이상 하나님께서 한 민족을 통하여 구원의 역사를 조성하지 않으시겠다는 것입니다. 그 대신에 하나님께서 지금부터 이 지구상의 모든 민족에게 그들의 모든 언어로 말씀하실 것입니다. 모든 민족의 사람들에게 직접 말씀하실 것입니다. 그러므로 방언은 언약적 표현으로 이스라엘 백성의 언약적 불성실성에 대한 하나님의 저주가 실현되었음을 보여줍니다.[6] 이와 같은 로버트슨의 주장은 성경의 지지를 받고 있음을 볼 수 있습니다.

첫째로, 그들이 들은 방언의 내용입니다. 사도행전 2:11에서 그들은 "우리가 다 우리의 각 방언으로 하나님의 큰 일을 말함을 듣는도다"라고 말합니다. 하나님의 큰 일은 무엇을 말하는 것입니까? 사도행전과 누가복음을 기록한 누가는 누가복음 1:49에서 "능하신 이가 큰 일을 내게 행하셨으니"라는 동일한 단어를 사용합니다. 즉 마리아가 예수님께서 자신에게 잉태된 사실을 그렇게 찬양하였습니다. 사도행전의 "하나님의 큰 일"이나 누가복음의 "능하신 이가 큰 일을 행하셨다"는 것은 동일한 일을 말하고 있음이 틀림없습니다.

누가복음 1장은 세례 요한의 잉태와 탄생 그리고 예수 그리스도의 잉태를 알리는 장으로 하나님의 큰 일, 즉 인간을 죄에서 구원하시는 복음을 말하고 있음을 부인할 자가 없습니다. 반면에 문맥에 비추어 보면 "능하신 이의 큰 일"이라는 표현은 교만 때문에 믿지 못하는 자들을 심판하시겠다는 것과 관련이 있습니다(눅 1:51~53; 71, 73). 그렇다면 사도행전의 방언 역시 동일한 내용을 말하고 있다고 말할 수 있겠습니다. 한마디로 방언의 내용은 축복과 심판을 말하고 있다는 점에서 로버트슨의 주장을 지지하고 있다고 볼 수 있습니다.

둘째로, 방언 현상이 일어났을 때의 정황을 살펴보면 더욱 그러합니다. 성경에서 방언 현상이 가장 두드러지게 나타났던 곳은 오순절 날의 예루살렘과 고넬료의 집과 에베소와 고린도 교회입니다. 오순절 날에 방언을 하는 자들과 그것을 신앙의 눈으로 바라보는 자에게는 하나님께서 함께 하시는 축복의 표적임이 분명하였습니다. 그러나 하나님의 함께 하심을 불신앙의 눈으로 보면서 방언하는 자들을 가리켜 "저희가 새 술에 취하였다"고 하는 자들에게는 방언 자체가 불신앙에 대한 심판과 저주의 표적이 된다고 말할 수밖에 없습니다(행 2:13).

고린도 교회 방언 현상에 대하여 개핀(Gaffin)은 사도행전 18:1~17에 근거하여 바울은 고린도에서 복음을 전하는 일에 가장 강력한 반대를 받았다고 지적합니다. 바울이 고린도에서 유대인의 불신앙의 상황에 둘러싸여 복음 전파 사역을 행하였다고 밝힙니다.[7] 바울이 아덴을 떠나 고린도에 이르러 회당에서 안식일마다 강론하였습니다. 그는 유대인들에게 예수는 그리스도라고 밝히 증거하였습니다. 그때 유대인들은 바울을 대적하여 훼방하였습니다. 그러자 바울은 "너희 피는 너희 머리로 돌아갈 것이요 나는 깨끗하니라 이 후에는 이방인에게로 가리라" 하고서 회당을 떠나갔으나 1년 6개월을 고린도에 유하며 하나님의 말씀을 가르쳤습니다. 바울이 머무는 동안 유대인의 강력한 핍박을 받았던 것을 알 수 있습니다. 고린도 교회에 주어진 방언 은사 역시 믿는 자들에게는 축복이나 믿지 아니하는 자들 특히 믿지 아니한 유대인들에게는 심판의 표적임을 알 수 있습니다.

지금까지 성령을 약속의 성령이라고 하신 것에 대하여 아브라함의 복이 이방인에게 미치게 하는 약속의 성취와 관련시켜 생각하였습니다. 또한 오순절 날에 베드로가 구약만 알고 있는 유대인들에게 오순절 성령 강림은 요엘 선지자의 예언 성취라고 강조한 설교 내용을 생각하면서 왜 방언이 약속의 성취인가를 살펴보았습니다.

:: 성령과 하나님의 약속의 성취

위의 네 가지 주요한 특징 중 예수님께서 성령 세례와 하나님 아버지
의 약속과 관련하여 말씀하신 점이 특별히 주목해야 할 바입니다. 이미
언급한 대로 성령 강림은 아브라함의 복이 이방인에게 미치게 하는 약
속의 성취이기 때문입니다. 아브라함의 복이 이방인에 미치리라 약속
된 바처럼 성령의 놀라운 역사 역시 약속되었습니다. 이러한 진술에 대
해서 구약에는 성령의 역사가 없었다고 제가 주장하는 것으로 오해하
지 말기를 바랍니다. 저는 구약에도 성령의 역사가 있음을 믿습니다.
그러나 구약에서 성령의 역사는 제한적으로 개인적으로 사역하였다고
봅니다. 그런데 구약을 통하여 약속하신 바는 그 날 이후에는 제한적이
요 개인적으로 역사하시던 성령을 만민에게 부어 주시겠다는 것이었습
니다(욜 2:28). 또한 이 성령의 역사를 앞으로 하나님께서 자기 언약 백
성과 맺을 언약과 더불어 약속하였습니다(겔 36:24~26). 이렇게 성령을
약속의 성령이라 함은 약속의 성취로 오신 성령이라는 의미에서 그렇
게 부른 것입니다. 그러므로 약속의 성령은 약속하시는 성령이 아니라
약속의 성취로서 오신 성령이심을 의미합니다.

그런데 약속의 성취로서 오신 성령은 과거의 약속의 성취만을 위하
여 오신 성령이 아닙니다. 약속의 성령은 하나님께서 약속하신 것을 계
속 성취하러 오신 성령이십니다. 새 언약과 관련하여 성령을 약속의 성
령이라 하심은 성령으로 말미암아 과거의 약속이 성취되었을 뿐 아니

라 이 새 언약이 최종으로 완성되는 시점에 이르기까지 그 성취된 약속을 언약 백성 개개인에게 적용하여 가시는 분이 성령이시기 때문입니다. 새 언약 공동체로 가입하는 일은 성령의 은사와도 밀접한 관계가 있습니다. 누가에 따르면 성령의 은사는 새 언약 공동체 가입에 근본 요소였다는 것이 분명합니다(행 2:1~4; 37이하; 8장; 10장; 19장).

성령의 은사는 새로운 개종자들에게 죄 사함의 확신을 가져다줍니다. 왜냐하면 성령의 은사는 죄 사함과 동시에 주어질 것으로 약속되었기 때문입니다. 더 나아가서 성령의 은사는 새로운 공동체로 하여금 하나님께서 새로운 개종자들을 받아들이셨다는 것을 납득하게 하는 표증이 되었을 뿐만 아니라 새로운 개종자들로 하여금 성령의 새로운 시대가 도래하였다는 것을 깨닫게 하는 표적이기도 하였습니다.

사마리아인들이 성령을 받은 사건은 예루살렘에 있는 사도들로 하여금 사마리아인들도 그리스도에 대한 순전한 신앙으로 하나님의 말씀을 받아들였을 것으로 생각하게 만들었습니다. 사마리아인들은 하나님의 나라와 예수 그리스도의 이름에 관해서 들었을 때 믿고 세례를 받았습니다(행 8:12). 그러나 그들은 베드로와 요한이 예루살렘으로부터 내려와서 그들 위에 손을 얹을 때까지는 아직 성령의 은사를 받지 못하였습니다(참조, 행 8:17~18).

여기에서 중요한 것은, 사마리아인들이 성령을 받은 사건은 그들이 세례 받을 때에 이미 그리스도에 대한 순전한 믿음을 가지고 있었다고 보여주는 점입니다. 왜냐하면 만일 그들의 신앙이 올바른 것이 아니었다면 에베소의 제자들에게 그리했던 것처럼 베드로와 요한이 그들의 신앙을 교정하거나 다시 세례를 주어야 했을 것이기 때문입니다. 그렇다면 베드로와 요한이 굳이 사마리아에 가야할 이유는 무엇인가라는 질문이 제기됩니다. 이에 대한 대답은 누가가 사마리아의 사건들을 교회의 기초로서 사도들의 활동을 통한 복음의 확산과 관련하여 이해했다는 사실입니다. 누가는 세 가지 점을 강조합니다.

첫째로, 하나님의 말씀을 받아들인 것은 단지 어떤 개인이 아니라 사마리아 전체라는 점입니다(14절).

둘째로, 예루살렘 교회가 그 소식을 듣고 보낸 자들은 사도 베드로와 요한이라는 점입니다.

셋째로, 베드로와 요한은 단순한 개인의 자격이 아니라 전체 사도의 대표로서 파송되었다는 점입니다.

그들은 이런 자격으로 사마리아인들에 대해서 중요한 증언을 하고 있습니다. 이것은 복음 전파의 역사가 유대로부터 사마리아로 확대되는 획기적인 영역 확장이 사도행전 1:8의 약속대로 사도들의 직접적인 사역으로 말미암아 이루어졌다는 것을 보여줍니다.[8] 따라서 그들이 성령을 받았다는 사실은 새 언약의 공동체로 하여금 사마리아인들을 더 이상 의심하지 말고 공동체의 일원으로 받아들여야 한다는 사실을 가르쳐 주려 한 것으로 보입니다.[9]

고넬료 집안이 성령을 받은 사건은 또 다시 새 언약 공동체로 하여금 하나님께서 이방인에게도 생명에 이르는 회개를 주시고 기독교 공동체로 들어올 수 있는 길을 열어두셨다는 사실을 보게 합니다(행 11:18). 에베소에서 나타난 성령의 은사는 바울과 그들 모두에게 요한의 물세례가 의미하는 바가 오늘날 그들의 삶 가운데서 성취되었음을 확신시켜주었습니다(행 19:1~7). 바울에게 있어서 성령의 은사는 신자들로 하여금 십자가에 달린 그리스도와 연합하게 할 뿐 아니라 그리스도의 부활하신 생명에 동참하여 새로운 삶을 살도록 만들어주는 것입니다.

갈라디아서 3:3의 "성령으로 시작하였다가 이제는 육체로 마치겠느냐"라는 바울의 질문은 성령의 은사가 신자들을 새 언약 공동체에 가입시키는 일과 밀접한 관계가 있음을 시사합니다.(참조, 갈 3:5~6; 4:5~6).[10] 고린도전서 12:13이 말하는 "성령 안에서의 세례"란 그리스도의 몸에 참여하는 것임을 보여주며, 로마서 8:9은 "그리스도에게 속하는 것"이 "성령을 소유하는 것"이라고 정의합니다.

히브리서 저자도 새 언약 백성의 성령 체험이 새 언약에 참여하는 일과 관계있는 것으로 이해한 것 같습니다(히 6:4~5). 한 번 비췸을 얻고 하늘의 선물을 맛본 사람은 성령에 참예한 자들을 의미합니다(4절). 히브리서 6:4에는 세 개의 분사, 곧 '비췸', 맛본, '참예한'이라는 표현이 등장합니다.[11] 이 구절에서 '한 번'이라는 단어는 '비췸'이라는 분사가 단회적인 경험임을 가리키는 것으로 시사합니다. 몇몇 주석가들은 다음에 이어지는 두 개의 분사가 접속사[12]에 의해 밀접하게 연결된 것을 근거로 이 분사들이 단회적인 조명(once for all illumination)을 가리킨다고 주장합니다.[13] 만일 이것이 사실이라면, 여기에서 성령에 참예한 사람들은 새 언약 공동체로 가입하는 데 있어서 중요한 표지인 성령의 선물을 받은 자들을 가리킵니다.

결론적으로 모든 사람은 죄를 회개하고 예수 그리스도의 이름으로 세례를 받고 죄 사함의 증거로서 성령의 은사를 받기만 하면 새 언약 공동체의 일원이 될 수 있습니다. 새 언약 공동체 가입에서 근본 요소인 성령 받는 일이란 두 번째 단계로 진입하는 것을 보여주는 표지가 아닙니다. 성령 받는 일은 새 언약 공동체에 가입하는 오직 한 번뿐인 경험입니다(행 2장; 8장; 19장; 갈 3:1이하; 히 6:1이하).

더 나아가 새로운 개종자들이 성령을 받은 사건은 새 언약 공동체와 개종자들 모두에게 하나님께서 새로운 개종자들을 공동체에 받아들이셨다는 것을 확신시켰습니다. 이방인들이 성령을 받은 사건은 참으로 그들이 새 언약 공동체로 받아들여지는 길을 열어놓은 결정적인 사건입니다. 새 언약 공동체로 가입하는 일은 성령의 은사와도 밀접한 관계가 있습니다. 누가에게 있어서 성령의 은사가 새 언약 공동체 가입에 근본 요소였다는 것은 분명합니다(행 2:1~4, 37이하; 8장; 10장; 19장).

:: 성령으로 인치심

바울은 에베소 교인들이 진리의 말씀, 곧 구원의 복음을 듣고 믿은 때에 인치심을 받았다고 합니다. 또한 이 인치심이 "그 안에서" 이루어진다고 말합니다. 여기서 말하는 그 안에서라는 표현은 문맥상 '그리스도 안에서' 입니다. 그 근거는 다음과 같습니다. 12절의 "그리스도 안에서"라는 표현은 헬라어 성경을 보면 12절 마지막에 위치합니다. 따라서 13절의 "그 안에서"가 12절의 "그리스도 안에서" 라는 것입니다. 더욱 이 "그 안에서"라는 표현을 관계대명사 3인칭 단수 여격을 사용하여 표현한 것을 볼 때 더욱 그러합니다. 13절에서 "그 안에서"라는 표현이 두 번 사용되었습니다. 두 가지 모두 "그리스도 안에서" 이루어집니다. 그것은 듣는 것과 믿어 인치심을 받는 것입니다. 이 둘이 논리적으로는 차서적이라고 말할 수 있으나 시간적으로는 동시적입니다. 이에 대해서는 거의 논란의 여지가 없습니다.

그러나 인을 치시는 분이 누구냐 하는 문제에서는 서로 해석이 다릅니다. 먼저 받기 어려운 해석부터 살펴보겠습니다. 본문에서 성령을 인치는 분으로 이해하고 해석하는 경우를 종종 보게 됩니다. 성령의 인치심으로 해석하는 자들은 복음을 듣고 믿는 자들에게 성령이 인을 치심으로 그들이 하나님의 소유가 된 것을 확인한다는 의미로 생각합니다. 그러나 이러한 해석을 받기 어려운 중요한 이유가 있습니다. 그것은 "(너희들이) 인치심을 받았으니"로 번역된 원문의 헬라어 동사는 수동태입니다. 일반적으로 성경 헬라어 문장에서 능동태의 문장을 수동태로 표현할 경우, 능동태에서는 목적어였던 것이 수동태에서 주어가 되고, 능동태 때의 주어는 '휘포'(by, 으로)라는 전치사 다음에 위치하든지 아니면 생략합니다. 생략할 경우에는 그렇게 하더라도 동사의 주어가 누구인지 혹은 무엇인지가 분명할 경우입니다.

그런데 본문에서 성령은 전치사 '휘포'와 함께 사용된 것이 아니라 방편을 나타낼 때 쓰이는 전치사 여격인 '엔'(into, 안으로)을 취하고 있습니다. 그러므로 "약속의 성령으로 인치심을 받았으니"라는 표현에서 인치는 주체가 성령이 아님을 알 수 있습니다. 또한 문맥적으로 그 주체가 누구인지를 아는데 큰 어려움이 없기 때문에 그 주체를 밝히지 않고 생략하였다고 봅니다. 이와 비슷한 예는 '성령으로 세례를 받다'는 표현입니다. 이때 항상 수동태로 표현된 것을 볼 수 있습니다. 이 경우 성령이 세례를 베푸는 자로 표현된 것이 아니라 성령으로 혹은 성령 안에서 세례를 받는다고 표현한 것에 주목해야 합니다. 세례 베푸는 주체는 성자 예수 그리스도가 아니면 성부 하나님이시지 성령이 아님은 성경에 나타난 여러 문맥을 통하여 알 수 있습니다. 따라서 수동태와 여격으로 표현한 "성령으로 인치심" 역시 성령이 아닌 다른 분이 성령 안에서 혹은 성령으로 인치는 것임을 보여준다 하겠습니다.

그렇다면 "너희가 약속의 성령으로 인치심을 받았다"는 구절에서 성령으로 인을 치시는 주체와 이 구절의 의미에 대한 바른 해석이 무엇이냐에 대한 질문이 제기됩니다. 이미 말씀드린 대로 이 구절에서는 인 치시는 주체가 생략되어 있습니다. 그러므로 문맥과 성경 다른 곳의 도움을 받아 그 의미를 해석할 수밖에 없습니다. 문맥적으로 볼 때 우선 에베소서 1:3~14은 하나의 문장입니다. 이것을 주목하는 것이 아주 중요합니다. 이 한 문장의 주어는 성부 하나님이십니다. 또한 위에서 언급한 대로 이 인치심이 그리스도 안에서 된 것도 기억해야 합니다. 그렇다면 성부 하나님이나 성자 예수 그리스도가 주체가 될 것입니다. 그런데 사도행전에 보면 성령이 믿는 자들 안에서 역사하시는 일을 "하나님이 하셨다"고도 하고 "그리스도가 하셨다"고도 합니다. 그러기에 교리적으로도 성령은 성부 하나님과 성자 예수 그리스도로부터 나오셨다고 합니다. 아무튼 제가 여기에서 강조하고자 하는 바는 성령이 인 치시는 분이 아니라는 것입니다.

최종적으로 성령과 인치심 사이에는 어떤 관계가 있느냐는 질문이 제기됩니다. 누가 어떤 것에 인을 치는 것은 그것이 자신의 소유임을 확인하는 행위입니다. 믿는 자 속에서 성령의 역사의 시작은 곧 하나님께서 그에게 인을 쳐 그가 자신의 소유임을 확증하는 것입니다. 쉽게 말하면 성령이 인을 치시는 분이 아니라 하나님께서 성령으로 우리를 인시치는 것입니다. 성령이 우리 속에서 역사하심은 곧 하나님께서 우리를 인을 쳐서 자신의 소유로 삼으심에 대한 증거입니다. 그러므로 성령으로 인치심은 하나님께서 창세전에 그리스도 안에서 우리를 택하여 그 앞에 거룩하고 흠이 없는 아들들이 되도록 하신 예정의 성취이신 것입니다.

:: 하나님의 기업이 된 자들

이제 성령의 사역과 관계가 있는 세 번째 문제로 성령이 기업의 보증이 되신다는 점을 생각해 보겠습니다. 14절 초두에 나오는 "이는"이라는 말은 헬라어 중성 관계대명사의 번역으로 이 관계대명사의 선행사는 성령입니다. 따라서 "이는 우리의 기업에 보증이 되사"라는 표현은 성령이 우리의 기업의 보증이 되신다는 말입니다. 성령이 우리의 기업의 보증이 되신다는 것은 무슨 뜻입니까?

바울은 이전의 11절에서도 그리스도의 피로 말미암은 구속의 결과로 구속받은 성도들이 그리스도 안에서 하나님의 기업되었다고 말합니다. 이제 우리는 앞에서 다루지 않고 뒤로 미루어 놓았던 에베소서 1:11 하반절을 비로소 다룰 수 있게 되었습니다. 여기서 11절에 나오는 "우리가 예정을 입어 그 안에서 기업이 되었으니"라는 말씀도 함께 살펴보려고 합니다. "그 안에서 기업이 되었다"는 표현은 두 가지로 해석됩니다. 첫째는 그리스도 안에서 믿는 우리가 유산을 얻었다는 해석입니다. 다른 하나는 하나님께서 그리스도 안에서 우리를 하나님의 영원한 소유로 삼으셨다는 해석입니다. 두 번째 해석이 더 정확한 것으로 생각됩니다. 그 이유는 첫째로 문맥적으로 볼 때 12절이 이 해석을 지지하기 때문입니다. 둘째 이유는 구약성경이 이 해석을 지지해 주기 때문입니다. 구약은 이스라엘이 열국 중에서 하나님의 소유임을 말하고 있습니다.

출애굽기 19:5은 하나님께서 "세계가 다 내게 속하였나니 너희가 내 말을 잘 듣고 내 언약을 지키면 내 소유가 되겠고"라고 합니다. 구약 여러 곳에서 하나님은 피조물에 대한 창조주로서 우주적 왕권과 이스라엘에 대한 언약주로서 언약적 왕권이 가지고 있다고 말씀합니다. 언약주와 언약백성의 관점에서 이스라엘과 하나님의 관계를 말하면서 이스라엘이 하나님의 언약을 지키면 그들이 열국 중에서 하나님의 보배로운 소유가 될 것이라고 말합니다. 그런데 신명기 32:9에서는 "여호와의 분깃은 자기 백성이라 야곱은 그 택하신 기업"이라고 선언합니다. 출애굽기에서는 이스라엘이 하나님의 소유가 되는 것을 조건적이고 미래적인 것으로 말하는 반면에 신명기에서는 그 조건적이고 미래적인 것을 현실적인 것으로 천명하고 있습니다.

:: 나할라와 아후자의 관계

여기서 기업은 헬라어 '클레노미아'의 번역입니다. 성경에서 기업이 무엇을 의미하는지 알려면 먼저 우리 성경에서 기업이라고 번역된 히브리어 단어가 구약에서 어떻게 사용되었는지를 살펴보는 것이 중요합니다. 칠십인역(LXX)을 보면 히브리어 '나할라'가 '클레노미아'로 번역되었습니다. 그런데 우리 성경에서 기업으로 번역된 구절들을 보면 '나할라' 이외에 다른 히브리어 단어의 번역인 경우가 있습니다. 예를 들면 기업이라는 단어가 창세기 17:8에 처음 나옵니다. 그런데 히브리 성경을 보면 그곳에서 사용된 단어가 일반적으로 기업으로 번역되는 '나할라'라는 단어가 아닙니다. 창세기 17:8에서 개역한글판이 기업이라고 번역한 히브리어 단어는 '아후자'입니다. 이 단어는 땅에 대하여 말할지라도 주로 소유를 의미할 때 사용되었습니다. 하나님께서 아브라함에게 가나안 땅을 영원한 소유로 주시겠다고 약속하실 때 '아후자' 라는 단어가 사용되었습니다. 칠십인역에서는 이 단어를 '클레노미아' 로 번역하지 않고 소유를 뜻하는 '카타스케시스' 라는 단어로 번역되었습니다. 영어 성경들은 이 단어가 나오는 모든 구절들을 거의 소유(possession)로 번역하였습니다.

우리에게 흥미로운 것은 이 단어가 창세기 17:8의 하나님의 약속이 사라의 죽음을 인하여 예표적으로 성취된 것을 보여주는 창세기 23장에 사용되었다는 점입니다. 이 단어가 신약에서 두 번 사도행전 7:5과 45절에 사용되었습니다. 이 단어는 이스라엘이 가나안 땅을 소유한 사실을 말할 때 사용된 것도 알 수 있습니다.

이제 '나할라' 가 어느 경우에 사용되었는지 살펴보겠습니다. 구약에서 이 단어는 많은 경우 땅과 관련하여 사용되었습니다. 하나님께서 모세에게 가나안 땅을 각 지파에게 분배하라고 명할 때(민 26:53~54)와 여호수아가 가나안 땅을 분배할 때 각 지파가 제비 뽑아 받은 땅을 그 지파의 기업, 즉 '나할라' 라고 하였습니다(수 14:1~2). 그러나 '나할라' 가 땅에만 국한하여 사용된 단어가 아닌 것을 알 수 있습니다.

:: 나할라는 하나님께서 주신 기업과 어떤 관계가 있는가

히브리 성경에서 '나할라' 라는 단어는 창세기 31:14에서 처음 사용되었습니다. 이 단어는 야곱이 자신의 삼촌 라반을 떠나 고향 땅으로 돌아가고자 함을 레아와 라헬에게 알릴 때 그들이 야곱에게 "우리가 우리 아버지 집에서 무슨 분깃이나 유업이나 있으리요" 라고 대답할 때 개역한글판은 히브리어 나할라를 '유업' 으로 번역하였습니다. 이때 유업은 땅에만 국한되어 사용되지 않았습니다.

창세기 48:6에서 야곱은 요셉에게 므낫세와 에브라임 이외의 소생도 야곱의 산업(나할라)이 되리라고 말합니다. 여기에서는 후손이 나할라가 되는 것을 말합니다. 여호수아가 땅을 각 지파에게 분배할 때 레위 자파에게는 땅을 주지 않았습니다. 여호수아는 하나님께서 레위 지파의 기업(나할라)이 됨을 여러 차례 강조하는 것을 볼 수 있습니다. 이제 기업이 땅과 자손과 하나님과 관련하여 사용된 것에 관하여 더 살펴보도록 하겠습니다.

기업이 땅과 관련하여 사용되었습니다. 민수기 26:53~56에 보면 하나님께서 모세에게 가나안 땅을 각 지파에게 분배하라는 원칙을 명하십니다. 그 내용은 명수대로 분배하되 수가 많은 자에게는 기업을 많이 주고 수가 적은 자는 적게 주되 반드시 제비를 뽑아 그들의 조상 지파의 이름을 따라 얻게 하였습니다. 이와 관련하여 몇 가지 점들을 알 수 있습니다. 첫째로 명수대로 분배한 점입니다. 수가 많은 자들과 적은 자들에게 적합하게 주신 것입니다. 바꿔 말하면 공평하게 나누어 주도록 한 것입니다. 그러므로 기업을 받은 자는 자신의 기업을 다른 사람들의 기업과 비교하거나 원망하지 말고 자족하여야 합니다.

물론 가나안 땅은 기름진 곳도 있고 척박한 곳도 있습니다. 르우벤과 갓과 므낫세가 택한 땅은 기름진 땅입니다. 반대로 유다 지파가 얻은 땅은 척박한 땅입니다. 그럼에도 불구하고 역사적으로 볼 때 척박한 땅을 분배받은 유다 지파만 오래도록 존재한 것을 볼 때 땅의 자연적인 조건이 땅의 좋고 나쁜 것을 판가름하는 기준이 아닌 것이 분명합니다.

신명기 11장에서 모세는 애굽 땅과 가나안 땅을 비교합니다. 분명히 자연적인 조건으로 볼 때 애굽 땅은 가나안 땅에 비교할 수 없이 좋습니다. 그러나 모세는 애굽 땅을 젖과 꿀이 흐르는 땅이라고 하지 않고 가나안 땅이 그러하다고 했습니다(9절). 그 이유는 가나안 땅은 하나님께서 권고하시는 땅이기 때문입니다(12절). 하나님의 눈이 세초부터 세말까지 그 땅 위에 있기 때문입니다(12절). 그 하나님께서 그 땅에 이른 비와 늦은 비를 적당한 때에 내리시기 때문입니다(14절). 그러나 모세는 경고하였습니다. 그들이 젖과 꿀이 흐르는 땅에서 풍요함을 누리므로 교만하여 하나님을 버리고 다른 신을 섬기다가 하나님께서 주신 아름다운 땅에서 속히 망할 것을 경고하였습니다(17절).

그러므로 땅의 척박 유무는 문제가 되지 않습니다. 다만 문제되는 것은 하나님의 보호아래 있는 땅인지 아닌지가 문제입니다. 그것은 그 땅에 사는 자가 하나님과 어떤 관계를 맺고 사느냐에 달려 있습니다. 오히려 척박한 땅을 기업으로 분배받은 것이 축복일 수 있습니다. 왜냐하면 자연적인 조건이 좋지 않기 때문에 하나님만 바라볼 수밖에 없기 때문입니다. 자연적인 조건이 문제가 되지 않는 점을 이사야서를 통하여 알 수 있습니다.

이사야 5장에서 "하나님은 포도원 주인이시요 이스라엘은 포도나무"로 비유합니다. 포도원 주인이 기름진 산에 있는 포도원의 땅을 파서 돌을 제하고 극상품 포도나무를 심었습니다. 좋은 포도 맺기를 기다렸으나 들포도를 맺었다고 탄식합니다. 들포도를 맺은 이스라엘의 땅은 황폐하게 될 것이라고 예언합니다. 반면에 이사야는 58장에서 하나님을 기뻐하는 삶을 사는 자에게는 마른 곳에서도 영혼을 만족케 하며 그곳에 사는 자가 물댄 동산 같겠다고 하였습니다(사 58:6~11). 여기에서 주목하여야 할 점은 하나님께서 처음부터 물댄 동산으로 인도한다고 하지 않았다는 것입니다. 물이 없는 마른 곳으로 인도할 수도 있습니다. 그러나 믿음으로 순종할 때는 그 마른 곳이 물댄 동산 같게 해주시 겠다고 하나님께서 약속하십니다.

또한 척박의 유무가 비교의 대상이 될 수 없는 다른 이유가 있습니다. 기업은 하나님께서 주신 것입니다. 하나님께서 주신 것은 감사함으로 받아야 합니다. 하나님께서 주신 것은 비교할 수 없습니다. 기업을 세 상에서 말하는 기업처럼 생각해서는 안 됩니다. 나의 기업을 다른 사람 의 기업과 비교할 수 있습니다. 그러나 하나님께서 주신 기업은 다른 사람이 받은 기업과 비교해서는 안 됩니다. 이는 마치 내 자식을 다른 사람의 자식과 비교할 수 없는 것과 같습니다. 우리가 마땅히 하여야 할 일은 그 기업을 주신 하나님을 기억하고 감사하며 예배드리는 것입 니다.

:: 나할라는 어떤 땅인가

이스라엘 백성에게 분배된 땅은 하나님께서 각 지파에게 주신 땅으 로 영원히 지켜야 할 땅입니다. 그들은 자기 마음대로 선택하여 얻지 못하고 제비를 뽑아 얻었습니다. 그 땅을 제비 뽑아 얻은 사실은 그 땅 이 하나님께서 주신 땅임을 말합니다. 르우벤과 갓과 므낫세 반 지파는 예외입니다. 달리 말하면 그들은 하나님께서 기뻐하지 않는 비정상적 인 방법을 취하였습니다. 그럼에도 불구하고 그들을 포함한 이스라엘 모든 지파에게 기업으로 분배된 그 땅은 각 지파가 영원히 소유할 땅이 라고 선언합니다. 이러한 땅은 그들과 그들의 후손이 끝까지 지켜야 할 땅입니다(민 36:9). 이런 관점으로 볼 때 아합 왕이 나봇의 포도원을 원할 때 나봇이 목숨을 걸고 아합의 청을 거절한 이유가 바로 여기에 있다고 생각됩니다. 나봇이 거절한 이유는 단지 그 땅이 가장 좋은 땅이어서가 아닙니다. 그가 그렇게 한 이유는 오히려 그 땅이 하나님께서 주신 기업(나할라)이기 때문인 것을 알 수 있습니다(왕상 21:1~16).

또한 이 땅은 조상에게 약속으로 주신 땅입니다. 이 사실은 그 땅을 조상 지파의 이름을 따라 나눠 주신 점을 보아 알 수 있습니다. 하나님께서 조상에게 주신 약속은 그 자손들이 이방의 객이 되었다가 400년 후에 돌아와 그 땅을 다시 얻는다는 것입니다. 그러므로 이 땅의 분배는 하나님께서 그들의 조상에게 하신 약속의 성취입니다. 이스라엘이 애굽으로 이주했지만 그것은 영원한 이주가 아니었습니다. 언젠가는 돌아올 이주였습니다. 또 그 땅에서 살다가 포로로 바벨론에 잡혀 갔지만 70년이 차면 돌아올 땅이었습니다. 애굽이나 바벨론에 사는 자들에게는 이 기업의 땅은 돌아가야 할 약속의 땅이었습니다. 돌아갈 고향 땅인 것입니다. 어느 선교사의 유명한 이야기가 생각납니다. 이 이야기는 여러 가지로 각색 되어 소개되고 있습니다. 릭 웨렌이 쓴 『목적이 이끄는 삶』에 있는 대로 소개하면 이렇습니다.[14]

미국 대통령과 같은 배를 타고 함께 미국으로 돌아온 은퇴한 선교사에 관한 이야기입니다. 환호하는 환영 인파들, 군악대, 빨간 양탄자 그리고 언론이 뜨겁게 맞이했습니다. 하지만 그 선교사가 배에서 내릴 때 그를 알아보는 사람은 아무도 없었고, 이 때문에 그는 자기 연민과 분노를 느끼며 하나님께 불평을 늘어놓기 시작했습니다. 그 때 하나님은 부드럽게 말씀하셨습니다. "그렇지만 내 사랑하는 아들아, 너는 아직 집에 온 것이 아니지 않니." 이와 같은 하나님의 음성을 들은 선교사는 회개하며 자신에게 말합니다. "내가 왜 그렇게 일시적인 것들을 중요하게 생각했지. 도대체 내가 무슨 생각을 하고 있었던 거지. 난 왜 그렇게 영원하지 않는 것들을 위해 많은 시간과 정신적, 육체적 에너지를 소모하며 안간힘을 썼지." 릭 웨렌은 말합니다. "이와 같은 부르짖음이 우리의 마음에서 울리기 전에는 우리는 천국에 들어갈 수 없습니다. 삶이 힘들어지고, 의심의 구름이 몰려오며, 그리스도를 위해 사는 것이 과연 가치가 있을까 고민하게 될 때 우리는 아직 집에 온 것이 아니라는 사실을 기억하라. 죽음이란 우리가 집을 떠나는 것이 아니라 진짜 집으로 가는 것을 의미합니다." 15)

:: 레위 지파가 하나님의 나할라가 된 근거

이스라엘 각 지파는 조상의 이름에 따라 제비를 뽑아 땅을 분배 받았습니다. 그러나 성경에 기록된 대로 레위 지파는 땅을 기업으로 받지 않았습니다. 레위 지파는 땅을 분배 받지 못한 대신에 여호와 하나님께서 그들의 기업이라고 하셨습니다. 이를 여러 번 강조합니다. 또한 하나님께서 레위인은 내 것이라고 하신 점입니다(민 3:12). 먼저 레위인이 하나님의 것이라는 점부터 생각해 보겠습니다. 레위인이 하나님의 것이 된 것은 유월절과 관련이 있습니다. 유월절에 대하여는 출애굽기 12장에 자세히 기록되었습니다. 요약하면 하나님께서 바로에 대한 최후 심판으로 애굽 사람들의 초태생을 칠 때에 그 나라에 사망치 아니한 집이 하나도 없었습니다. 그러나 이스라엘 백성은 문설주에 양의 피를 뿌림으로 하나님께서 애굽 사람을 치러 두루 다니실 때에 그 피를 보시고 그 문을 넘으시므로 이스라엘의 초태생은 구원을 받았습니다.

이때에 죽지 아니한 이스라엘의 초태생을 여호와의 것이라고 말합니다. 이 사실은 출애굽기 13:2에 "이스라엘 자손 중에 사람이나 짐승이나 무론하고 초태생은 다 거룩히 구별하여 내게 돌리라 이는 내 것이라"고 하심에서 볼 수 있습니다. 민수기 3:12에 보면 하나님은 이스라엘 자손 중에서 레위인을 택하여 이스라엘 중 모든 첫 태에 처음 난 자를 대신하였기 때문에 레위인은 하나님의 것이라고 말합니다. 그러나 이스라엘의 초태생의 숫자와 레위 지파의 숫자가 같지는 않았습니다. 그러나 이 문제는 다음과 같이 해결되었습니다.

민수기 3:43에 따르면 레위인 중 1개월 이상으로 계수함을 입은 처음 난 남자의 총계는 22,273명이라고 하였습니다. 계속하여 45절에서 "이스라엘 자손 중 모든 처음 난 자의 대신에 레위인을 취하고 또 그들의 가축 대신에 레위인의 가축을 취하라 레위인은 내 것이라 나는 여호와니라"고 하였습니다. 그런데 이스라엘 자손의 처음 난 자가 레위인보다 273인이 많음으로 그것을 속하기 위하여 한 사람 당 5세겔 씩 취하라고 하였습니다(46~47). 그리하여 하나님께서 양의 피의 희생 대가로 구원 받은 이스라엘의 초태생 대신에 레위인을 하나님의 것이라고 하셨습니다.

말하자면 하나님께서 양의 피 값을 지불하고 레위인을 사셨으므로 레위인을 하나님의 것이라고 하신 것입니다. 물론 이 양들은 하나님께서 준비한 것이 아니라 이스라엘 백성이 하나님의 말씀에 순종하여 준비한 것입니다. 그러나 신약 시대를 사는 우리는 이때 사용된 유월절 양들이 유월절 양 되신 예수님을 예표로 보여주는 것임을 알 수 있습니다. 그러므로 하나님께서 양의 피 값을 지불하고 레위인을 사신 것같이 그리스도의 피의 구속으로 인하여 우리가 하나님의 것이 된 것입니다.

:: 하나님이 레위 지파의 나할라가 된 근거

여호와 하나님께서 레위 지파의 기업이 되심에 대하여 모세 오경과 여호수아서에서 여러 번 말하고 있습니다. 민수기 18:20에 보면 "여호와께서 또 아론에게 이르시되 너는 이스라엘 자손의 땅의 기업도 없겠고 그들 중에 아무 분깃도 없을 것이나 나는 이스라엘 자손 중에 네 분깃이요 네 기업이니라"고 기록합니다(참조, 신 10:9; 18:20; 수 13:3). 하나님께서 레위 지파의 기업이 되시는 것은 레위 지파는 땅을 기업으로 받지 않았기 때문이라고 그 이유를 밝히고 있습니다.

이와 관련하여 기억하여야 할 역사적인 사건이 있습니다. 그 사건은 출애굽기 32장의 금송아지 사건입니다. 출애굽기 32:25~29은 다음과 같습니다. "모세가 본즉 백성이 방자하니 이는 아론이 그들로 방자하게 하여 원수에게 조롱거리가 되게 하였음이라 이에 모세가 진문에 서서 가로되 누구든지 여호와의 편에 있는 자는 내게로 나아오라 하매 레위 자손이 다 모여 그에게로 오는지라 모세가 그들에게 이르되 이스라엘의 하나님 여호와께서 이같이 말씀하시기를 너희는 각각 허리에 칼을 차고 진 이 문에서 저 문까지 왕래하며 각 사람이 그 형제를, 각 사람이 그 친구를, 각 사람이 그 이웃을 도륙하라 하셨느니라 레위 자손이 모세의 말대로 행하매 이 날에 백성 중에 삼천 명 가량이 죽인 바 된지라 모세가 이르되 각 사람이 그 아들과 그 형제를 쳤으니 오늘날 여호와께 헌신하게 되었느니라 그가 오늘날 너희에게 복을 내리시리라."

모세가 출애굽기 32:29에서 "각 사람이 그 아들과 그 형제를 쳤으니 오늘날 여호와께 헌신하게 되었느니라 그가 오늘날 너희에게 복을 내리시리라"고는 했지만 이 사건 전후 어느 곳에서도 하나님이 레위인들의 기업이 되었다는 말이 없습니다. 그러나 모세는 신명기 10:9에서 "그러므로 레위는 그 형제 중에 분깃이 없으며 기업이 없고 네 하나님 여호와께서 그에게 말씀하심 같이 여호와가 그의 기업이니라"고 말합니다. 여호와께서 레위인의 기업이 된 이유는 레위는 그 형제 중에 분깃이 없으며 기업으로 분배받은 땅이 없기 때문입니다. 이 구절 초두에 '그러므로'라는 접속사가 보여주는 대로 그들이 분배받지 못한 이유는 8절에 제시되었습니다.

신명기 10:8은 "그 때에 여호와께서 레위 지파를 구별하여 여호와의 언약궤를 메이며 여호와 앞에 서서 그를 섬기며 또 여호와의 이름으로 축복하게 하셨고 그 일은 오늘날까지 이르느니라"고 말합니다. 8절이 보여주는 것은 레위인이 저주를 받아서 가나안 땅에서 분깃과 기업이 없는 것이 아니라 오히려 축복을 받아서 기업이 없게 되었다는 사실입니다. 만일 그들이 가나안 어느 곳을 기업으로 받았다면 하나님은 그들의 기업이 될 수 없습니다. 그렇다면 언제부터 하나님이 그들의 기업이 되었는지는 8절 초두 '그 때에'라는 단어가 보여줍니다. 여기에서 말하는 그 때는 1절에서 말하는 '그 때에'와 동일한 때입니다.

신명기 10:1은 그 때가 이스라엘 백성이 금송아지를 만든 사건과 관련이 있는 것으로 보여줍니다. "그 때에 여호와께서 내게 이르시기를 너는 처음과 같은 두 돌판을 다듬어 가지고 산에 올라 내게로 나아오고 또 나무궤 하나를 만들라." 긴 설명이 필요 없이 레위인은 금송아지 사건에서 모세의 말에 순종한 것이 하나님께 헌신이 되어 축복을 받게 되었음을 알 수 있습니다. 그들이 받은 축복은 하나님이 그들의 기업이 되신 것입니다.

:: 믿는 자가 누리는 기업의 보증

14절의 "보증"이라는 말은 헬라어로 '아라본'입니다. 이 단어는 칠십인역의 창세기 38:17~20에 세 번 나옵니다. 이 단어의 어원은 셈족어나 아니면 페니키아어로 짐작됩니다. 파피루스에서는 동물이나 심지어 아내를 사는 정성스런 보증금을 지칭합니다. 이 단어가 처음에는 상업적 계약 문서에 사용되었습니다. 이 단어는 장차 구입할 물건의 전체 대가 중에 그 첫 번째 분할금을 의미합니다. 이 첫 번째 분할금을 지불하면 계약 조항의 요구 사항을 충족시켜 그 물건에 대한 법적 주장을 확보하게 됩니다. 그러나 본문에서는 이 단어가 일반적으로 생각하는 보증 이상의 의미를 갖고 있습니다.

본문에서 사용한 단어인 "보증"은 물건을 매매할 경우 사는 것과 동일한 종류의 것으로 살 물건의 대가를 정하고 그 값을 여러 개로 분할하여 나눈 것 중에 첫 번째 분할 불입금을 뜻합니다. 예를 들어 쌀을 주고받을 경우 쌀 일부를 주면 그 때에 준 쌀은 서약도 되고 보증도 됩니다. 이때 낸 쌀은 전체 지불할 쌀의 일부가 됩니다. 따라서 개역한글판에서 보증이라고 번역된 헬라어 '아라본'은 그것을 전체에서 떼어낼 수 없는 전체와 불가분리의 관계를 맺고 있습니다.

성령이 우리의 기업의 보증이 된다는 말은 하나님께서 성령으로 우리를 인치심은 하나님께서 성령을 우리 기업의 첫 번째 약속금, 즉 우리의 보증으로 주셨다는 의미입니다. 상업 용어를 빌어 말한다면 하나님께서 성령을 우리 기업의 약속금으로 주심으로 성령이 곧 보증금이 되셨다는 의미입니다. 따라서 우리의 기업과 성령은 불가분리의 관계를 맺고 있습니다. 달리 말하면 하나님께서 성령을 우리에게 주심으로 우리의 최종 기업을 우리에게 약속하실 뿐 아니라 실제로 우리로 하여금 그것을 미리 맛보게 하십니다.

우리가 보증의 의미를 이해하는 데 좋은 예가 되는 단어는 '첫 열매'입니다. 바울은 로마서 8:23에서 "이뿐 아니라 또한 우리 곧 성령의 처음 익은 열매를 받은 우리까지 속으로 탄식하여 양자될 것 곧 우리 몸의 구속을 기다리느니라"고 말합니다. 바울은 내 안에 있는 성령이 우리의 최종적인 기업에 대한 첫 번째 약속금이면서 또한 동시에 분할금이라는 증거는 성령의 처음 익은 열매(은사)를 받은 우리라고 말하고 있습니다. 처음 익은 열매라는 말은 우리에게 농부와 추수를 연상시켜줍니다. 첫 열매는 추수와 뗄 수 없는 관계를 맺고 있습니다(민 16:20). 첫 열매는 전체의 일부입니다. 전체를 맛보기 전에 미리 맛보는 것입니다.

본문에서 바울은 믿는 자 속에 역사하는 성령의 은사와 성도들의 최종 부활의 관계를 다루면서 성령의 은사를 첫 열매로 말하고 성도의 최종 부활을 추수로 말하면서 이 양자 사이의 관계를 대비하여 설명합니다. 농부가 첫 열매를 거둔다는 것은 조만간에 추수 전체가 있을 것을 확실하게 보여줍니다. 첫 열매는 거두었으나 추수를 하지 못했다는 것은 있을 수 없습니다. 농부는 미래의 추수를 내다보며 기쁨으로 첫 열매를 거두어 음식을 만들어 풍성한 추수를 미리 맛보는 것입니다. 이와 같이 성령이 우리 기업의 보증과 구속의 첫 열매가 되심은 우리가 성령 안에서 우리의 최종 기업이 무엇인지를 알게 해주고 또한 미리 맛보게 해줍니다. 그 기업을 미리 맛보는 것으로 끝나는 것이 아니라 최종적으로 우리가 영원토록 기업을 누릴 것을 확증시켜줍니다.

이제 "그 얻으신 것을 구속하시고"라는 표현에 대하여 생각하겠습니다. "그 얻으신 것"이라는 말을 놓고 두 가지 견해가 있습니다. 그 중에 하나는 믿는 자들의 소유를 말하는 것으로 믿는 자들이 약속된 축복을 누리는 것을 의미한다는 견해입니다. 다른 하나는 하나님의 소유를 말하는 것으로 믿는 자들이 하나님의 소유가 됨을 의미한다는 견해입니다. 전자보다 후자의 견해가 더 바른 견해라고 생각됩니다. 왜냐하면 후자의 견해를 그 구문이 지지해주기 때문입니다. 헬라어 전치사 '에이스'(for, to, 위하여)가 보여주는 대로 구문상 이 전치사구는 앞의 관계대명사절인 "기업의 보증이 되사"와 긴밀한 관계가 있습니다. 이 관계대명사절에서 기업의 보증이 되는 주어는 성령입니다.

이유나 목적을 나타내는 데 사용되는 '에이스'라는 헬라어 전치사가 보여주는 대로 성령이 우리의 기업에 보증이 되게 하신 것은 그 얻으신 것을 구속하기 위한 이유 혹은 목적임을 보여줍니다. 그 얻으신 것을 구속하실 때까지 성령을 우리의 기업의 보증으로 주셨다는 것입니다. 성령이 우리의 기업의 보증이 되도록 하신 주체는 하나님이십니다. 또한 신약에서 구속은 항상 하나님의 행위라고 말합니다. 구약에서도 하나님의 백성은 하나님의 소유라고 말합니다(출 19:5; 신 14:2; 26:18; 말 3:17). 그렇다면 성령이 그 얻으신 것을 구속하기 위한 기업의 보증이 되신다는 말은 어떤 뜻입니까? 우선 7절에서는 믿는 자가 구속을 현재 누리고 있다고 말하나 여기 14절에서는 믿는 자의 구속을 미래의 관점에서 말하고 있습니다.

믿는 자의 최종 구속은 죄로부터 구속의 범위를 넘어 주님의 재림과 더불어 믿는 자의 부활과 함께 하나님의 아들로서 영광의 하나님 아버지 앞에서 누릴 축복된 영광을 말합니다. 이 일에 성령이 보증이 되신다는 것입니다. 성령께서 오심으로 우리는 그리스도 안에서 하나님의 기업이 되었고 그 성령은 그 기업을 누리는 모든 축복과 영광의 첫 번째 분할금과 보증이 되셨으며 동시에 그 일을 끝까지 성취해 가십니다. 이미 언급한 대로 보증과 그 보증의 최종 완성 사이에 뗄 수 없는 관계가 있는 것처럼 성령이 우리의 기업의 보증이 되시기 때문에 그리스도 안에서 이루어진 구속을 우리에게 적용시킬 뿐 아니라 그 구속이 최종적으로 이루어지는 시점까지 우리의 구속의 보증이 된다고 바울은 말하고 있습니다.

:: 하나님의 구원 계획의 궁극적 목적

하나님의 구원 계획의 궁극적인 목적은 하나님의 영광을 찬미하는 것입니다. 이 구속이 최종적으로 성취되는 시점에서 가장 주목되는 일은 구속받은 자들이 그리스도 안에서 구속하시고 성령을 보증으로 주셔서 그 구속을 최종적으로 완성시키신 하나님의 영광을 찬미하는 것입니다. 이미 에베소서 1:6에서 고찰한 대로 1:14의 영광은 6절 하반절과 12절 하반절에서 말하는 영광의 의미와 그들이 부르는 찬미는 그 뉘앙스가 서로 다릅니다. 6절에서 영광의 주체는 믿는 자들입니다. 그들이 누리는 영광은 자신들의 공로가 의한 것이 아니라 온전히 하나님의 은혜로만 누리는 영광입니다. 이 부분에서 말하는 찬미는 그들이 하나님의 영광을 바라보고 부르는 찬미라기보다는 자신들에게 은혜로 영광을 누리게 하신 하나님을 찬미하는 것입니다.

12절에서 영광의 주체도 역시 믿는 자들입니다. 여기에서 말하는 영광은 하나님께서 믿는 자들을 영광스런 존재로 여기신다는 것을 말합니다. 여기에서 말하는 찬송도 역시 믿는 자가 부르는 찬송을 말하는 것이 아니라 믿는 자가 하나님의 영광의 찬송이 된다는 것을 말합니다. 달리 말하면 하나님께서 믿는 자들을 자신의 영광의 찬송으로 여기신 다는 말입니다.

14절에서 말하는 "영광을 찬미하게 하려 하심이라"는 표현은 앞의 두 절에서 말하는 것과는 다른 내용입니다. 이미 언급한 대로 6절과 12 절의 영광 앞에는 관사가 없습니다. 그러나 14절의 영광 앞에는 관사가 있습니다. 다시 말하면 14절의 영광은 그 영광입니다. 하나님의 영광인 것입니다. 믿는 자들이 하나님의 영광을 찬미하는 것입니다. 구속이 최 종적으로 성취되는 시점에서 구속받은 자들은 하나님의 은혜로 영광스 런 신분과 자리에 참여하여 하나님을 체험하여 알게 될 것입니다. 또한 자신들을 영광의 찬송이 되는 존재로 만드신 하나님을 체험하여 알게 될 것입니다. 그러기에 구속받은 자들은 요한계시록에서 보여주는 것 처럼 하나님의 영광을 영원토록 찬송하게 될 것입니다.

이것이 하나님께서 그 아들 안에서 그 피를 인하여 우리를 구속하고 성령을 보증으로 주어 구속을 최종적으로 성취하시려는 궁극적인 작정 과 목적인 것입니다. 이 놀라운 하나님의 신비한 비밀을 깨달은 바울은 그 극한의 고난 가운데서도 탈진함이 없이 자신에게 주신 사명을 감당 하며 빌립보 감옥에서 찬미할 수 있었습니다. 또 그는 로마 감옥에서도 "찬송하리로다 하나님 우리 주 예수 그리스도의 아버지"라고 할 수 있 었습니다. 그리고 에베소 교인들을 향하여 "우리 주 예수 그리스도의 하나님 영광의 아버지께서 지혜와 계시의 정신을 너희에게 주사 하나 님을 알게 하시고"라고 간구하고 있습니다(엡 1:17).

찬송시 여행을 마감하면서

바울이 감옥에서 부른 사랑의 노래가 저의 애창곡이 되기까지 살펴본 여행길을 이제 마감하려고 합니다. 에베소서 1:3~14에 울려난 바울의 노래에 비추어 저의 지난 과거를 되새김질함으로써 힘든 여행을 마치려고 합니다. 바울은 로마 감옥에서 삼위일체 하나님의 영원한 구원 계획과 궁극적 목적을 깨닫고 그 삼위일체 하나님을 찬송하였습니다. 그의 찬양은 단지 머리에서 나온, 차디 찬 지식의 표출이 아니었습니다. 하나님의 사랑과 은혜를 삶 속에서 체험하고 심령에서 솟아나는 감사와 감격에 겨워 하나님께 올려 드리는 찬양이었습니다. 이 감사와 감격을, 고난 속에서 힘들게 살아가고 있는 에베소 성도들과 더불어 동일하게 애창하고 싶었을 것입니다. 이 노래에는 우리가 하나님을 찬양할 근거로 하나님의 구원 계획의 궁극적 목적이 제시되어 있습니다. 이 궁극적 목적은 다음 세 가지로 진술됩니다.

첫째로, 바울은 하나님께서 우리로 그리스도의 사랑 안에서 "그의 은혜의 영광"을 찬미하게 하려고 우리를 아들 삼으셨다고 말합니다. "그의 은혜의 영광"은 우리가 하나님의 자녀가 될 자격이 없음에도 불구하고 하나님의 자녀가 되는 영광을 누린다는 것을 의미합니다. 바울의 이

고백의 밑바닥에는 다메섹 도상의 체험이 있었을 것입니다. 그가 전에는 "훼방자요, 핍박자요, 포행자"이었습니다. 하지만 그는 이제 하나님의 자녀가 되었습니다. 하나님의 은혜의 복음을 전하는 사도가 되었습니다. 그는 "나의 나 된 것은 하나님의 은혜로 된 것이니"(고전 15:9)라고 우리에게 간증합니다. 정말로 이런 은혜를 깊이 깨달았기에 "나의 달려갈 길과 주 예수께 받은 사명 곧 하나님의 은혜의 복음 증거하는 일을 마치려 함에는 나의 생명을 조금도 귀한 것으로 여기지 아니하노라"(행 20:24)고 고백할 수 있었습니다. 바울은 뻔히 생명에 위험이 닥치리라는 것을 예견하면서도 자신의 고백과 다르지 않게 예루살렘으로 향하는 길을 떠납니다. 바울의 노래를 자신의 애창곡의 하나로 넣고 싶은 사람이라면 바울처럼 하나님의 은혜의 복음을 전하는 일에 자신의 생명을 조금도 귀하게 여길 수 없을 것입니다. 아니 귀하게 여기지 않게 될 것입니다.

둘째로, 바울은 하나님께서 우리로 "그의 영광의 찬송"이 되게 하려고 그리스도 안에서 기업이 되게 하셨다고 말합니다. 우리는 어찌 하나님의 기업과 영광의 찬송의 존재가 될 수 있겠느냐는 생각을 떨쳐버릴 수 없습니다. 그러나 그것은 하나님께서 값을 치르고 우리를 아들로 삼으셨기 때문에 가능한 일입니다. 하나님께서 우리를 아들로 삼기 위하여 일만 달러의 몸값을 지불했다는 것입니까? 결코 아니지요. 사실 이러한 반문은 신앙 상식에도 미치지 못하는 뻔한 질문에 속할 뿐입니다. 물론 답은, 하나님께서 예수님을 주고 우리를 사셨다는 것이 확실한 정답입니다. 하나님께서는 이 세상 어떤 것과도 바꿀 수 없는 아들을 값으로 주고 우리를 자녀로 삼으셨습니다. 어떤 에베소서 교재 이름처럼 우리는 "예수님짜리"입니다. 할렐루야! 우리는 못났어도 상관없습니다. 건강하지 않아도 상관없습니다. 미련해도 상관없습니다. 장애가 있어도 상관없습니다. 그러면 그럴수록 사랑을 더 받을 것입니다. 사랑을 더 받으면 받을수록 감사는 넘칠 것입니다.

얼마 전에 실수로 돈이 들어 있는 옷을 그만 세탁기에 넣고 빨았던 적이 있습니다. 다행이도 옛날 같지 않아서 그 돈은 찢어지지 않았습니다. 그 돈만 따로 쓰기가 찜찜해서 다른 돈과 함께 쓸까 하다가 그것도 찜찜해서 그냥 그 돈만 들고 가게에 가서 사실대로 말했습니다. 내 말은 들은 주인은 나를 이상하다는 듯이 쳐다보면서 "세탁한 돈은 돈이 아닙니까"라고 반문하더군요. 제발 그런 돈이라도 많이 가져오라는 듯이 말입니다. 얼마든지 환영한다는 듯이 말입니다. 조엘 오스틴은 "돈은 구겨져도 돈입니다"고 하면서 다음과 같이 말합니다.

내가 당신에게 빳빳한 새 지폐를 주면 받겠는가? 싫다는 사람은 별로 없을 것입니다. 내가 그 지폐를 주차장으로 가져가 땅바닥에 던지고 그림을 거의 알아볼 수 없을 정도로 짓밟아도 받겠는가? 물론입니다. 왜일까요? 아무리 지저분하게 만들었어도 여전히 가치가 있기 때문입니다. 아무리 낡아도 아무리 모양이 흉해졌어도 돈의 내재 가치는 사라지지 않습니다. 우리는 누구나 난관에 부딪히고 시련을 겪는다. 때로는 구겨지고 더러워진 지폐 같은 심정이 들기도 합니다. 지폐가 여전히 가치가 있듯이 우리도 여전히 소중한 존재입니다. 우주의 창조주가 우리에게 가치를 주셨으니 어느 누구도 우리에게서 그것을 빼앗아갈 수 없습니다.

내가 진정으로 '예수님짜리'라고 한다면 나는 얼마짜리일까요? 나는 10억짜리일까요? 하나님께서는 무엇이라고 하실까요? 하나님은 천하를 주고도 바꿀 수 없는 자라고 하십니다(마 16:26). 왜냐고요? 내가 '예수님짜리'이기 때문입니다. 그렇다면 전에는 얼마짜리였습니까? 천하를 주고도 바꿀 수 없는 자였습니까? 아니면 안개와 같은 자였습니까? 안개와 같은 자이면서도 천하를 주고도 바꿀 수 없는 자라고 잘못 알고 살고 있지 않습니까? 아니면 예수님짜리이면서도 어리석게 세상의 모든 근심과 걱정을 홀로지고 사는 것처럼 살면서 자기 같이 불행한 자가 세상천지에는 없다고 하지는 않습니까? "꿈을 깨십시다. 우리는 예수님짜리입니다. 예수님짜리처럼 당당하게 또한 감사하며 살아갑시다."

셋째로, 바울은 하나님께서 "그의 그 영광을 찬미하게" 하려고 우리를 약속의 성령으로 인 치셨다고 말합니다. 우리가 하나님 아버지의 자녀 된 것을 깨닫는 것은 나의 지적 능력에 달린 것이 아니라 성령 하나님의 역사입니다. 성령 하나님은 하나님의 무조건적 사랑을 우리 마음속에 부어 주십니다(롬 5:5). 성령 하나님께서 우리 마음속에 부어 주시는 하나님의 사랑은 우리가 아직 죄인 되었을 때 우리를 위하여 그리스도를 우리 대신 십자가에 죽게 내어주신 사랑입니다(롬 5:8). 또한 하나님은 아들만 내어주실 뿐 아니라 아들과 함께 모든 것을 은사로 주시는 사랑을 베푸십니다(롬 8:32). 이 하나님의 사랑은 영원합니다. 왜냐하면 이 하나님의 사랑에서 우리를 끊을 것은 아무것도 없기 때문입니다(롬 8:35~39).

그뿐 아니라 하나님의 사랑은 두려움을 내쫓기 때문입니다(요일 4:18). 두려움 중에 가장 큰 두려움은 죽음의 형벌에 대한 두려움입니다. 정말로 죽음에 대한 두려움이 없다면 세상에 두려울 게 없습니다. 이런 담대함은 하나님의 사랑 안에서 소망 중에 품는 것입니다. 따라서 하나님께서 무조건적인 영원한 사랑으로 자신의 자녀 삼으신 것을 깨닮고 부르는 찬양이라면 한 번으로 끝날 수 없습니다. 중단할 수 없습니다. 영원토록 계속되는 찬양입니다.

"아, 아, 하나님께서 나를 양자 삼으시다니. 얼마나 놀라운 사랑인가. 은혜인가." 이렇게 부르짖으면서 하나님을 찬양하며 하나님 아버지를 만날 날을, 아니 아버지와 함께 영원히 살 것을 소망하며 살아가게 됩니다. 우리의 최고의 소망은 하늘나라에서 하나님 아버지를 만나는 것입니다. 이 일은 혹시 이룰 수 없는 꿈이 아닌가 하고 두려워할 필요가 없습니다. 하늘에 계시는 아버지는 그 날을 우리보다 더 손꼽아 기다리십니다. 그 날은 오고야 말 것입니다. 그 날은 영원한 미래에 속한 미완성의 날이 아닙니다. 그 날이 아직도 미래의 날에 속하여 있다는 것은 하나님 아버지의 사랑 때문입니다. 하늘에 계시는 우리 아버지는 민족과 나라와 방언과 족속 중에서 마귀의 종 된 죄인들을 하나라도 더 불러내어 잃어버린 창조의 원형을 회복시키려고 천년을 하루같이 하루를 천년같이 기다리고 계십니다. 그 날이 우리에게는 실제로 천년만큼 긴 날로 보일지라도 하나님 아버지께서는 구원의 역사를 성취해 가시는 기간이 마치 하루인 것처럼 분주히 이루어 가십니다. 우리에게는 그 날이 하루처럼 빨리 올 것으로 생각될 때 하나님 아버지는 그리스도의 피 값으로 구속하여 얻은 자녀를 만날 날이 천년처럼 먼 훗날의 일로 생각되어 그 날을 애타게 손꼽아 기다리십니다.

저는 그 날을 상상해 봅니다. 우리는 바울처럼 천국에 들어가 수많은 성도들과 함께 제일 먼저 하나님의 영화로우심과 천국의 아름다움을 보고 감탄할 것입니다. 그런 후에 각자 자신을 바라보게 될 것입니다.

그리고 말할 것입니다. "나는 아닌데 내가 어떻게 이 영광스럽고 아름다운 자리에 참석하게 되었지. 나는 여기에 올 자가 아닌데 내가 어떻게 이런 영광스러운 자리에 참석할 수 있는 놀라운 영광을 누리게 되었지. 아아, 은혜로다. 아아, 은혜로만 누리는 영광이로다"라고 고백할 수밖에 없을 것입니다.

내가 "아아, 은혜로다. 아아, 은혜로만 누리는 영광이로다"라고 고백할 때 하나님은 나에게 "너야말로 나의 영광의 찬송이다. 너 없는 천국은 천국이 아니란다. 너는 나의 전부다"라고 말씀하실 하나님이라고 바울은 소개하고 있습니다. 은혜로 누리는 영광을 찬송하는 우리를 향하여 하나님께서 "너희들이야말로 나의 영광의 찬송이로다"고 하실 때 우리는 더욱 감격하여 "할렐루야, 보좌에 앉으신 이와 어린양에게 찬송과 존귀와 영광과 능력을 세세토록 돌릴지어다. 할렐루야, 구원과 영광과 능력이 우리 하나님께 있도다. 할렐루야, 주 우리 하나님 곧 전능하신 이가 통치하시도다"라고 많은 물소리와 같은 큰 음성으로 하나님의 그 영광을 찬미할 수밖에 없을 것입니다(계 5:13; 19:1, 6).

미주

서른의 변

1) Sarah Breathnach, *Something More*(London: Bantam Books, 1997), p.23. 시인 Robert Frost는 자신의 심정을 솔직하게 다음과 같이 토로하였다. "No tears in the writer, no tears in the reader; No laughter for the writer, no laughter for the reader." 물론 눈물 없이 쓴 글이라도 독자가 읽으면서 눈물을 흘릴 수 있을 것이다. 그러나 눈물 없이 글을 쓴 저자가 독자에게 눈물을 기대한다는 것은 독자를 속이는 것이나 다름없다.

둘_ 닫힌 공간에서 영원을 살피다

1) 누가복음 저자는 강도들이 예수님을 계속해서 욕한 사실을 보여주기 위하여 '욕하다'는 동사를 미완료형(과거진행형)으로 표현하였다.

2) 예수님께서 용서하여 달라고 하실 때 사용하신 헬라어 동사 역시 미완료 과거형으로 그 의미는 과거진행형이다.

셋_ 어떻게 해석해야 하나

1) 신학의 주체가 인간이 아닌 하나님이 되셔야 하는 이유에 대하여 게할더스 보스(Geerhardus Vos)의 말을 들어보면,

첫째, 비록 인간이 하나님에 대하여 연구한다 할지라도 신학의 주체가 하나님이심은 하나님은 인격적 존재이시기 때문이다. 이에 대하여 보스(Vos)는 다음과 같이 설명한다. 비인격적인 대상들을 과학적으로 다룰 때는 그 대상들은 피동적이고 우리가 능동적이다. 즉 우리가 그것들을 다루고 검사하고, 실험하는 것이다. 그러나 영적이고, 인격적인 존재에 관해서는 사정이 다르다. 그럴 경우는 그 존재가 스스로 자신을 열어 보여 주심을 통해서만 우리는 그 분을 알 수가 있다는 것이다. 하나님은 우리들의 최상의 개념 이상으로 무한히 높으신 존재이시다. 하나님의 내면적이고 감추어진 마음은 하나님의 편에서 자의적으로 열어 보이실 때만 사람이 알 수 있다. 그러므로 하나님께서 자신의 성품의 비밀을 우리에게 열어 보여주시는 범위 내에서만 하나님에 관한 어떤 지식을 얻을 수 있다.

둘째, 하나님께서 신학의 주체가 되어야 하는 이유는 하나님은 창조주이시고 인간은 그의 피조물이기 때문이다. 이 말은 인간이 하나님과 동등한 관계로 그분과 상관없이 존재하는 것이 아니라 하나님께 의존하여 존재하기 때문에 창조주 하나님께서 피조물에 의하여 탐구되는 연구 대상이 될 수 없다는 말이다. 창조주 하나님에 대한 지식은 하나님

자신에게만 국한되었고 피조물인 인간이 창조되기 전에 하나님에 대한 어떤 지식도 존재하지 않았다. 그러므로 Vos는 피조물의 창조는 "외적 신지식(extra-divine knowledge) 산출의 첫 단계"라고 말한다. 그러므로 하나님 이외에 어떤 피조물도 인간에게 최초로 하나님에 대하여 말할 수 있는 존재는 없다.

셋째, 하나님과 인간 사이의 관계가 죄로 말미암아 파괴되어 하나님께서 자신을 계시하시지 않는 한 하나님에 대하여 알 수 없기 때문이다. 인간은 죄로 인하여 비정상적인 상태에 빠져있다. 이 비정상적인 것을 교정하려면 하나님께서 주도권을 잡고 자신을 계시해 줄 때에만 가능하다. 인간은 하나님께서 자신을 알려 주시고, 계시해 주신 만큼 그 하나님에 대해서 알 수 있다. 그러므로 신학의 주체는 하나님이시지 인간이 될 수 없다.

2) 게할더스 보스, 『성경신학』, 이승구 역(서울: 기독교문서선교회, 1985), pp. 19-20.

3) 같은 책, p. 25.

넷_ 은혜와 영광

1) 배종열 교수는 듀 토잇(du Toit)의 견해를 따라 바울 당시 편지는 대체로 머리말 (letter-opening), 기원(formula valentudinis), 본말(letter-body)과 꼬리말(letter-closing) 로 이루어졌다고 지적한다. 이에 근거하여 바울 서신에서 머리말은 저자(바울)와 수신자 들(에게)과 문안 인사(은혜와 평강)로 구성되고, 기원은 바울 편지의 요지인 송영, 감사, 기도가 있는데 한두 가지만 나오는 경우가 있고, 본말은 기원에서 보인 주제들을 자세히 설명하는 부분이며 꼬리말은 개인 소식이나 문안, 짧은 권면으로 추가로 하는 말과 축복으로 구성되었다고 설명한다[배종열, 『문맥에 따라 읽는 에베소서』 (서울: 기독교문 서선교회, 2005), 12쪽].

2) Martin Luther, *Luther: Lecture on Romans* (Philadelphia: Westminster Press, n.d.), ed., Wilhelm Pauck, pp. 8-9.

3) '에베소'라는 지명이 비교적 후대 사본에는 나오지만 고대 사본에는 나오지 않는다. 이런 까닭에 에베소서가 골로새서처럼(골 4:16) 회람용 서신이었을 것이라고 주장한다. 또한 에베소를 중심으로 소아시아 일곱 교회가 서로 근접해 있다는 사실도 회람용 서신이라는 견해의 신빙성을 지지한다. 그럼에도 불구하고 책 제목이 '에베소'로 되어 있고 또 에베소가 소아시아와 일곱 교회의 중심 위치에 있는 것을 감안하면 바울이 이 서신을 일차적으로 에베소 교인들에게 보낸 것은 확실한 것 같다.

4) 헬라어로는 ἅγιοι

5) 은혜는 헬라어로 κάρις(카리스) 평강은 헬라어로 εἰρενη(에이레네)

6) 헬라어로 ἔλεος

7) 제임스 D.G. 던, 『바울신학』, 박문재 옮김(서울: 크리스챤다이제스트, 2003), p. 451.

8) 던은 바울이 당시에 흔하게 폭넓은 의미로 사용된 헬라어 카리스(아름다움, 호의, 총애, 감사, 기쁨)에 신학적인 의미를 부여하여 사용하였다고 지적한다(『바울신학』, pp. 451-454).

9) 헬라어로 χάρισμα

10) 원 형제, 폴 해터웨이, 『하늘에 속한 사람』, 고석만 옮김 (서울: 홍성사, 2004), p. 259. 이 책이 출간된 뒤 저자에 대한 이단 시비가 있었다. 그럼에도 불구하고 필자는 이 부분의 고백이 복음 사역자가 귀담아 들어야 할 고백이라고 여겨 인용한 것에 대해서 독자의 양해를 구한다.

다섯_ 하늘에 속한 모든 신령한 복

1) Andrew T. Lincoln, *Ephesians*, WBC(Dallas, Texas: Word Books, 1990), p. 11. 후대에서는 솔로몬 성전 봉헌식 시작과 끝에 하나님을 찬양하는 것을 보게 되고(왕상 8:15, 56) 또한 시편에서는 하나님을 찬양하는 많은 시를 볼 수 있다고 지적한다(시 41:13; 72:18, 19; 89:52 106:48). 중간사에서는 쿰란 공동체의 문서에서 이러한 형식을 볼 수 있다(1QS 11:15; 1QH 5:20; 10:14 등). 회당의 '18가지 축복'(Eighteen Benedictions)에서도 비슷한 형식을 찾아볼 수 있다.

2) 개역한글판에서 '찬송하리로다(유로게토스)'로 번역된 헬라어 단어는 '복되다'라고도 번역할 수 있다. 본문에서 "모든 신령한 복으로 우리에게 복주시되"에서 '복주시되(유로게사스)'가 바로 그 좋은 예다. 유로게토는 동사 원형 유로게인의 형용사형이고 유로게사스는 그 동사의 과거 분사형이다. '찬송하리로다'로 번역된 '유로게토스'(εὐλογητὸς)는 신약에서 인간이나 다른 동물에게서는 사용되지 않고 하나님에 대해서만 사용된다.

3) 제임스 던, 『바울신학』, p. 545; Adolf Deissmann, *Die Neutestamentliche Formel 'in Christo Jesu'*(Marburg: N. G. Elwert, 1892), p. 3.

4) John Stott, *Men Made New, An Exposition of Romans 5-8*(Grand Rapids: Baker, 1978), pp. 31-52. 참조; 존 스토트, 『새 사람 - 로마서 5-8 강해』, 김유배 역(서울: 엠마오, 1985), pp. 30-54; John Stott, *Romans* (Downs Grove: IVP, 1994), pp. 166-181.

여섯_ 그리스도와의 연합은 어떻게 이뤄지는가

1) John Murray, *Redemption-Accomplished and Applied* (Gand Rapids: Eerdmans, 1955), pp. 201, 205.

2) C. S. 루이스, 『순전한 기독교』 장경철, 이종태 역(서울: 홍성사, 2001), p. 78.

3) 필립 얀시, 『내가 알지 못했던 예수』, 김동완, 이주엽 역(서울: 요단, 1998), p. 58.

4) 필립 얀시는 하나님의 낮아지는 겸손에 대하여 다음과 같이 설명한다. "만물을 만드신 그분께서는 작아지고, 작아지고, 작아져서 마침내는 하나의 난세포가 되기까지 작아지는 형태로 오셨다. 육안으로는 식별이 불가능한 수정란, 태아가 형성되기까지 세포 분열을 계속해, 마침내는 불안에 떠는 십대 소녀의 태중에서 커져 갈 난세포로 이 세상에 오셨다"(『내가 알지 못했던 예수』, p. 44).

5) 구약성경에는 여러 사람들이 하나님을 보았으나 죽지 않은 사건이 두 번 기록되어 나타난다. 첫 사건은 출애굽기 24장에 언약식을 거행한 이후에 모세와 아론과 나답과 아비후와 이스라엘 70인 장로들이 시내산에 올라가 청명한 가운데 하나님을 보고 먹고 마셨지만 하나님께서 손을 대지 아니 하심으로 죽지 않았다(출 24:9). 그들이 죽지 않은 것은 언약의 피에 근거한 것이다(출 24:4-8). 다음 사건은 민수기 11장에 나오는 사건으로 여호와께서 구름 가운데 강림하여 장막에 둘러 선 70인 장로와 모세에게 신이 임하여 예언한 사건이다(민 11:24-25). 이 두 번째 사건은 구름 가운데 강림하심으로 하나님의 얼굴을 대면하였다고 말할 수 없다고 주장될지도 모른다. 그럼에도 불구하고 이 두 사건은 하나님께서 인간으로 오셔서 인간과 연합하여 인간을 대표하고 대속하심으로 인간이 하나님께 나아갈 수 있게 하실 예수님의 십자가의 죽으심과 오순절 성령 강림을 예표로 보여주는 사건들이다. 출애굽기 24장은 예수님께서 자신의 피로써 새 언약의 약속을 성취하실 것과 그 결과를 예표로 보여주는 사건이다.

6) 혹자는 헤롯이 아기 예수를 두려워했다니 그게 무슨 말이냐고 되물을지 모르겠다. 헤롯이 두려움이 없었다면 왜 아기 예수님을 죽이려 했겠는가? 그것은 의심 많은 헤롯의 성격에서 라고 대답할 수 있다. 그러나 그의 의심의 배후에는 두려움이 도사리고 있음이 분명하다. 누구든지 가까이 갈 수 있도록 왔음에도 불구하고 가까이 나아가기를 두려워하는 자가 있다는 것에 기독교 진리의 역설이 존재한다.

7) 요단강에서 세례 받으실 때 예수님 위에 성령이 임하심은 하나님 나라 건설을 위한 능력을 부음 받으심(endowment)으로 이해된다. 이것은 이사야를 통하여 여호와의 고난의 종이 백성의 죄를 대신 지는 고난의 사역을 완수할 수 있도록 그에게 성령을 충만하게 주실 예언의 성취임을 알 수 있다(사 42:1). 예수님께서 죄인과 하나 되심에 대한 증거는 요단강에서 죄인들이 받아야 할 회개의 세례를 받음으로 시작되었다. 이에 대한 최대 최종적인 증거는 십자가에서 죄인들과 함께 죽으심에 있다고 하겠다.

8) 예수님께서 하나님의 아들 되심을 소개하는 하늘로서 들린 소리는 두 부분으로 나누어진다. 첫째 부분은 "이는 내 사랑하는 아들이라"이다. 이 첫째 부분은 내용적으로 시편 2:7을 인용한 것이다. 그러나 예수님의 세례시에 들린 소리 중에 특기할 만한 사항이 있다. 첫째로 시편 2:7에서는 "나의 아들이 너이다"라고 한 반면에 예수님의 세례 시에는

"너는 내 아들이다"라고 하여 2인칭의 위치가 바뀐 것을 본다. 시편 2:7에서는 이스라엘 왕으로 세움을 입는 자에게 하나님의 아들이라는 지위가 주어짐이 강조되는 반면에 복음서에서는 다른 사람이 아닌 예수님(2인칭 당신)이 바로 하나님의 아들로 강조되었다고 해석할 수 있다.

둘째 부분은, 복음서에서 '사랑하는'이라는 수식어가 첨가되었다. '사랑하는'이라는 수식어가 아들이나 딸과 함께 사용될 때 '유일한'이란 의미가 있다. 이에 근거하여 예수가 구약에서 하나님의 아들이라고 불린 이스라엘 백성이나(출 4:22) 그들의 왕보다 하나님과 더 독특하고 긴밀한 관계를 가진 아들임을 보여준다. 위의 사실은 예수님께서 하나님을 '아빠'(abba)라고 부른 사실로 더욱 뒷받침된다.

어쨌든 시편 2편은 하나님께서 열방을 유업으로 줄 다윗의 마지막 자손에 대한 예언이다. 이 다윗의 마지막 자손은 약속의 자손으로 그와 하나님과는 부자의 관계가 있음을 말한다(시 2:7-8; 참조, 삼하 7:14). 특히 사무엘하 7장과 연결시켜 생각하면 예수님께서 하나님의 아들로서 나단 선지자를 통하여 예언하신 하나님의 성전 짓는 사명이 있음을 나타낸다. 하나님께서는 그 아들을 오늘날 낳았다고 말한다. 그런데 누가복음은 예수님께서 세례 받기 전부터 하나님의 아들이라고 말한다(눅 1:35). 또한 세례 요한은 예수님을 가리켜 "그가 나보다 먼저 계심이라"(요 1:30)고 고백한다. 그는 분명히 세례 요한보다 먼저 계셨다.

예수님은 자신이 아브라함이 있기 전에 계셨다고 하였다(요 8:58). 예수님은 영원 전부터 하나님의 아들이심이 분명하다. 그러므로 예수님께서 하나님의 아들이시라는 선언은 예수님께서 세례 받으신 그 때부터 아들이 되었다는 말이 아니라 영원 전부터 아들이시지만 세례 받으실 때 다시 한 번 확증되었다는 선언이다. 달리 말하면 예수님께서 지상에서 하나님의 아들로서 구속 사역의 시작을 알리는 선언인 것이다.

그렇다면 "오늘날 내가 너를 낳았다"라는 말은 어떻게 이해하여야 하는가? 이것은 영원 전부터 아들 되신 하나님께서 이미 위에서 말한 대로 다윗과의 언약을 성취하시기 위하여 이 땅에 오셔서 메시아로 나심을 말한다. 이와 관련하여 기억하여야 할 것은 메시아에 대한 신약의 개념은 당시 유대교의 견해와 다르다는 점이다. 당시 유대인들로는 고난의 메시아를 상상조차 할 수 없었다. 그러나 예수님은 분명히 메시아이시나 고난의 메시아이시다. 그러므로 그가 메시아이실 뿐 아니라 고난의 종으로 오심을 세례를 통하여 소개한다.

9) 여호와께서 그에게 주신 이 고난의 신적 사명을 완수할 수 있도록 여호와의 영, 즉 성령을 그에게 부어주실 것이라고 예언한다(사 42:1; 61:1). 특히 이사야 53장은 여호와의 종이 고난과 죽음의 사역을 통하여 구속을 완성하시고 부활 승천을 통하여 영광 받으실 것을 예언하고 있다. 또한 여호와의 종은 하나님과 자기 백성의 언약 관계를 세우실 자이다(사 42:6; 49:8; 참조, 55:3). 이사야 55:3에서는 여호와의 종을 통하여 세울 언약도 다윗에 허락한 은혜라고 말한다.

10) 구약은 선지자나 왕 외에도 백성 중에 어떤 사람들에게도 하나님의 영을 부어 주심에 대하여 말한다(출 31:3; 민 11:29; 잠 1:23). 구약의 이런 배경과 함께 특별히 관심을 일으키는 바는 이사야를 통하여 주신 예언의 말씀으로 여호와께서 고난의 종에게 그의 영을 부어주실 것은 물론 그 고난의 종과 함께 그의 성령을 그의 백성에게 보내시겠다고 예언하신 점이다(사 48:16). 이 예언은 어떤 개인에 국한된 것이 아니라 이스라엘 백성 전체와 관련이 있는 예언임이 분명하다. 이 사실은 여러 선지자들을 통하여 다양하게 말씀하셨다. 예레미야 선지자는 예레미야서에서 여호와의 영에 대하여 언급하지 않았다. 그러나 예레미야 31:31-34를 통하여 이스라엘 백성 전체의 마음이 새로워지는 변화의 역사가 일어날 새 언약의 시대가 올 것이라고 말한다(참조, 렘 32:38-41). 이 새 언약의 성취로 인하여 되어질 내용은 에스겔 선지자를 통하여 더욱 구체화되었다. 그것은 여호와께서 그의 언약 백성을 맑은 물로 씻고 굳은 마음을 부드럽게 하며 그들의 마음속에 그의 신을 두시므로 그 언약 백성이 주의 율례를 지키게 된다는 것이다(겔 36:25-27). 이 사실은 또한 요엘 선지자를 통하여 다음과 같이 말씀하셨다. "그 후에 내가 내 신을 만민에게 부어 주리니 너희 자녀들이 장래 일을 말할 것이며 너희 늙은이는 꿈을 꾸며 너희 젊은이는 이상을 볼 것이며 그 때에 내가 내 신으로 남종과 여종에게 부어 줄 것이며"(욜 2:28-29). 중간사 시대 문헌들에 보면 여호와의 신은 이미 우선적으로 메시아와 관련하여 언급되었다: "여호와께서 그를 성령으로 능력 있게 하실 것이다"(솔로몬의 시편 17:37). 이스라엘 전체와 관련하여서도 이 시대의 문헌에서 언급되고 있음은 흥미롭다. 희년서(Jubilee)에서는 "여호와께서 그들(이스라엘)을 위하여 거룩한 영을 창조하실 것이며 그들을 정화시키므로 그들이 여호와의 계명들을 지킬 것"이라고 강조한다(희년 1:23).

11) 성령 세례가 중생과 동일한 사건이라고 주장할 때, 그렇다면 예수님의 제자들, 구체적으로 "나의 주 나의 하나님"이라고 고백한 도마가 오순절 이전에는 중생하지 못한 상태에 있었는가라는 질문이 제기됩니다. 이에 대한 질문은 다음과 같이 대답할 수 있습니다.
　　죄인의 구원을 신학적으로 설명할 때, 구속사(Historia Salutis)와 구원의 서정(Ordo Salutis) 두 단계로 말합니다. 보스는 구속사는 객관적이요, 중심적 구속행위라고 말하면서. 그 예로 성육신과 속죄, 그리고 그리스도의 부활을 들고 있습니다(보스, 『성경신학』, p. 22). 이와 같은 사건은 인류 역사상 반복할 수 없는 단 한번의 사건입니다. 그 이유는 이 구원행위는 미리 약속되었고 준비되었다가 때가 차매, 그리스도의 탄생, 세례와 십자가 사건을 통하여 성취된 구원역사로, 이 사건들이 되풀이 될 수도 없을 뿐 아니라 되풀이할 필요도 없기 때문입니다. 그러므로 이 사건과 관련되어 주어지는 경험들 역시 되풀이 될 수 없는 단 한 번의 특별한 경험일 수밖에 없습니다. 또한 이 구속사는 죄인 개개인의 중생의 경험과 관련이 없습니다.
　　반면에 구원의 서정은 주관적이고 개인적인 구원을 말합니다. 보스는 그 예로 중생, 칭의, 회개, 성화 그리고 영화를 들고 있습니다(보스, 『성경신학』, p. 22). 따라서 구원의 서정은 객관적이요 중심적으로 이루어진 구원(구속사)이 죄인들 속으로 파고드는 하나님의 구원행위를 말합니다. 구원의 서정으로서의 하나님의 구원행위는 반복적으로 되풀이 될 수 있기에 그 과정 속에 일어나는 경험 역시 반복될 수 있습니다. 그러므로 구원의 서정 과정에서 일어나는 중생은 개개인의 중생과 관련되어 있습니다. 성령세례를 중생과 관련하여 말할 때는 그것이 중생과 동일시하든지 아니면 중생 이후의 체험으로 이해하든지 간에 그것은 주관적-개인적 구원행위입니다. 이것은 하나님의 구속행위(객관적-중심적 구원행위) 즉, 그리스도를 통하여 성취된 하나님의 구원행위가 개인에게 적용되는 것을 의미합니다. 이 성령세례는 하나님의 구원행위가 성취된 이후 그리스도께서 다시 오는 그 날까지 개인들 각자에게 계속적으로 반복적으로 적용되어질 것입니다.

그러나 사도행전 2장 오순절에서의 제자들의 경험은 성령세례를 받은 최초의 사람들이 가지는 구원역사가 성취되어 가는 가운데 가지는 단 한번의 특수한 경험입니다. 이 최초의 사람들은 하나님께서 구속사를 성취하시는 과정 중에 특별하게 동원된 자들입니다. 동시에 이들은 오순절 날에 하나님께서 구속사적으로 성취된 구원행위를 최초로 죄인들에게 주관적이고 개인적으로 적용하는 구원의 서정 가운데 주어지는 구원행위를 경험한 최초의 사람들이었습니다. 그러기에 이들의 경험은 그 이후의 모든 사람들에게 동일하게 적용할 수 있는 모델적인 사건으로 볼 수 없습니다. 달리 말한다면 이 최초의 사람들의 경우, 성령세례와 성령 충만이 동시적으로 임했습니다. 이 때에 그들의 능력적 체험은 성령세례의 증거라고 표현하기보다는 성령 충만에 속한 것으로 이해되어야 할 것입니다. 오늘날에도 성령세례와 성령 충만이 동시적으로 일어날 경우 능력적인 체험을 할 수도 있습니다. 이런 경우 성령세례가 아닌 성령 충만과 관계되어진 체험으로 이해하여야 할 것입니다. 만일 우리가 사도행전에 나타난 사건들을 고찰해 보면, 그 사건들을 통하여 일정한 패턴이나 모델을 찾을 수 없음을 알 수 있습니다.

12) 헬라어로는 περιπατέω

13) 안토니 후크마, 『개혁주의 구원론』, 유호준 역(서울: 기독교문서선교회, 1990), p. 112.

14) 위의 책, pp. 92-93.

일곱_ 하늘에 속한 복음 그리스도 안에서 누리게 되는 근거

1) 저는 성경의 깨달음을 통하지 않은 체험으로 십자가 사건을 깨닫게 되었다는 주장에 대해서 죄다 부정하고 싶지 않다. 예외적인 경우가 있다고 인정한다. 그러나 그러한 체험을 모든 믿는 자들이 추구하여야 할 규범적 혹은 이상적 체험으로 주장해서는 안 될 것이다.

2) 헬라어는 ἀρραβών

3) 아담에게 주신 축복에 대한 자세한 내용은 참고 III 중에 아담의 범죄와 그 해결책에 대한 고찰을 참조하시오.

4) R. B. Gaffin, *Resurrection and Redemption, A Study in Paul's Soteriology* (Presbyterian

and Reformed Publishing Co., 1987), p. 85: "The contrast between Adam and Christ as living soul and life-giving Spirit, respectively, is not only pointed but also comprehensive and exclusive. They are in view not only as individuals but primarily as heads representing and constituting the existence of others and hence as representatives of two contrasting orders of life, two aeons, two world-periods, in word, two creations-the one psychical and earthly, the other pneumatic and heavenly."

5) 이 점에 대하여 Gaffin은 다음과 같이 말한다: "The order of Adam is first: there is none before Adam. The order of Christ is second; the order of Christ is last; there is none after Christ. He is the eschatological man; his order is the eschatological order."(Ibid, p. 85).

6) Gordon D. Fee, *God's Empowering Presence: the Holy Spirit in the Letters of Paul* (Peabody, Mass.: Hendrickson, 1994), pp. 262-268 참조.

7) '육 있는'은 헬라어로 ψυχικόν '신령한'은 헬라어로 πνευματικόν

여덟_ 거룩하고 흠이 없는 하나님의 자녀가 되는 길

1) 존 스타트, 『하나님의 새로운 사회』, pp. 47-49.

2) 바울이 "창세전에 그리스도 안에서 우리를 택하사"라고 말함은 그리스도 안에서 선택받지 못한 자가 있음을 시사한다. 만일 창세전에 그리스도 안에서 택함을 받지 못한 존재들이 있다면, 타락한 천사들도 틀림없이 그들 중에 포함될 것이다. 왜 하나님께서 타락한 천사들은 그리스도 안에서 선택하시지 않고 사람들 중에 일부인 믿는 우리만 선택하셨겠는 가? 창세기 3장 기사와 이사야서 14:12-14, 에스겔 28:12-17, 유다서 1:9-10 그리고 계시록 12:4-9을 종합하여 살펴보면 인간 창조보다 천사의 창조가 먼저인 것과 하나님의 세 천사장 중의 하나가 그를 동조하는 천사들 중 3분의 1과 함께 하나님을 반역하였다고 추론할 수 있다. 이 타락한 천사장이 자신을 따르는 무리들과 함께 사단의 왕국을 세운 것이다. 이 타락한 천사들의 무리를 왜 하나님은 모두 처형하지 않았는가? 아니면 적어도 왜 하나님은 그들을 지옥의 구렁텅이에 영원이 가두어 넣지 않으셨는가? 이에 대하여 스탠리 엘리슨(Stanley Ellison)은 "하나님께서 그런 계획을 가지고 계시기는 하지만 또 다른 목적을 수행하기 위해 일시적으로 이 반역자들을 이용하고 계신다."고 대답한다. 그는 계속하여 다음과 같이 말한다.

"하나님은 자신의 프로그램을 수행하면서 융통성 없는 한 가지 계획에만 매달리는 것이 아니라 전천후 대응을 하시는 것이다. 하나님의 주권은 너무나 심오한 것이어서 하나님은 진노의 사람들로 하나님께 찬양하게 만들고 모든 원수들이 하나님을 섬기도록 할 수 있으시다(시 76:10). 하나님의 원수들을 망연자실케 하는 역설은 그들이 자기도 모르는 사이에 결국에는 하나님을 섬기게 되고 만다는 것이다. 하나님은 타락한 천사 중 일부는 심판 때까지 가두어 놓으셨으며, 나머지 타락한 천사들은 하나님의 또 다른 목적이 수행될 때까지 제한된 자유를 갖도록 허용하셨다."

여기에서 주목되는 점은 한번 천사의 반역을 경험하신 하나님께서 어찌하여 반역할 수 있는 가능성을 가진 인간을 또 다시 창조하셨느냐 하는 점이다. 반역의 쓴 맛을 한번으로 족할 텐데 말이다. 물론 반역할 수 없는 인간은 만들 수 없기 때문에 그렇게 하신 것이 아님이 분명하다. 인간을 창조하되 권위와 자유를 위임하는 상태에서 기계적으로 하나님의 말씀에 순종하도록 창조할 수 있었을 것이다.

그러나 하나님은 사단의 타락 이후에 창조한 존재인 인간을 하나님 자신의 형상으로 창조하셨다. 선택의 자유도 주셨다. 하나님께서 이렇게 하실 수밖에 없음에 대하여 엘리슨은 다음과 같이 말한다. "하나님의 웅대한 계획은 인간 안에 하나님 자신을, 특별히 사랑과 거룩함이라는 하나님의 특성들을 재현하는 것이다. 그리고 이런 거룩한 성품은 도덕적 자유의 토양 위에서만 자라날 수 있다. 하나님과 교제하기 위해서는 도덕적 선택이 필요하다."[Stanley Ellison, *Biography of Great Planet* (Tyndale House, 1975),『미숀 퍼스펙티드』 (예수전도단) p. 39에서 인용]

3) 특별히 언급하고 싶은 바는 하나님께서 다른 사람이 아닌 필자를 그리스도 안에서 선택하신 동기는 하나님의 무조건적인 사랑이라는 점이다.

4) 구약시대는 제물을 드림으로 죄가 완전히 용서되었다는 의미는 아니다. 구약시대 희생제사 는 다만 예수 그리스도의 피에 의한 죄 용서의 예표로서 효력이 있음을 말할 뿐이다.

5) 존 스타트,『하나님의 새로운 사회』, p. 46.

6) 선택으로 번역된 헬라어 동사는 종속절 안에서 주동사이다. 그러나 예정으로 번역된 헬라어 동사는 과거분사형으로 주동사(부정과거)보다 시제에서 앞선다.

7) 박형용,『에베소서 주해』 (수원: 합동신학대학원출판부, 1998), p. 41.

8) 로레인 뵈트너,『칼빈주의 예정론』홍의표, 김남식 역(대구: 보문출판사, 1990), pp. 308~309. 예정과 선택 교리가 택함받지 못한 자에게는 불공평하다는 주장에 대하여 로레인 뵈트너는 이 논제에 대한 웨버톤(Warburton)의 명쾌한 설명을 다음과 같이 소개한다.

"한 부인이 고아원을 방문하여 수많은 고아 중에 한 아이를 택하여 자기의 양자로 삼았다고 하자. 그 여인은 다른 아이를 선택할 수도 있었고 또 다른 아이들을 양육할 만한 재산도 갖고 있었습니다. 그러나 한 아이만 택했습니다. 그렇다고 해서 누가 그 여인을 불공평하다고 말할 수 있겠습니까? 그 여인이 그녀의 권리와 특권을 행사하여 한 아이만 선택해서 자기 집의 모든 안락함을 누리게 하고 자기 재산의 상속자로 삼고 어쩌면 가난 속에서 죽을지도 모르고, 부랑아가 될지도 모르는 다른 모든 아이들을 남겨 두었다고 해서, 그녀를 불공평하다거나 불의하다고 비난할 수 있겠습니까? 그리고 그중 어느 누구도 한 아이만 양자로 삼으려고 한 이 부인에게 대해 요구할 권리가 없습니다. 하나님께서 구원의 은혜를 베푸시는 일이 이 부인의 입장과 다를 것이 무엇이 있는가? 이 여인이 방문했던 고아원 아이들이 한 아이만 데려가고 자기들을 버려두었다고 해서 그 여인을 원망할 수 없는 것처럼 구원의 은혜에 참여하지 못한 자들 역시 하나님에 대해 어떤 원망도 할 수 없습니다. 따라서 하나님의 선택은 아무 공로 없이 임의적으로 된 것인 동시에 의롭고 공평한 것입니다."

9) 이에 대답으로 먼저 실화를 예로서 들겠다. 한국 선교 역사에 잊을 수 없는 선교사들이 많이 있다. 그들 중에 한 분이 브루스 헌트(Bruce Hunt), 한국 이름으로는 한부선 선교사다. 그가 어느 날 예정과 선택 교리를 가르치고 있는데 한 사람이 손을 들고 "만일 내가 창세전에 예수 믿고 구원 받도록 예정과 선택되었다면 선교사님이 구태여 미국에서 한국에까지 와서 예수 믿으라고 전도할 필요가 없지 않습니까?"라고 질문했다. 그때에 그 선교사님이 다음과 같이 대답했다. "하나님께서 당신이 구원받도록 창세전에 예정하시고 선택했기 때문에 내가 지금 당신에게 전도하는 것입니다. 내가 전도하는 이유는 하나님께서 창세전에 내가 당신에게 전도하도록 예정되었기 때문입니다. 그리고 나의 전도를 듣고 당신이 예수를 믿도록 예정하시고 선택했기 때문입니다. 그렇게 하시기 위하여 하나님께서 나의 아버지를 한국으로 선교사로 보냈습니다. 그 덕분에 나는 한국에서 태어나게 되었고 한국말을 이렇게 잘하게 되었습니다." 위의 내용은 한부선 선교사님과 직접 대화하면서 들은 내용이다.

10) 이 용어는 주전 2세기 묘비와 1세기 글들에서 찾아볼 수 있다고 한다. 그리스-로마법에 자식이 없는 나이 많은 부유한 자가 어린 아이가 아닌 성인 남자, 때로는 노예를 양자로 삼아 직접 낳은 아들과 같은 절대적인 법적 권한을 갖도록 한다[헬라어 "아들(휘오스), 양자(휘오데시아)", *TDNT* 8 (1972): 334-99].

11) 하나님께서 "내가 거룩하니 너희도 거룩하라"는 말씀은 레위기만이 아닌 여기저기서 찾아볼 수 있다(11:44; 19:2; 20:7, 26).

12) 2절에서 은혜에 대하여 고찰한 것을 요약하여 되풀이 하고 있음을 양해하기 바란다.

아홉_ 그리스도 안에서만 구속이 이루어지는 근거

1) R.C.H. Lenski, *The Interpretation of St. Paul's Epistles to the Galatians, Ephesians and Philippians* (Minneapolis: Ausburg Publishing House, 1961), pp. 365-366.

2) 그랜트 오스본(책임편집), 『에베소서 주석』Lab, 전광규 역 (서울: 성서유니온, 2001), p. 63.

3) 속죄와 관련하여 중요하게 사용되는 용어들을 간략하게 설명하겠다. 구속(redemption)은 본래 가지고 있는 신분이나 소유를 되찾기 위하여 값을 지불하고 다시 신분을 되찾거나

소유하는 것을 의미한다. 예를 들어 어떤 노예를 구속한다고 말할 때는 그 노예를 자유롭게 할 목적으로 값을 치루고 사는 것을 말한다. 대속(substitution)은 어떤 사람이 겪어야 할 고통을 그 사람을 대신하여 당하는 것을 의미한다. 화목(propitiation)은 하나님께서 우리와 화해할 수 없게 한 증오와 적개심을 깨뜨리는 것을 의미한다. 화해 (reconciliation)는 양자 사이 더 이상 적대적인 상태가 있지 않도록 만드는 것을 의미한다.

4) 장자의 의의에 대하여 톰 홀랜드(Tom Holland)는 자신의 『바울 신학 개요』에서 장자와 유대교 제의라는 주제하에 "왜 가족을 대표한 사람이 아버지가 아니라 장자였는가"라는 물음을 던지면서 "장자의 출생과 함께 그 장자의 의미는 그의 아버지의 의미보다 한층 더 커지게 됨을 다음과 같이 설명합니다. …아버지의 죽음은 그의 장자의 죽음만큼 재앙스러운 것이 결코 아니었을 것입니다. 대표로서의 장자의 역할은 그 자신이 한 아들의 아버지가 될 때까지는 그의 아버지의 역할보다 더 중요한 것입니다."[톰 홀랜드, 『바울 신학 개요』, 박문재 역(일산: 크리스챤다이제스트, 2005), pp. 307-354. 특히 p. 329].

5) 죄 사함이란 ἄφεσις(아페시스) 또는 ἀφίεναι(아피에나이)

6) J. Kloppenberg, "An Analysis of the Pre-Pauline Formula in 1 Cor 15.3b-5 in Light of Some Recent Literature", *CBQ* 40(1978): 351-67과 J. Murphy-O'Conner, "Tradition and Redaction in 1 Cor 15.3-7", *CBQ* 43(1981): 582-89의 참고문헌을 보라.

7) C. K. Barrett, *A Commentary on the Epistle to the Romans* (London: Black, 1957), p. 156; Dunn, "Paul's Understanding of the Death of Jesus", in *Reconciliation and Hope: NT Essays on Atonement and Eschatology*, ed. R. Bank (Exeter, 1974), p. 128.

8) C. E. B. Cranfield, *Romans*, I. ICC(Edinburgh: T&T, 1985), p. 382; L. Morris, *The Epistle to the Romans* (Leicester, 1988), p. 302.

9) U. Wilckens, *Der Brief an die Römer*, EKKNT VI (Zurich: Benziger, 1980), p. 125.

10) O. Michel, "Zur Exegese von Phil 2.5-11", in *Theologie als Glaubenswagnis, Festschrift K. Heim* (Hamburg, 1954): 90ff.; R. Martin, "Carmen Christi: Phil 2.5-11 in Recent Interpretation and the Setting of Early Christian Worship", *SNTSMS* 4 (Cambridge, 1967), pp. 199-211; G. Hawthorne, *Philippians*, WBC 43 (Waco: Texas, 1983), p. 87.

11) Windisch, *Zweite Korinterbrief*, NTD 7 (Goettngen: Vandenhoeck & Ruprecht, 1924), pp. 182f.

12) 참조. H. Ridderbos, *Paul: An Outline of His Theology* (Grand Rapids: Eerdmanns, 1975[66]), pp. 53-57; R. Gaffin, *The Centrality of the Resurrection: A Study in Paul's*

Soteriology (Grand Rapids: Eerdmanns, 1978), p. 85.

13) 헬라어로는 ἱλαστήριον

14) 속죄: C. H. Dodd, *The Epistle to the Romans*, MNTC(London, 1932), pp. 54f., 56-58; N. H. Young, " 'Hilaskesthai' and Related Words in the New Testament", *EvQ* 55 (1983): 169-76; O. Hofius, "Sühne und Versöhnung: Zum paulinischen Verständis des Kreuzestodes Jesu", in *Versuche, des Leiden und Sterben Jesu zu Verstehen*, ed. W. Maas (Munich, 1983): 26-31; 화목: L. L. Morris, "The Meaning of ἱλαστήριον in Romans 3.25-26a", *NTS* 2 (1955-56): 33-43; *The Apostolic Preaching of the Cross* (London, 1955), chap. 4 & 5; H. Ridderbos, *Paul*, pp. 189f.

15) 희생 제물로서 예수의 죽음에 대한 바울의 이해와 관련해서 일부 학자들은 Γlasth,rion이라는 단어가 이스라엘을 정화시키기 위한 마카비서의 순교자의 중요성을 지적하기 위해 사용되었다고 주장한다(4 Macc 17.22)(E. Lohse, *Märtyrer und Gottesknecht* (Göttingen, 1963), p. 152 n. 4; D. Hill, Greek Words, pp. 41-45; S. K. Williams, *Jesus' Death as Saving Event: The Background and Origin of the Concept*, HDR 2 (Missoula, 1975). 바울이 이러한 사상의 영향을 받았을 가능성도 있다. 그러나 이러한 가능성은 예수의 죽음을 희생제물, 특히 대속죄일의 희생제물로 이해한 바울의 견해와 양립 불가능한 것은 아니다(Dunn, *Romans*, p. 171; 참조. K. Kertelege, "Rechtfertigung" bei Paulus (Münster, 1967): 57f].

16) H. H. Rowley, *Worship in Ancient Israel* (London, 1967), p. 133; H. Gese, "Atonement", in *Essays on Biblical Theology* (Minneapolis, 1981): 105f.; B. Janowsky, Sühne als Heilsgeschehen, *WMANT* 55 (Neukirchen, 1982): 199-221.

17) 히브리어로는 תאטח(ל)

18) F. F. Bruce, *The Epistle of Paul to the Romans* (London: Tyndale, 1903), p. 161; Wilckens, *Römer*, VI, pp. 126f; Dunn, *Romans*, p. 422.

19) Michel, *Brief an die Römer* (Goettingen: vandenhoeck & Ruprecht, 1984[36]), p. 190, n. 2; E. Gaugler, *Der Römerbrief*, vol. 1 (Zürich, 1958), pp. 262f.; Barrett, *Romans*, p. 156; Cranfield, *Romans*, vol. 1, p. 382.

20) Dunn, "Death of Jesus", p. 132.

21) G. B. Gray, *Sacrifice in the Old Testament* (Oxford, 1925), p. 397.

22) J. Jeremias, *The Eucharistic Words of Jesus*, ET (London: SCM, 1966), pp. 222ff.

23) Dunn, "Death of Jesus", p. 132; 참조, Barrett, *1 Corinthians*, p. 128; Conzelmann, *1 Corinthians*, p. 99.

24) O. Cullmann, *The Christology of the New Testament*, ET (Phila.: Westminster, 1959), p. 76; J. Jeremias, *The Servant of God*, ET (London, 1965), p. 97, n. 441.

25) Windisch, *Zweite Korinterbrief*, p. 198.

26) 헬라어는 ἱλαστήριον

27) Kümmel, "πάρεσι" und ενδειξι: Einer Beitrag zum Verständnis der paulinischen Rechtfertigungslehre", in *Heilsgeschehen und Geschichte* (Marburg, 1965), pp. 262f; 참조, F. J. Leenhardt, *Romans*, p. 107.

28) 예. Michel, Barrett, Cranfield, Bruce, Wilckens, Dunn.

29) Barrett, *Romans*, pp. 79f.

30) Dunn, *Romans*, pp. 182f.

31) 같은 책, p. 164.

32) 창세기 1장에서 말하는 하나님의 형상(image)은 히브리어 '첼렘'(צלם)의 번역입니다. 이 단어는 구약에서 대략 34회 나오는데 다니엘서 14회 나온다. 다니엘서에서 이 단어는 2장과 3장에서 14회 사용된다.

33) 아담이 생령이 되었다는 말씀 중에 생령은 히브리 원어로 '네페쉬 하야'(נפש חיה)입니다. '네페쉬'(נפש)는 구약에서 자주 나오는 단어로 그 의미가 다양하게 사용된다. 창세기에서는 하나님께서 창조하신 피조물을 말할 때 주로 사용된다. '하야'는 형용사로 '살아있는'이라는 뜻이다. 따라서 '네페쉬 하야'는 아담이 '살아있는 피조물'(living creature)이 되었음을 말한다.

34) 하와가 뱀의 유혹을 받아 선악과를 먹고 아담도 역시 선악과를 먹은 후 무화과 잎으로 치마를 만들어 입은 사실은 하와의 죄가 뱀과 나눈 성적 타락이라고 주장하는 자들도 있다. 그러나 이런 주장은 잘못된 주장이다. 왜냐하면 만일 어떤 자가 주먹으로 남의 집 유리창을 깨트린 후 유리창을 깨트린 것은 주먹이기 때문에 주먹만 감추면 된다는 것과 비슷한 주장이기 때문이다. 그렇다면 왜 치마를 만들었는가? 후크마는 류폴드의 주석을 다음과 같이 인용한다. "수치감이 특별히 육체 기관 가운데 생식 기관 부분에 집중된다는 사실은 사람이 본능적으로 인간 삶의 근본적인 샘과 원천이 죄로 인하여 오염되어졌다는 사실을 느끼게 된다는 점에서 그 깊은 이유를 갖고 있는 것입니다."(후크마, 『개혁주의 인간론』, p. 226; H. C. Leupold, *Exposition of Genesis*, vol 1(Grand Rapids: Baker, 1953), p. 154). 인류 역사가 보여주는 사실은 인간들이 성적 타락으로 말미암아 죄를 범하는 것이 다반사라는 점이다. 아담과 하와가 죄를 짓고 본능적으로 하체를 감추도록 하심 역시 인간을 위한 하나님의 섭리인 것을 알 수 있다.

35) 루이스, 『순전한 기독교』, pp. 27-28.

36) 같은 책, pp. 86-87.

37) 나는 고행주의자는 아니다. 잘 먹고 잘 입고 좋은 집에 살고 싶은 것이 저의 솔직한 심정이다. 그럼에도 불구하고 어떤 어려움과 고난이라도 그것이 하나님 앞으로 나아가는 통로가 된다면 그 고난을 피하지 않고 당당히 소망 중에 헤쳐 나아가기를 소원한다.

38) 뱀의 죄에 대한 형벌은 다르다. 아담과 하와의 죄는 뱀의 유혹에 넘어가서 지은 죄이다. 아담과 하와의 죄에 대한 책임을 혹시 다른 것에다 전가시킬 수 있다 하더라도 뱀은 그 죄를 다른 것에게 전가할 수가 없다. 마귀는 다른 것의 유혹을 받아 죄를 지은 것이 아니라 자기 스스로 자유 의지에 따라서 하나님을 대적한 죄이기 때문이다.

39) U. Cassuto, *A Commentary on the Book of Exodus*, ET (Jerusalem, 1967), p. 312. 카슈토는 계속하여 말한다: "…in this manner the union between Yahweh and the people is created, since the altar and the people share the common blood."(Ibid.); 참조. R. Clements, *Exodus: Commentary*, CBC (Cambridge, 1972), p. 159. P. Hyatt 역시 이 특이한 점을 주목하고 다음과 같이 말한다: "…in the OT such a rite is never repeated, although in Israelite sacrifices the blood was sometimes thrown upon the altar(eg. 29.16; Lev 1.5, 11)."[*Commentary on Exodus*, NCB (Lodon, 1971), p. 256.]

40) B. Childs, *Exodus: A. Commentary*, OTL (London, 1977), p. 506.

41) Nicholson, *God and His People*, p. 172. [참조, "The Covenant Ritual in Exodus 24.3-8", *VT* 32 (1982): 74-86].

42) Nicholson은 출애굽기 24:9-11과 출애굽기 19장의 대조를 지적하면서 이 사실을 설명한다 (Ibid.).

43) 이스라엘 백성이 하나님의 거룩한 백성이 되는 것은 시내산 언약의 중요한 요소 중하나다. 시내산 언약은 하나님께서 모세를 통하여 이스라엘 백성과 맺은 언약이다. 하나님께서 모세에게 "세계가 다 내게 속하였나니 너희가 내 말을 잘 듣고 내 언약을 지키면 너희는 열국 중에서 내 소유가 되겠고 너희가 내게 대하여 제사장 나라가 되며 거룩한 백성이 되리라 너는 이 말을 이스라엘 자손에게 고할지니라"고 명령하셨다(출 19:5-6). 이 말씀은 출애굽기 6:6-7 "나는 여호와라 내가 애굽 사람의 무거운 짐 밑에서 너희를 빼어내며 그 고역에서 너희를 건지며 편 팔과 큰 재앙으로 너희를 구속하여 너희로 내 백성을 삼고 나는 너희 하나님께서 되리니 나는 애굽 사람의 무거운 짐 밑에서 너희를 빼어낸 너희 하나님 여호와인줄 너희가 알지라"는 말씀과 더불어 시내산 언약의 핵심 내용이다.

44) Jeremias, *Eucharistic*, pp. 178ff., 225ff.; H. Conzelmann, *1 Corinthians,* Hermeneia (Phila., 1975), p. 199; O. Betz, "Beschneidung", *TRE V*, p. 719; R. Pesch, *Das Abendmahl und Jesu Todesverständnis*, pp. 95f.; M. Hengel, *The Atonement*, ET

(London, 1982), pp. 53-54.

45) J. Gnilka, *Das Evangelium nach Markus*, EKKNT II (Köln, Basel and Neukichen-Vluyn, 1979), p. 245.

열_ 때가 찬 하나님이 경륜

1) 헬라어로는 ἧς

2) 헬라어 문법에서 관계대명사의 선행사가 소유격이나 여격이고 관계대명사는 관계절에서 동사의 목적어인 목적격이 될 때는 규칙적으로 선행사와 같은 격을 취한다.

3) Andrew T. Lincoln, *Ephesians*, WBC vol. 42(Dallas Texas: Word Books, 1990), p. 28.

4) 기쁘심에 대하여는 5절에서 해석하였으므로 그만 생략한다.

5) Horgan, *Pesharim*, p. 237.

6) J. Coppens, "'Mystery' in the Theology of Saint Paul and its Parallels at Qumran", in *Paul and Qumran* (London, 1968), pp. 135-141; Betz, *Offenbarung*, pp. 83-87.

7) J. Coppens는 그것을 "성경의 비밀"(scriptural mystery)라고 부른다("Mystery", 136).

8) 앤디 스탠리, 『비저니어링』 (서울: 디모데, 2003).

9) 같은 책, p. 33.

10) 한 노승은 제자에게 "십 년 이십 년 입을 열지 말고 말없이 공부하거라. 그래도 너희를 벙어리라 말하지 않으리라. 이렇게 공부하여도 성취가 없거든 노승의 머리를 베어가라"고 했다고 한다. 하물며 지나치게 빠른 것도 지나치게 늦은 것도 없게 하시는 하나님을 믿는 우리일까 보냐.

11) 헬라어는 ἀνακεφαλαιώσασθαι

열하나_ 성령 하나님의 구원 사역

1) 히브리어는 בישׁוּבה

2) 복음학교는 월요일 오전 9시(화요일 오전 5시30분)부터 토요일 오후 8시까지 오직 복음만을 주제로 하여 김용의 선교사와 세계순회선교단에서 개최하는 학교이다.

3) 이지선, 『오늘도 행복합니다』 (서울: 이레, 2005), pp. 115-116. 이지선의 첫 번째 책은 『지선아 사랑해』이다.

4) 이 글의 내용은 사랑의 원자탄의 주인공이신 손양원 목사님의 따님인 손동희 권사님의
   간증의 일부이다. 복음의 능력을 성령의 역사로 체험한 자들에 의하여 순교의 역사는
   오늘날도 계속되고 있다. 이에 대한 생생한 간증과 현장을 체험하기를 원하는 분들은
   김우현 다큐북 팔복 2 『애통하는 자는 복이 있나니』를 추천한다.

5) P. Robertson, "Tongues: Sign of Covenantal Curse and Blessing," *WTJ* 38(1975):
   43-53.

6) 같은 책, p. 272.

7) R. B. Gaffin, *Perspectives on Pentecost*, pp. 107-108

8) Y. K. Yu, "The Purpose of Glossoralia in the NT", unpublished Th.M. Thesis, Westminster
   Theo. Seminary(1980), 62-72.

9) 참조. G. H. Lampe, *The Seal of the Spirit: A Study in the Doctrine of Baptism
   and Confirmation in the New Testament and the Fathers* (London, 19672), pp. 69f.;
   F. F. Bruce, *Commentary on the Book of the Acts* (Grand Rapids, 1954), pp. 182f.;
   Dunn, *Baptism*, p. 67.

10) 참조, Dunn, *Baptism*, pp. 107f., 113f.; D. J. Lull, *The Spirit in Galatia: Paul's Interpretation
    of Pneuma as Divine Power*, SBLDS 49(Chico, CA., 1980), pp. 103ff.

11) '비췸'(φωτισθέντας), 맛본(γευσαμένους), '참예한'(γενηθέντας)

12) τε … καὶ

13) Westcott, *Hebrews*, p. 149; J. Moffatt, *A Critical and Exegetical Commentary on
    the Epistle to the Hebrews*, ICC(Edinburgh, 1924), p. 78; 참조. Michel, *Hebräer*,
    p. 241.

14) 릭 웨렌, 『목적이 이끄는 삶』 (서울: 디모데, 2003), p. 68.

찬송시 여행을 마감하면서

1) 조엘 오스틴, 『긍정의 힘』(서울: 두란노, 2005), p. 83.